최빈출 어근 정리

PART I Direction & Position
(방향·위치·방향성 접두사)

ab / ad = toward, to, at, off, away, from (~쪽으로, ~쪽으로부터)

어근 탐구 방향 접두사 ab, ad
방향성 또는 한 방향으로의 추가를 나타내는 add를 접두사 ad-나 ab-로 사용한다. (본래 ad-와 ab-는 같은 단어였으나 현대 영어에서는 ad는 '접근(to)'로, ab-는 '분리(away)'로 사용하는 경향이 강해졌다.) sc-, sp-, st-앞에서는 a-로 단순화 하고, 나머지는 대부분 다음 자음의 철자를 따라 ac-, af-, ag-, al-, an-, as-, at-등으로 맞춰진다.

1
absorbent
[əbsɔ́ːrbənt]

한 쪽으로 **ab** 빨아드리는 **sorb** (형용사 접미어 **ent**)

흡수성이 있는

Postal packaging must be made of absorbent material when shipping liquids.
액체를 보낼 때는 우편 포장은 흡수성 있는 재질이어야 한다.

🔁 porous, spongy
🔄 waterproof, repellent

2
accelerate
[əksélərèit]

~쪽으로 **ac**(=ad) 서두르게 **cele** 하다 **ate**

가속하다

The train began to accelerate as it left the station.
기차는 역을 떠나면서 속도를 높이기 시작했다.

The new sorting machines will accelerate the processing of parcels at the post office.
새로운 분류기는 우체국에서 소포 처리 속도를 가속화할 것이다.

🔁 speed up, hasten
🔄 slow down, decelerate

3
accumulate
[əkjúːmjəlèit]

~에, ~쪽으로 **ac** 쌓아올리게 **cumul** 하다 **ate**

축적하다, 모으다, 겹치다

Over the years, the museum has accumulated a large collection of rare stamps.
수년 동안 박물관은 희귀 우표를 대량으로 수집했다.

- collect, amass
- disperse, diminish

4
adjoin
[ədʒɔ́in]

~에 **ad** 연합 또는 결합하다 **join**

인접하다

The post office adjoins the town hall, making it easy for residents to access both.
우체국은 시청과 인접해 있어 주민들이 두 곳을 쉽게 이용할 수 있다.

- border, neighbor
- separate, detach

5
adjust
[ədʒʌ́st]

~에 **ad** 가까이 **just**

조정하다, 적응하다

He had to adjust his schedule to meet the new deadline.
그는 새로운 마감일을 맞추기 위해 일정을 조정해야 했다.

- adapt, modify
- preserve, maintain

6
affirm
[əfə́ːrm]

~에 대해 **af** 단단하게 하다 **firm**

단언하다, 확언하다

The witness affirmed that the statement was true.
증인은 그 진술이 사실임을 단언했다.

- assert, declare
- deny, contradict

7
aggressive
[əgrésiv]

~쪽으로 **ag** 걸음을 내딛게 **gress** 하는 **ive**

공격적인, 적극적인

The company adopted an aggressive marketing strategy to gain market share.
그 회사는 시장 점유율을 높이기 위해 공격적인 마케팅 전략을 채택했다.

- assertive, forceful
- passive, gentle

allocation
[æloukéiʃən]

~쪽에 al 놓는 loc 것 ation

할당, 배분

The allocation of funds for the postal modernization project was approved.

우편 현대화 사업을 위한 자금 배분이 승인되었다.

유 distribution, assignment
반 withholding, retention

announce
[ənáuns]

~쪽으로 an 알리다 nounce

발표하다, 알리다

The postal service announced a new express delivery option.

우편 서비스는 새로운 특급 배송 옵션을 발표했다.

유 declare, proclaim
반 conceal, withhold

appeal
[əpíːl]

~를 향해 ap 내몰다 peal

호소하다, 항소하다

The union decided to appeal the court's decision regarding postal worker benefits.

노조는 우편 노동자 복지와 관련한 법원 판결에 항소하기로 결정했다.

유 plead, petition
반 reject, refuse

approve
[əprúːv]

~에 대해 ap 진실하다 prove

승인하다, 찬성하다

The board approved the budget for the new postal facility.

이사회는 새 우편 시설 예산을 승인했다.

유 authorize, endorse
반 reject, oppose

ascend
[əsénd]

~쪽으로 a 오르다 scend

오르다, 상승하다

The balloon carrying the promotional banner slowly ascended into the sky.

홍보 배너를 단 기구가 천천히 하늘로 올랐다.

유 rise, climb
반 descend, drop

13
assist
[əsist]

~에게 as 서다 sist

돕다, 지원하다

Volunteers assisted in delivering relief supplies via postal trucks.
자원봉사자들이 우편 차량을 통해 구호품을 배달하는 것을 도왔다.

🔁 help, aid
🔄 hinder, obstruct

14
attenuated
[əténjuèitid]

~에 대해 at 얇게 tenu 만들어진 ated

약화된, 가늘어진

The insurance coverage was attenuated due to recent policy revisions.
최근의 정책 개정으로 보험 보장 범위가 약화되었다.

🔁 reduced, weakened, diminished
🔄 strengthened, intensified, reinforced

ward = toward (~를 향하여, ~쪽으로)

15
in**ward**
[ínwərd]

안쪽을 in 향하는 ward

안쪽의, 내향적인

She felt an inward sense of relief when the missing letter was found.
분실된 편지를 찾았을 때 그녀는 내적으로 안도감을 느꼈다.

🔁 internal, inner
🔄 outward, external

16
unto**ward**
[ʌntɔ́ːrd, ʌntəwɔ́ːrd]

한쪽으로 향하지 toward 않는 un

운이 나쁜, 성가신, 예상치 못한, 불미스러운

There was nothing untoward during the audit of the insurance claims.
보험 청구 감사 중에 불미스러운 일은 없었다.

🔁 inappropriate, unfortunate
🔄 proper, expected

어근 탐구 본래 untoward는 '어떤 쪽으로도 기울지 않는'다는 뜻으로 '고집이 센', '다루기 힘든'데 쓰였다. 또한 toward가 한쪽으로 향한다는 의미기 때문에 '(~를 향하여) 순조로운'이 되기도 했는데, 여기에 부정 접두어 un이 붙으면서 '순조롭지 않은=불미스러운', '예상치 못한 문제'에도 쓰이게 되었다.

de = away, off, under, thoroughly (아래로, 멀리 떨어져, 완전히)

17
debate
[dibéit]

완전히 de 싸우게 하다 bate

토론하다, 논쟁

The board held a debate on whether to introduce new financial services at the post office.
이사회는 우체국에 새로운 금융 서비스를 도입할지에 대해 토론했다.

- 유 discuss, argue
- 반 agree, concur

18
debacle
[deibáːkl, deibǽkl, dəbάːkl]

떨어져나와 de 막다 bacle

대실패, 큰 낭패, 재난, 몰락

The system upgrade turned into a debacle that delayed all mail delivery.
시스템 업그레이드는 모든 우편 배달을 지연시킨 대실패로 끝났다.

- 유 fiasco, disaster
- 반 success, triumph

어근 탐구 봄철에 큰 빙하가 녹아 떨어져 만든 홍수를 의미한데서 유래했다.

19
debris
[déibriː, dəbríː]

떨어진 de 부스러기 bris

잔해, 파편

The mail truck was stuck in the debris left by the landslide.
우편 트럭은 산사태로 남은 잔해에 갇혔다.

- 유 wreckage, rubble
- 반 cleanliness, order

20
debilitating
[dibílətèitiŋ]

강함이 bilit 떨어져 나가게 de 만든 것 ating

쇠약하게 하는, 약화시키는

The heat wave had a debilitating effect on outdoor postal workers.
폭염은 외근 우편 직원들을 심하게 지치게 했다.

- 유 weakening, exhausting
- 반 strengthening, invigorating

21
decadence
[dékədəns, dikéidns]

아래로 de 떨어진 cad 상태 ence

타락, 쇠퇴

The editor criticized the decadence of language in modern advertisements.
그 편집자는 현대 광고 속 언어의 타락을 비판했다.

- 유 decline, corruption
- 반 purity, morality

22
decay
[dikéi]

아래로 de 떨어지다 cay

부패하다, 쇠퇴하다

The old warehouse showed signs of structural decay.
오래된 창고는 구조적 부패의 흔적을 보였다.

🟰 rot, deteriorate
🔄 flourish, improve

어근 탐구 decay는 본래의 상태보다 떨어진다는 의미로 '줄어들다, 쇠락하다, 부패하다' 등을 말한다.

23
decrepit
[dikrépit]

아래로 de 부서지다 crepit

노쇠한, 낡은

The decrepit postal equipment needed urgent replacement.
낡은 우편 장비는 시급히 교체가 필요했다.

🟰 dilapidated, worn-out
🔄 new, sturdy

24
decode
[di:kóud]

체계를 code 해체하다 de

해독하다

Postal workers use scanners to decode tracking information.
우편 직원들은 스캐너를 사용해 추적 정보를 해독한다.

🟰 decipher, interpret
🔄 encode, scramble

어근 탐구 음가 kaud는 '꼬리, 갈라진 것=분류'를 의미하며 이 각각의 것을 한데 묶은 것을 code (체계적 분류 시스템, 법전)이라 불렀다.

25
dedicate
[dédikèit]

떨어져서 de 말하다 dicate

헌신하다, 바치다

The postal worker dedicated his career to improving rural mail service.
그 우편 직원은 농촌 우편 서비스를 개선하는 데 경력을 바쳤다.

🟰 devote, commit
🔄 neglect, abandon

어근 탐구 dedicate는 앞에 나와서 '분명히, 엄숙히 말하다'를 의미하는 종교적 단어였으며 일반적으로는 '(스스로를) 귀속시키다, 바치다'로 쓰이게 되었다.

26
defend
[difénd]

멀리 de 치다 fend

방어하다, 옹호하다

The lawyer defended the postal worker accused of mishandling packages.
변호사는 소포를 잘못 취급한 혐의를 받은 우편 직원을 변호했다.

🟰 protect, justify
🔄 attack, accuse

27
defensive
[difénsiv]

멀리 **de** 치게 **fens** 하는 **ive**

방어적인

The defensive measures were taken to secure the postal database from hackers.
해커로부터 우편 데이터베이스를 보호하기 위해 방어 조치가 취해졌다.

- 유 protective, guarded
- 반 aggressive, offensive

28
define
[difáin]

완전한 **de** 경계를 긋다, 제한하다 **fine**

정의하다

The new policy clearly defines what qualifies as hazardous material in mail.
새로운 정책은 우편에서 위험물로 분류되는 것을 명확히 정의한다.

- 유 describe, specify
- 반 confuse, obscure

29
definite
[défənit]

완전히 **de** 경계를 그어 **fin** 만들다 **ite**

명확한, 확정된

We don't have a definite delivery date for the package yet.
우리는 아직 그 소포의 확정된 배송 날짜를 가지고 있지 않다.

- 유 certain, precise
- 반 indefinite, vague

30
delay
[diléi]

떨어져 **de** 남기다 **lay**

지연시키다, 지연

Bad weather can delay mail delivery for several days.
악천후는 우편 배달을 며칠 동안 지연시킬 수 있다.

- 유 postpone, defer
- 반 expedite, hasten

31
delegate
[déligit, déligèit]

멀리까지 **de** 위임 보내게 **leg** 하다 **ate**

대표, 위임하다

The manager delegated the task of handling express deliveries to the senior clerk.
관리자는 특급 배송 처리 업무를 수석 직원에게 위임했다.

- 유 representative, assign
- 반 retain, keep

어근 탐구 '파견되어 보내진 자'로, 영토를 대표하여 의회로 보내진 사람을 의미하게 되었다.

32
delineation
[dilinéiʃən]

완전한 **de** 선을 그리는 **lineat** 것 **ion**

윤곽, 묘사, 구분

The report includes a clear delineation of roles in the insurance process.
보고서는 보험 절차에서의 역할 구분을 명확히 설명하고 있다.

- outline, definition
- vagueness, obscurity

33
deliver
[dilivər]

떨어드려서 **de** 해방시키다 **liver**

배달하다, 전달하다

The post office will deliver the registered mail by tomorrow morning.
우체국은 등기 우편을 내일 아침까지 배달할 것이다.

- distribute, convey
- collect, withhold

어근 탐구 '자유롭게 하다'에서 파생되어 억류된 것을 풀어 준다는 뜻의 '구조하다, 해방하다, 보존하다, 물품을 넘겨주다, 출산하다, 양보/포기하다' 등으로 다양하게 쓰이게 되었다.

34
deluded
[dilú:did]

~로부터 **de** 희롱하게 **lud** 된 **ed**

속은, 착각한 (delude의 과거형, 과거분사)

He was deluded into believing that the scam email was from the post office.
그는 그 사기 이메일이 우체국에서 온 것이라 착각했다.

- deceived, misled
- aware, informed

35
deluge
[délju:dʒ]

(물이 넘쳐서) 멀리까지 **de** 씻겨 내려감 **luge**

폭우, 쇄도

The service center received a deluge of calls after the app crash.
앱 오류 이후 고객센터에는 전화가 폭주했다.

- flood, barrage
- trickle, drought

36
denigrated
[dénigrèitid]

완전히 **de** 검게 **nigr** 만드는 **ated**

폄하된, 모욕당한 (denigrate의 과거형, 과거분사)

The employee felt denigrated by the manager's public criticism.
그 직원은 매니저의 공개적인 비난에 모욕감을 느꼈다.

- belittled, disparaged, slandered
- praised, glorified

어근 탐구 흰 천을 오염시키듯 사람의 인격이나 평판을 변색시키거나 어둡게 만드는 것을 의미한다.

37 denouement
[deinúːmɑːŋ]

매듭을 noue 풀게 de 만든 것 ment

결말, 대단원

The denouement of the postal drama ended with the truth about the missing package revealed.

분실된 소포의 진실이 밝혀지며 우편극의 결말이 마무리되었다.

- conclusion, finale, outcome
- beginning, introduction

38 denounce
[dináuns]

내려서 de 발표하다 nounce

비난하다

The union denounced the unfair treatment of postal employees.

노조는 우편 직원들에 대한 부당한 대우를 비난했다.

- condemn, criticize
- praise, commend

어근 탐구 파문 또는 해임된 자를 발표하거나 공개적으로 고발한다는 의미로 사용했다.

39 depart
[dipáːrt]

멀리 de 떨어져나가다 part

떠나다, 출발하다

The mail truck will depart from the central hub at 6 a.m.

우편 트럭은 오전 6시에 중앙 물류센터에서 출발할 것이다.

- leave, exit
- arrive, return

40 depict
[dipíkt]

아래로 de 그려나가다 pict

묘사하다, 그리다

The pamphlet depicted how insurance policies could protect families from unexpected loss.

그 안내서는 보험이 어떻게 예기치 못한 손실로부터 가족을 보호해줄 수 있는지를 묘사했다.

- portray, illustrate, describe
- distort, misrepresent

어근 탐구 위에서부터 아래로 '묘사하다, 그리다, 유사하게 만들다, 설명하다, 상상하다'로 다양하게 활용된다.

41

deprecate
[déprikèit]

멀리(쫓게) de 기도를 prec 하다 ate

반대하다, 비난하다

The supervisor deprecated the use of informal language in official documents.
감독관은 공식 문서에서의 비격식 표현 사용을 반대했다.

- 유 disapprove, criticize
- 반 approve, endorse

42

deprive
[dipráiv]

완전히 de 빼앗다 prive

빼앗다

Postal delays can deprive people of urgent medicines sent by mail.
우편 지연은 사람들에게 우편으로 보내진 긴급 약품을 빼앗을 수 있다.

- 유 dispossess, strip
- 반 provide, give

43

deride
[diráid]

아래로(멸시하며) de 웃다 ride

조롱하다, 비웃다

The new service plan was initially derided by critics as unrealistic.
그 새로운 서비스 계획은 처음에 비현실적이라며 비평가들에게 조롱당했다.

- 유 mock, ridicule
- 반 praise, respect

44

derive
[diráiv]

~에서 de 흐르게 하다 rive

얻다, 끌어내다, 유래하다

The policy derives its authority from national postal regulations.
그 정책은 국가 우편 규정에서 권한을 얻는다.

- 유 obtain, originate, stem from
- 반 lose, surrender

45

desert
[dézərt, dizə́:rt]

연결을 sert 끊다 de

사막; 버리다

Many towns would feel deserted without their local post office.
지역 우체국이 없다면 많은 마을이 황폐하게 느껴질 것이다.

- 유 abandon, forsake
- 반 populate, maintain

어근 탐구 '연결을 끊다'는 '버리다'와 '사막'으로 발전하였다.
(*명사 '디저트'는 de(완전히)+servire(섬기다)에서 비롯되었으므로 철자만 같을 뿐 그 어근과 의미가 다르다.)

PART I Direction & Position (방향·위치·방향성 접두사)

46

destitute
[déstətjùːt]

아래에, 멀리 **de** 서 있는 **sti** 상태 **tute**

극빈한, 빈곤한

The welfare officer helped a destitute family who had lost everything in the fire.
복지 담당자는 화재로 모든 것을 잃은 극빈 가정을 도왔다.

- 유 impoverished, penniless, needy
- 반 wealthy, affluent

47

desultory
[désəltɔ̀ːri, désəltəri]

de 아래로 뛰어내리게 **sult** 하는 **ory**

두서없는, 일관성 없는

The speaker gave a desultory presentation that confused the audience.
그 연설자는 청중을 혼란스럽게 만드는 두서없는 발표를 했다.

- 유 aimless, disconnected, erratic
- 반 methodical, focused

어근 탐구 '서커스에서 말을 타고 달리며 다른 말로 점프하는 기수'를 뜻하여 '불규칙하게 이리저리 휘둘리는', '서두르는', '피상적인'이 되었다.

48

detective
[ditéktiv]

덮개를 **tect** 벗기게 **de** 하는 **ive**

탐정, 수사관

The detective investigated a series of package thefts from postal trucks.
탐정은 우편 트럭에서 발생한 일련의 소포 도난 사건을 조사했다.

- 유 investigator, inspector
- 반 criminal, suspect

49

deter
[ditə́ːr]

겁줘서 **ter** 멀리 떼어내다 **de**

단념시키다, 방해하다

Strict penalties for mail theft are intended to deter postal crimes.
우편물 절도에 대한 엄격한 처벌은 범죄를 억제하는 데 목적이 있다.

- 유 discourage, prevent, hinder
- 반 encourage, motivate

50

detriment
[détrəmənt]

문질러서 **tri** 떨어지게 **de** 하는 것 **ment**

손상, 손실, 손해

Poor labeling of financial documents can be a detriment to postal claim processing.
금융 서류의 부실한 라벨링은 우편 청구 처리에 해가 될 수 있다.

- 유 harm, damage, disadvantage
- 반 benefit, advantage

51
deviate
[díːvièit]

길에서 via 벗어나게 de 하다 (a)te

벗어나다

The courier **deviated** from the assigned route due to unexpected road closures.
택배 기사는 예상치 못한 도로 폐쇄로 지정된 경로에서 벗어났다.

🔁 diverge, stray
🔄 conform, follow

52
devote
[divóut]

완전히, 멀리 de 서약하다, 맹세하다 vote

바치다, 전념하다

She **devoted** her career to improving international mail delivery standards.
그녀는 국제 우편 배송 기준을 향상시키는 데 경력을 바쳤다.

🔁 dedicate, commit
🔄 neglect, ignore

53
devout
[diváut]

멀리(하늘에) de 맹세한 vout

독실한, 열렬한

He was a **devout** supporter of public service reform.
그는 공공 서비스 개혁의 열렬한 지지자였다.

🔁 pious, religious, devoted
🔄 indifferent, irreverent

di, dis = apart, opposite, away (떨어져, 반대로, 완전히)

54
diligence
[dílədʒəns]

떨어져 di 감상하는 lig 것 ence

근면, 성실

Her **diligence** in handling customer claims earned her recognition from the postal board.
고객 청구 처리를 성실히 한 덕분에 그녀는 우편국으로부터 인정을 받았다.

🔁 industriousness, perseverance
🔄 negligence, laziness

어근 탐구 '떨어져서(거리를 두고) 본다'는 것은 '주의 깊음, 보살핌'을 의미했다. 이후 '신중함', '근면함', '존중', '감상', '열망'을 거쳐 '지속적 노력'으로 발전했다.

55
divide
[diváid]

따로 de 떼다 vide

나누다, 분리하다

The manager decided to divide the workload evenly among the postal clerks.
관리자는 우편 창구 직원들 간에 업무를 고르게 나누기로 결정했다.

유 split, separate
반 unite, combine

56
dividend
[dívidènd]

따로 di 떼어내는 vid 행위 end

배당금

Shareholders received a higher dividend after the company's record profits.
주주들은 회사의 기록적인 이익 후 더 높은 배당금을 받았다.

유 payout, profit share
반 loss, debt

어근 탐구 어근 '따로 나누다'는 '분배하다' 또는 '몫'을 뜻하게 되었다.

57
divorce
[divɔ́ːrs]

서로 다른 방향으로 di(s) 돈 것 vorce

이혼하다, 분리하다

The two companies decided to divorce their joint venture due to strategic differences.
두 회사는 전략적 차이로 인해 합작 사업을 분리하기로 했다.

유 separate, split
반 unite, merge

58
divulge
[divʌ́ldʒ, daivʌ́ldʒ]

떼어서 dis 일반화하다 vulge

(비밀을) 누설하다, 폭로하다

The courier refused to divulge any details about the client's confidential shipment.
배달원은 고객의 기밀 화물에 대한 정보를 누설하지 않았다.

유 reveal, disclose, expose
반 conceal, suppress

59
disability
[dìsəbíləti]

능력이 ability 떨어진 dis

장애

The postal service provides special assistance for customers with disabilities.
우편 서비스는 장애가 있는 고객에게 특별 지원을 제공한다.

유 impairment, handicap
반 ability, capability

60
disadvantage
[dìsədvǽntidʒ, dìsədváːntidʒ]

유리함 advantage (~쪽에서 더 ad 앞으로 vant 간 age)의 반대 dis

불리함

One **disadvantage** of rural postal delivery is the higher transportation cost.
농촌 우편 배달의 한 가지 불리한 점은 더 높은 운송 비용이다.

- 유 drawback, handicap
- 반 advantage, benefit

61
disagree
[dìsəgríː]

선호하는 것의 agree 반대 dis

동의하지 않다

The union members **disagreed** with the proposed changes to delivery schedules.
노조원들은 배달 일정 변경 제안에 동의하지 않았다.

- 유 oppose, differ
- 반 agree, consent

62
disappear
[dìsəpíər]

~쪽으로 ap 보이게 된 pear 것의 반대 dis

사라지다

Several important documents **disappeared** during the office relocation.
사무실 이전 중에 몇몇 중요한 문서가 사라졌다.

- 유 vanish, fade
- 반 appear, emerge

63
disappoint
[dìsəpɔ́int]

~에 ap 지명한 것 point의 반대 dis

실망시키다

Late deliveries can **disappoint** customers and damage the postal service's reputation.
늦은 배송은 고객을 실망시키고 우편 서비스의 평판을 해칠 수 있다.

- 유 let down, frustrate
- 반 satisfy, please

64
disapprove
[dìsəprúːv]

~에 ap 진실인 prove 것의 반대 dis

반대하다, 못마땅히 여기다

Many residents **disapproved** of closing the neighborhood post office.
많은 주민들이 동네 우체국 폐쇄에 반대했다.

- 유 oppose, condemn
- 반 approve, endorse

65
disarm
[disɑ́:rm, dizɑ́:rm]

무장하다의 arm 반대 dis

무장을 해제하다, 무장 해제시키다
Security officers quickly disarmed the intruder at the mail facility.
보안 요원들이 우편 시설 침입자의 무기를 재빨리 해제했다.
- 동 disband, demilitarize
- 반 arm, equip

66
disaster
[dizǽstər, dizɑ́:stər]

별(신)이 aster 반대하는 일 dis

재해, 재앙
The flood was a major disaster that disrupted postal deliveries for weeks.
그 홍수는 몇 주간 우편 배달을 중단시킨 큰 재해였다.
- 동 catastrophe, calamity
- 반 blessing, fortune

67
discern
[disə́:rn, dizə́:rn]

떨어져서 dis 구별하다 cern

식별하다, 분간하다
Trained postal workers can quickly discern forged money orders from genuine ones.
훈련된 우편 직원들은 위조된 송금증서를 진짜와 신속히 구별할 수 있다.
- 동 detect, perceive, recognize
- 반 overlook, miss

68
discharge
[distʃɑ́:rdʒ]

짐을 싣는(=직책을 맡기는) 것의 charge 반대 dis

해고하다, 방출하다
The factory was fined for discharging waste into the river.
그 공장은 강으로 폐수를 방출한 혐의로 벌금을 부과받았다.
- 동 release, emit
- 반 retain, confine

69
disclose
[disklóuz]

폐쇄의 close 반대 dis

공개하다, 드러내다
The investigation disclosed serious flaws in the sorting process.
조사에서 분류 과정의 심각한 결함이 드러났다.
- 동 reveal, expose
- 반 conceal, hide

70

discomfort
[diskʌ́mfərt]

편함 comfort (함께하면 com 강하다 fort) 의 반대 dis

불편

Long waiting times at the post office can cause discomfort to customers.
우체국에서 오래 기다리는 것은 고객에게 불편을 줄 수 있다.

- unease, inconvenience
- comfort, ease

71

discreet
[diskríːt]

떨어져서 dis 분별하다 creet

신중한, 조심스러운

The insurance agent was discreet when handling sensitive claim information.
그 보험 상담원은 민감한 청구 정보를 다룰 때 신중했다.

- cautious, prudent, tactful
- careless, indiscreet

72

discover
[diskʌ́vər]

덮인것의 cover 반대 dis

발견하다

The team discovered an error in the address database.
팀은 주소 데이터베이스에서 오류를 발견했다.

- find, detect
- lose, overlook

73

discredit
[diskrédit]

믿음의 credit 반대 dis

신용을 떨어뜨리다

The scandal discredited the reputation of the postal authority.
그 스캔들은 우편 당국의 명성을 실추시켰다.

- disgrace, tarnish
- honor, praise

74

disgrace
[disgréis]

은혜가 grace 없음 dis

불명예

Tampering with mail is a disgrace to the profession.
우편물을 훼손하는 것은 직업에 대한 불명예이다.

- dishonor, shame
- honor, dignity

75
dislike
[disláik]

좋아하는 것의 like 반대 dis

싫어하다

Many customers dislike complicated postal forms.
많은 고객들이 복잡한 우편 양식을 싫어한다.

- detest, loathe
- like, enjoy

76
dispersed
[dispə́ːrst]

멀리, 각기 dis 흩어지게 pers 된 ed

흩어진, 분산된 (disperse의 과거형, 과거분사)

After the protest at the post office, the crowd dispersed quietly.
우체국 앞 시위 후, 군중은 조용히 흩어졌다.

- scattered, spread, distributed
- gathered, concentrated

77
disposal
[dispóuzəl]

멀리 dis 두는 것 posal

처리, 처분

The post office has strict rules for the disposal of undeliverable mail.
우체국은 배달 불가 우편물 처리에 대한 엄격한 규정을 가지고 있다.

- removal, discarding
- retention, keeping

78
disprove
[disprúːv]

입증을 prove 뒤집다 dis

틀렸음을 입증하다

The audit disproved the rumors about fund mismanagement in the postal service.
감사에서 우편 서비스 자금 관리 부실에 관한 소문이 사실이 아님이 입증되었다.

- refute, invalidate
- confirm, verify

79
disqualify
[diskwɑ́ləfài, diskwɔ́ləfài]

자격을 qualify 떼어내다 dis

실격시키다

The applicant was disqualified for providing false information.
지원자는 허위 정보를 제공해 실격 처리됐다.

- bar, exclude
- qualify, accept

80 **dis**semble
[disémbəl]

완전히 dis 비슷하게 하다 semble

가장하다, 실제 사실이나 의도를 숨기다
He tried to **dissemble** his disappointment when the project was canceled.
그는 프로젝트가 취소되었을 때 실망을 숨기려 했다.

- 유 disguise, pretend
- 반 reveal, express

81 **dis**seminate
[disémənèit]

멀리까지 dis 심다, 선전하다 seminate

퍼뜨리다, 전파하다
The agency plans to **disseminate** information about new postal regulations.
그 기관은 새로운 우편 규정에 대한 정보를 전파할 계획이다.

- 유 spread, distribute, propagate
- 반 conceal, suppress

82 **dis**sent 중요
[disént]

반대로 dis 생각하다, 느끼다 sent

반대하다, 이의를 제기하다
A few employees **dissented** from the management's decision to reduce delivery staff.
몇몇 직원들은 배송 인력을 줄이겠다는 경영진의 결정에 반대했다.

Some board members voiced their **dissent** against the new postal policy.
일부 이사진은 새로운 우편 정책에 반대 의사를 표했다.

- 유 disagree, oppose, protest
- 반 agree, consent, approve

83 **dis**tend
[disténd]

멀리 dis 뻗치다 tend

팽창하다, 부풀다
The package began to **distend** due to internal gas buildup.
내부 가스 축적으로 인해 소포가 부풀기 시작했다.

- 유 expand, swell
- 반 contract, shrink

84 **dis**tinct
[distíŋkt]

따로 떼서 di(s) 구별하다 stinct

뚜렷한, 별개의
The postal service offers **distinct** categories for express and standard delivery.
우편 서비스는 특급과 일반 배송에 대해 뚜렷한 구분을 제공한다.

- 유 clear, separate
- 반 vague, indistinct

85
distinguish
[distiŋgwiʃ]

따로 떼어 di(s) 밀어두게 stingu 하다 ish

구별하다

It's important to distinguish between registered and insured mail.
등기 우편과 보험 우편을 구별하는 것은 중요하다.

🔄 differentiate, discern
🔁 confuse, mix up

86
distort
[distɔ́ːrt]

완전히 dis 꼬다, 돌리다 tort

왜곡하다

Media reports sometimes distort facts about postal rate increases.
언론 보도가 종종 우편 요금 인상에 관한 사실을 왜곡한다.

🔄 misrepresent, twist
🔁 clarify, straighten

87
distribute
[distríbjuːt]

(부족에서) 각자에게 dis 할당하다 tribute

배포하다, 분배하다

The post office will distribute new brochures about its financial services.
우체국은 금융 서비스에 관한 새 브로셔를 배포할 예정이다.

🔄 deliver, allocate
🔁 collect, withhold

88
disturb
[distə́ːrb]

완전히 dis 혼란스럽게 하다 turb

방해하다

Please do not disturb the staff during the final mail count.
최종 우편 집계를 하는 동안 직원들을 방해하지 마세요.

🔄 interrupt, bother
🔁 assist, support

sub / sup / suc / suf = under (아래)

89
subjugated
[sʌ́bdʒugèitid]

아래로 sub 멍에를 씌우게 jug 만든 ated

지배된, 억압된 (subjugate의 과거형, 과거분사)

The policy changes were designed to empower, not leave customers feeling subjugated.
정책 변경은 고객이 억압받는 느낌이 아니라 권한을 갖게 하기 위해 고안되었다.

🔄 oppressed, dominated
🔁 liberated, empowered

90
submarine
[sʌbməriːn]

바다 marine 아래로 sub

잠수함

The submarine carried encrypted communication equipment for secure naval postal transmissions.
잠수함은 안전한 해군 우편 송신을 위한 암호화 통신 장비를 운반했다.

- 유 underwater vessel
- 반 surface ship

91
submerge
[səbməːrdʒ]

(물) 아래로 sub 담그다 merge

잠기게 하다, 물속에 넣다

Floodwaters threatened to submerge the lower level of the postal distribution center.
홍수 물이 우편 물류센터의 하층을 잠기게 할 위협이 있었다.

- 유 immerse, engulf
- 반 emerge, surface

92
submit
[səbmit]

아래로 sub 보내다 mit

제출하다, 복종하다

Applicants must submit proof of identity when applying for a postal savings account.
우편 예금 계좌를 신청할 때 신청자는 신분증 사본을 제출해야 한다.

- 유 present, hand in
- 반 refuse, withhold

93
subservient
[səbsəːrviənt]

아래에서 sub 섬기게 servi 한 ent

굴종적인, 복종하는

The new regulations ensure that no branch manager is subservient to central power.
새 규정은 어느 지점장도 본사에 굴종하지 않도록 보장한다.

- 유 submissive, obedient
- 반 assertive, independent

94
subsequent
[sʌbsikwənt]

아래로 sub 따르게 sequ 한 ent

그 다음의, 차후의

The initial complaint and the subsequent investigation revealed flaws in the insurance claims process.
최초의 민원과 그 후속 조사에서 보험 청구 절차의 결함이 드러났다.

- 유 following, ensuing
- 반 previous, prior

95
substantiate

[səbstǽnʃièit]

밑에서 sub (받쳐) 세우게 stanti 만들다 ate

입증하다, 실증하다

The applicant could not substantiate his claim of five years' postal experience.

지원자는 5년간 우편 업무 경험이 있다는 주장을 입증하지 못했다.

- 유 verify, confirm
- 반 disprove, refute

96
subside

[səbsáid]

아래에 sub 앉다 side

가라앉다, 진정되다

The protests subsided after the postal authority promised to review the new fee structure.

우편 당국이 새로운 요금 체계를 재검토하겠다고 약속한 후 시위가 진정되었다.

- 유 diminish, abate
- 반 intensify, escalate

97
substance

[sʌ́bstəns]

하위에 sub 세운 st 것 ance

물질, 본질

The packaging must be resistant to any substance that could damage its contents during transport.

포장은 운송 중 내용물을 손상시킬 수 있는 모든 물질에 견딜 수 있어야 한다.

- 유 material, matter
- 반 nothingness, emptiness

98
substitute

[sʌ́bstitjùːt]

아래에(후보로) sub 세워두게 sti 한 것 tute

대체하다, 대리인

If the main courier is unavailable, a substitute will complete the delivery.

주 배달원이 없을 경우 대리인이 배송을 완료한다.

- 유 replace, proxy
- 반 keep, retain

99
subterfuge

[sʌ́btərfjùːdʒ]

아래로 subter 도망가다 fuge

속임수, 핑계

His subterfuge to avoid paying insurance premiums was eventually uncovered.

보험료 납부를 피하려던 그의 속임수는 결국 들통났다.

- 유 deception, trickery
- 반 honesty, candor

어근 탐구 subter는 어근 sub-의 원초로 super의 반대 개념으로 형성되었다.

100
subtitle
[sʌ́btaitl]

제목의 title 아래 sub

자막, 부제

The training video for postal workers included English subtitles for non-native staff.

우편 직원 교육 영상에는 비원어민 직원을 위해 영어 자막이 포함되었다.

🔁 caption, heading
🔀 –

101
succeed
[səksíːd]

아래로 suc 가다 ceed

성공하다, 뒤를 잇다

The new branch manager, who succeeded his predecessor last year, has managed to increase postal revenue by 15%.

작년에 전임자를 이어 부임한 새 지점장은 우편 수익을 15% 증가시키는 데 성공했다.

🔁 triumph, follow
🔀 fail, precede

어근 탐구 14세기에 '다른사람의 아래를 따라가다'로, 자리를 차지하거나 상속을 받거나 후계자가 되는 상황에 쓰였던 단어가 행위나 거래분야로 확장되면서 '밑에서 따라 올라가다=번영하다, 상승하다, 승리하다'가 되었다.

102
succinct
[səksíŋkt]

아래를 suc 묶은 cinct

간결한

The financial report was written in a succinct manner to ensure that postal auditors could quickly review the data.

재무 보고서는 우정 감사관이 신속히 검토할 수 있도록 간결하게 작성되었다.

🔁 concise, brief, compact
🔀 wordy, verbose

어근 탐구 '허리띠로/허리 아래를(바짓단) 올려묶은 모습'에서 유래한 단어로, '짧게 만든', '갑옷을 꽉 묶어 무장한'으로 쓰였다.

103
succulent
[sʌ́kjələnt]

(껍질) 아래를 suc 빨게 cul 하는 ent

즙이 많은, 맛있는

We served succulent roast beef at the customer appreciation event hosted by the insurance branch.

보험 지점에서 주최한 고객 감사 행사에서 우리는 육즙 가득한 로스트 비프를 제공했다.

🔁 juicy, tender, luscious
🔀 dry, tough

104
succumb
[səkʌm]

아래에 suc 눕다 cumb

굴복하다, 쓰러지다

After weeks of stress, the clerk finally succumbed to burnout and requested medical leave.
몇 주간의 스트레스 끝에, 그 직원은 결국 탈진으로 병가를 신청했다.

🟰 yield, give in, surrender
🔄 resist, withstand

어근 탐구 succumb는 '죽다'를 비유적으로 표현하기도 한다.

105
suffrage
[sʌfridʒ]

아래로부터 suf (정권을) 깨뜨리는 것에 fr 관한 것 age

투표권, 선거권

Postal workers advocated for fair suffrage in union leadership elections.
우체국 직원들은 노조 리더 선출에서 공정한 투표권을 요구했다.

🟰 franchise, vote, enfranchisement
🔄 disenfranchisement

어근 탐구 깨진 타일 조각으로 투표를 했던 전통에서 유래한 단어로, 투표권 외에도 '중재 기도나 간청', '정치적 권리나 집단 의견'을 뜻하기도 한다. '아래로부터 정권을 깬다'는 것은 suffrage의 정확한 기원이 없어 저자가 쉬운 암기를 위해 변형 풀이했다. '깨뜨린다'는 어근 fr-는 중요단어인 fragile(잘 깨지는)에서도 볼 수 있다.

under = under (아래)

106
underdeveloped
[ʌndərdivéləpt]

덜, 아랫 단계로 under 개발된 developed

개발이 덜 된

Postal services in underdeveloped regions often lack modern tracking systems.
개발이 덜 된 지역의 우편 서비스는 종종 현대적인 추적 시스템이 부족하다.

🟰 backward, primitive
🔄 developed, advanced

어근 탐구 underdeveloped의 develop(개발하다)은 dis(반대) + velop(포장)을 어근으로 하여, '펼치다, (세상에) 공개하다 = 개발하다'를 의미한다.

107 undergo
[ʌ̀ndərgóu]

아래로 under 지나가다 go

겪다, 경험하다

The postal distribution center, which had been in operation for over 30 years, will undergo a major renovation to improve efficiency.

30년 넘게 운영된 우편 물류센터가 효율성 향상을 위해 대대적인 개보수를 겪게 된다.

- 유 experience, endure
- 반 avoid, escape

108 undergraduate
[ʌ̀ndərgrǽdʒuit, ʌ̀ndərgrǽdʒèit]

졸업 graduate 전, 아랫단계 under

대학생, 학부생

The bank offers internships to undergraduates who are majoring in finance or economics.

은행은 금융이나 경제학을 전공하는 대학생들에게 인턴 기회를 제공한다.

- 유 student, scholar
- 반 graduate

109 underground
[ʌ̀ndərgráund]

땅 ground 아래의 under

지하의, 비밀의

The underground storage facility, designed for secure document archiving, can withstand severe natural disasters.

안전한 문서 보관을 위해 설계된 지하 보관 시설은 심각한 자연재해도 견딜 수 있다.

- 유 subterranean, hidden
- 반 surface, open

110 underlie
[ʌ̀ndərláí]

아래에 under 놓여있다 lie

기초가 되다, 근거가 되다

Trust underlies every successful relationship between a bank and its clients.

신뢰는 은행과 고객 간의 모든 성공적인 관계의 기초가 된다.

- 유 support, form the basis
- 반 undermine, weaken

111 underline
[ʌ̀ndərláin]

아래에 under 줄을 긋다 line

밑줄을 긋다, 강조하다

The manager underlined the importance of accurate data entry in processing insurance claims.

관리자는 보험 청구를 처리할 때 정확한 데이터 입력의 중요성을 강조했다.

- 유 emphasize, highlight
- 반 ignore, overlook

112
undermine
[ʌndərmáin]

아래로 under (땅을) 파다 mine

약화시키다

Spreading false information can undermine public trust in postal services.

허위 정보 유포는 우편 서비스에 대한 대중의 신뢰를 약화시킬 수 있다.

- 유 weaken, sabotage
- 반 strengthen, bolster

113
undershirt
[ʌ́ndərʃəːrt]

셔츠 shirt 아래 under

내의(러닝셔츠), 속셔츠

Postal workers are advised to wear thermal undershirts during winter deliveries.

우편 배달원들은 겨울 배달 시 보온 속셔츠 착용을 권장받는다.

- 유 undergarment
- 반 overcoat

114
understand
[ʌndərstǽnd]

(주제의) 아래에 under 서다, 세우다 stand

이해하다

To fully understand the new postal regulations, employees must attend the training seminar.

새 우편 규정을 완전히 이해하려면 직원들은 교육 세미나에 참석해야 한다.

- 유 comprehend, grasp
- 반 misunderstand, misinterpret

115
underwrite
[ʌ́ndəráit]

(계약서)아래에 under 쓰다 write

(비용을) 보증하다, (보험을) 계약하다, 인수하다

The insurance company agreed to underwrite the shipping cost of the damaged parcel.

보험사는 손상된 소포의 배송비를 보상하기로 동의했다.

- 유 finance, guarantee
- 반 decline, reject

어근 탐구 '계약서 아래에 쓴다'는 것은 '서명'하는 행위를 뜻한다. 17세기 런던 로이즈에서 선박 보험을 들 때 위험 부담액을 각 출자자가 계약서 아래에 직접 써 넣은데서 유래해, '위험을 떠안다, 보증하다'라는 의미로도 확장되었으며 오늘날 금융업에서 '증권을 인수한다'는 표현으로도 발전했다.

infra = under, below (아래, 밑에)

116
infraction
[infrǽkʃən]

안으로 in 부수는 fract 행위 ion

위반, 침해

He was fined for an infraction of the rules.
그는 규칙 위반으로 벌금을 물었다.

- 유 violation, breach
- 반 compliance, obedience

super = above, over (위로, 위에)

117
superb
[supə́ːrb]

좋은 것보다 b 훨씬 위에 super (*b는 bonus(좋은 것)의 축약이다.)

뛰어난

The postal team delivered superb performance during the holiday rush, despite the overwhelming volume of parcels.
우편팀은 소포 물량이 폭증한 연휴 기간에도 뛰어난 성과를 냈다.

- 유 excellent, outstanding
- 반 poor, mediocre

118
superficial 중요
[sùːpərfíʃəl]

표면, 얼굴보다 fici 위쪽 super 인 al
(*fici는 face의 변형)

피상적인, 얕은, 겉보기의

A superficial review of the insurance claim led to an incorrect payout decision.
보험 청구에 대한 피상적인 검토가 잘못된 지급 결정을 초래했다.

The inspector noted that the damage to the parcel was only superficial and did not affect the contents.
검사관은 소포의 손상이 겉보기만 해당되며 내부에는 영향이 없음을 확인했다.

- 유 shallow, cursory, surface-level
- 반 thorough, deep, profound

119
superstitious
[sùːpərstíʃəs]

(인간보다) 위에 super 서 st 있는 it 존재의 ous

미신적인

Some customers are superstitious about mailing important documents on Fridays, believing it's bad luck.
어떤 고객들은 금요일에 중요한 서류를 보내는 것을 불운하다고 여겨 미신을 따르기도 한다.

유 irrational, credulous
반 rational, logical

120
superlative
[səpə́ːrlətiv, suːpə́ːrlətiv]

꼭대기로 super 옮겨 lat 진 ive

최고의, 최상급

The superlative efficiency of the new mail-sorting machine reduced processing time by half.
새로운 우편 분류기의 최고의 효율성은 처리 시간을 절반으로 줄였다.

유 supreme, exceptional
반 poor, mediocre

121
supernatural
[sùːpərnǽtʃərəl]

자연의, 본성의 natur 위에 super 있는 al

초자연적인

Some old postal buildings are rumored to have supernatural occurrences at night.
일부 오래된 우편 건물은 밤에 초자연적인 현상이 일어난다는 소문이 있다.

유 paranormal, otherworldly
반 natural, normal

122
superintendent
[sùːpərinténdənt]

위에서 super 안으로 in (권한을) 뻗는 tend 자 ent

감독관, 관리자

The superintendent of the regional postal office implemented new training programs for all branch managers.
지역 우편 사무소의 감독관은 모든 지점장을 위한 새로운 교육 프로그램을 시행했다.

유 overseer, administrator
반 subordinate, employee

123
superior
[səpíəriər, supíəriər]

(라틴어 비교급) 더 ior 위에 super

우수한, 상급자

Her negotiation skills are far superior to those of her colleagues, which often leads to better contract terms for the bank.
그녀의 협상 기술은 동료들보다 훨씬 뛰어나, 은행에 더 유리한 계약 조건을 이끌어내는 경우가 많다.

유 better, higher-ranking
반 inferior, junior

sur / su = above (위에, 아래서부터 위로)

124
surface
[sə́ːrfis]

얼굴 face 위에 sur

표면, 드러나다

Concerns about data privacy began to surface after the bank launched its new mobile app.
은행이 새 모바일 앱을 출시한 후 개인정보 보호에 대한 우려가 표면화되기 시작했다.

- exterior, emerge
- interior, hide

125
surfeit
[sə́ːrfit]

지나치게 sur 만들다 feit

과잉, 과다

A surfeit of outdated pamphlets was found in the storage room of the insurance office.
보험 사무실의 창고에서 오래된 안내책자가 과도하게 쌓여 있는 것이 발견되었다.

- excess, glut, oversupply
- shortage, deficiency

126
surmised
[sərmáizd, sə̀ːrmáizd]

위로 sur (생각을) 보내게 mis 된 ed

추측된, 추정된 (surmise의 과거형, 과거분사)

It was surmised that the missing package had been sent to the wrong postal code.
분실된 소포가 잘못된 우편번호로 발송된 것으로 추정되었다.

- guessed, inferred, assumed
- known, proven, confirmed

127
surpass
[sərpǽs, sərpɑ́ːs]

지나쳐 sur 걷다 pass

능가하다

The new fraud detection system surpassed all expectations by reducing false claims by 40%.
새로운 사기 탐지 시스템은 허위 청구를 40% 줄이며 모든 기대를 능가했다.

- exceed, outdo
- fall behind, fail

128
surplus
[sə́ːrplʌs, səːrpləs]

위로 sur 더하다 plus

흑자, 잉여

The postal authority used last year's budget surplus to modernize sorting facilities.

우편 당국은 작년 예산 흑자를 활용해 분류 시설을 현대화했다.

- 유 excess, remainder
- 반 deficit, shortage

129
surreptitiously
[səːrəptíʃəsli, sʌ̀rəptíʃəsli]

아래에서 (몰래) sur 잡게 reptiti 한, 하게 ously

은밀히, 몰래

The employee surreptitiously printed personal documents using the office printer.

직원은 사무실 프린터로 개인 문서를 몰래 출력했다.

- 유 secretly, stealthily, covertly
- 반 openly, transparently

130
supreme
[səpríːm, su(ː)príːm]

위로 su 첫번째인 preme

최고의, 최상의

The postal service's supreme priority, which has remained unchanged for decades, is to ensure timely delivery to all regions.

수십 년간 변함없는 우편 서비스의 최우선 과제는 모든 지역에 제때 배송하는 것이다.

- 유 paramount, utmost
- 반 inferior, low

131
surge 중요
[səːrdʒ]

아래서부터 su 쭉 뻗다 rge

급증, 급등, 급증하다

There was a sudden surge in online applications for travel insurance during the holiday season.

휴가철 동안 여행자 보험 온라인 신청이 급증했다.

There was a sudden surge in parcel deliveries during the holiday season, which overwhelmed local post offices.

연휴 기간에 소포 배송이 갑자기 급증해 지역 우체국들이 과부하에 걸렸다.

- 유 increase, upswing, escalation
- 반 decline, decrease, drop

up = up (위에, 위로)

132
update
[ʌpdéit]

날짜를 date 올리다, 새롭게 하다 up

업데이트하다, 최신 정보

The postal authority will update its tracking system to provide more accurate delivery estimates.

우편 당국은 보다 정확한 배송 예상 시간을 제공하기 위해 추적 시스템을 업데이트할 예정이다.

- revise, refresh
- outdated, ignore

133
upload
[ʌploud]

짐을 load 위로 (싣다) up

업로드하다

Employees must upload scanned copies of signed contracts to the central database.

직원들은 서명된 계약서의 스캔본을 중앙 데이터베이스에 업로드해야 한다.

- transfer, post
- download, retrieve

134
upset
[ʌpsét]

위를 up 아래로 set

화나게 하다, 뒤집다

The cancellation of the planned wage increase upset many postal workers.

예정된 임금 인상 취소는 많은 우편 노동자들을 화나게 했다.

- distress, disturb
- please, satisfy

135
upstream
[ʌpstríːm]

위쪽 up 시냇물 stream

상류에, 상류로

The upstream section of the river, which supplies water to the postal facility, was polluted after heavy rain.

우편 시설에 물을 공급하는 강 상류 구역이 폭우 이후 오염되었다.

- upriver
- downstream

summa = highest (가장 높은)

136
consummate
[kánsəmèit, kɔ́nsəmèit]

모아서, 완전히 con 정점으로 summ 만들다 ate

완전한, 능숙한
(일반) He's a consummate negotiator, always closing the deal efficiently.
그는 언제나 효율적으로 거래를 성사시키는 완벽한 협상가이다.

유 perfect, masterful
반 amateurish, clumsy

137
summarize
[sʌ́məràiz]

전체를, 요점으로 summa 하다 ize

요약하다
Please summarize the customer feedback so the bank's management can make informed decisions.
은행 경영진이 합리적인 결정을 내릴 수 있도록 고객 피드백을 요약해 주세요.

유 condense, outline
반 expand, elaborate

highest (가장 높은)

138
paramount
[pǽrəmàunt]

~에 의해, 통해 para 위로 mount
(*para는 per(=through, for, by)의 변형)

가장 중요한, 최고의
Customer satisfaction is of paramount importance in postal services.
우편 서비스에서 고객 만족은 최우선 과제다.

유 supreme, chief, primary
반 trivial, insignificant

139
pinnacle
[pínəkəl]

뾰족한 꼭대기인 pinna 것 cle

정점, 절정
Winning the postal service award was the pinnacle of her career.
우체국 서비스상을 수상한 것이 그녀 경력의 정점이었다.

유 peak, summit, apex
반 bottom, base

140
culminate
[kʌ́lmənèit]

꼭대기가 culmin 되다 ate

정점에 달하다, 끝나다

The 5-year service innovation project culminated in a fully automated mail system.
5년간의 서비스 혁신 프로젝트는 완전 자동화 우편 시스템으로 결실을 맺었다.

- peak, conclude
- begin, start

141
zenith
[zíːniθ, zéniθ]

멀리 떨어진 ze 길 nith

절정, 정점

The company reached its zenith in customer satisfaction after launching the new parcel tracking app.
그 회사는 새로운 소포 추적 앱 출시 후 고객 만족도에서 절정을 찍었다.

- peak, apex, summit
- nadir, bottom

어근 탐구 아랍어 samt를 잘못 쓴 것이 그대로 굳어진 것으로, '머리 위의 길=정점'을 뜻한다.

142
vertical
[vɜ́ːrtikəl]

가장 높은 곳 vertic 에서, 의 al

수직의

The vertical conveyor system improved parcel sorting efficiency in the distribution center.
수직 컨베이어 시스템이 물류센터의 소포 분류 효율을 향상시켰다.

- upright, perpendicular
- horizontal, flat

over = all, above (전부, 위에)

143
overall
[óuvərɔ̀ːl]

모든것의 all 위에서 over

전반적인

The overall performance of the postal system has improved.
우편 시스템의 전반적인 성능이 향상되었다.

- total, general
- partial, specific

144
overcharge
[òuvərtʃáːrdʒ]

지나치게 over 부과하다 charge

과다 청구하다

The customer complained after being overcharged for international shipping.
고객은 국제 배송 요금을 과다 청구받은 후 불만을 제기했다.

유 surcharge, overbill
반 undercharge, discount

145
overcome
[òuvərkʌ́m]

~를 넘어 over 오다 come

극복하다

She managed to overcome the challenges of working in a remote postal branch.
그녀는 외딴 우체국에서 근무하는 어려움을 극복했다.

유 conquer, surmount
반 surrender, yield

146
overdose
[óuvərdous]

지나치게 over 주는 것 dose

과다 복용

He was hospitalized due to an overdose of medication.
그는 약물 과다 복용으로 입원했다.

유 excess, overconsumption
반 underdose

147
overlap
[òuvərlǽp]

위에 over 덧대다 lap

겹치다, 중복되다

The delivery schedule overlaps with the maintenance work.
배송 일정이 유지 보수 작업과 겹친다.

유 coincide, intersect
반 separate, diverge

148
overlook
[òuvərlúk]

위에서, 너머로 over 보다 look

간과하다, 내려다보다

The inspector overlooked a critical error in the address label.
검사관은 주소 라벨의 중대한 오류를 간과했다.

유 miss, disregard
반 notice, detect

어근 탐구 '위에서 본다'는 것은 높은곳에서 한눈에 자세히 볼 수 있다는 의미로 '시찰하다, 감시하다'와 높은 곳 또는 너머로 보기에 오히려 무언가를 빠뜨리고 본다는 의미로 '눈감아주다', '간과하다'라는 서로 반대되는 맥락의 단어로 동시 발전하게 되었다.

149

oversee

[òuvərsíː]

위에서 over 보다 see

감독하다

He was assigned to oversee the construction of the new postal facility.
그는 새로운 우편 시설의 건설을 감독하도록 배정되었다.

- supervise, manage
- neglect, ignore

150

overwhelm

[òuvərhwélm]

지나치게 over 덮치다 whelm

압도하다, 감당하기 힘들게 하다

The sudden increase in holiday mail overwhelmed the local post office.
휴일 우편물 급증이 지역 우체국을 압도했다.

- overpower, overload
- underwhelm, calm

tele = far (먼)

151

telegram

[téləgræm]

멀리서 보낸 tele 글자 gram

전보

Before the era of email, telegrams were the fastest way to send urgent messages.
이메일 시대 이전에는 전보가 긴급 메시지를 보내는 가장 빠른 방법이었다.

- cable, wire
- –

152

telepathic

[tèləpǽθik]

멀리서 tele 감각을 느끼게 path 하는 ic

텔레파시의

The twins seemed to share a telepathic connection, often responding to each other's thoughts without speaking.
쌍둥이들은 말하지 않고도 서로의 생각에 반응하는 텔레파시적 연결을 공유하는 듯 보였다.

- mind-reading, psychic
- verbal, spoken

153
telepathy

[təlépəθi]

멀리서 tele 감각을 느끼는 path 것 y

텔레파시

Stories of telepathy, though lacking scientific proof, continue to fascinate people.

과학적 증거는 없지만 텔레파시에 관한 이야기는 여전히 사람들을 매료시킨다.

유 extrasensory perception, clairvoyance
반 communication, speech

154
telescope

[téləskòup]

멀리서 tele 보는 것 scope

망원경

The old telescope, which had been kept in the storage room of the postal museum for decades, was restored for a public exhibition.

수십 년 동안 우편 박물관의 보관실에 있던 오래된 망원경이 복원되어 대중 전시에 사용되었다.

유 scope, spyglass
반 –

hyper = above, beyond (위, 초월)

155
hyperbole

[haipə́ːrbəliː]

(수사학) 너머로 hyper 전달하기 bole

과장법

It is not hyperbole to state that justice and judgment lie often a world apart.

정의와 판단이 종종 전혀 다르다고 말하는 것은 과장이 아니다.

유 exaggeration, overstatement
반 understatement, minimization

trans, tra = across (건너)

156
transect

[trænsékt]

가로질러 tran(s) 자르다 sect

횡단하다, 가로지르다, 가로로 절개하다

The new highway transects the rural delivery route, reducing travel time for postal trucks.

새 고속도로가 농촌 배달 경로를 가로질러, 우편 트럭의 이동 시간을 단축했다.

유 cross, bisect
반 bypass, avoid

157
transform
[trænsfɔ́ːrm]

전환된 trans 형태 form

변형시키다
Automation has transformed the way parcels are sorted and delivered.
자동화는 소포가 분류되고 배송되는 방식을 변화시켰다.

- change, convert
- preserve, maintain

158
transit
[trǽnsit, trǽnzit]

건너서 trans 가다 it

운송, 통과
The goods were damaged in transit due to inadequate packaging.
부적절한 포장으로 인해 상품이 운송 중 손상되었다.

- transportation, passage
- storage, stagnation

159
translate
[trænsléit, trænzléit]

옮겨서 trans 전달하다 late

번역하다, 해석하다
The manual, which was originally written in French, was translated into English before being distributed to postal branches.
원래 프랑스어로 작성된 설명서는 우편 지점에 배포되기 전에 영어로 번역되었다.

- interpret, render
- misinterpret, distort

160
transmit
[trænsmít, trænzmít]

건너로 trans 보내다 mit

전송하다, 전달하다
Sensitive banking information must be transmitted through encrypted channels to prevent data breaches.
민감한 은행 정보는 데이터 유출을 방지하기 위해 암호화된 채널을 통해 전송되어야 한다.

- send, convey
- receive, withhold

161
transplant
[trænsplǽnt, trænsplɑ́ːnt]

옮겨서 trans 심다 plant

이식하다, 옮겨 심다
Doctors successfully transplanted a donor heart, which had been transported across the country under strict temperature control.
의사들은 엄격한 온도 관리를 거쳐 전국을 운송한 기증자의 심장을 성공적으로 이식했다.

- implant, relocate
- remove, extract

162
tranquil
[trǽŋkwil]

너머로, 완전히 **tran** 조용한 **quil**

고요한, 평온한

The park near the insurance office offered a tranquil place to take breaks.
보험 사무실 근처 공원은 쉬기 좋은 고요한 공간이었다.

- peaceful, calm, serene
- noisy, chaotic, agitated

163
transient
[trǽnʃənt, trǽnʒənt, trǽnziənt]

건너 **trans** 가는 **ient** (*이곳에는 '잠시만 머무른다'는 의미)

일시적인

The drop in interest rates led to a transient increase in housing loan applications.
금리 인하로 인해 주택 대출 신청이 일시적으로 증가했다.

- temporary, fleeting
- permanent, lasting

164
tradition 중요
[trədíʃən]

(세대를) 건너 **tra** (넘겨)주는 **dit** 행위 **ion** (*tra-는 어근 trans-(건너다, 전환)의 축약형)

전통, 관습

It is a long-standing tradition in this town for the post office to issue a commemorative stamp during the annual festival.
매년 축제 기간에 기념우표를 발행하는 것은 이 마을의 오랜 전통이다.

It is a tradition for postal workers to exchange gifts during year-end gatherings.
연말 모임에서 우체국 직원이 선물을 교환하는 전통이 있다.

- custom, heritage, practice
- innovation, change, deviation

165
traitor
[tréitər]

넘겨 **tra** 준, 가게 한 **it** 자 **or** (*자신의 조국, 신뢰, 비밀 따위를 남에게 넘겨준 자)

반역자, 배신자

The employee who leaked confidential postal data to competitors was branded a traitor.
기밀 우편 데이터를 경쟁사에 유출한 직원은 배신자로 낙인찍혔다.

- betrayer, defector
- loyalist, patriot

per = through, thoroughly, entirely (통하여, 완전히)

166
peregrination
[pèrəgrənèiʃn]

먼 **per** 땅으로 **egrin** 가게 함 **ation**

긴 여정, 방랑

His **peregrination** across rural post offices revealed flaws in the delivery system.
그가 시골 우체국들을 여행하며 배송 시스템의 문제점을 드러냈다.

- journey, travel, expedition
- immobility, settlement

167
peremptory
[pərémptəri, pərəmptɔ́ːri]

완전히 **per** 꽉 잡은 **empt** 상태인 **ory**

단호한, 위압적인

The supervisor issued a **peremptory** order to halt all money transfers.
그 감독관은 모든 송금을 중단하라는 단호한 명령을 내렸다.

- commanding, decisive, authoritarian
- hesitant, lenient

168
perennial
[pəréniəl]

완전히 **per** 해, 년 **enni** 의 **al**

영원한, 다년생의

Timely delivery is a **perennial** challenge in the postal industry.
제때 배송하는 것은 우편 산업에서 영원한 과제다.

- everlasting, enduring
- temporary, fleeting

169
perfidious
[pərfidiəs]

신뢰를 **fidi** 통하여(이용해먹는 게) **per** 가득한 **ous**

배반하는, 신뢰를 저버리는

The **perfidious** broker misused the client's trust in a postal investment scam.
그 배신한 중개인은 우편 투자 사기를 통해 고객의 신뢰를 악용했다.

- treacherous, deceitful, unfaithful
- loyal, faithful

170
perfunctory
[pəːrfʌ́ŋktəri]

완전히 **per** 수행하게 **funct** 하는 **ory**

형식적인, 기계적인

The clerk performed a **perfunctory** check on the insurance application.
그 직원은 보험 신청서를 형식적으로만 점검했다.

- superficial, cursory, routine
- thorough, meticulous

PART I Direction & Position (방향·위치·방향성 접두사)

171

permanent
[pə́ːrmənənt]

완전히 per 머무르는 manent

영구적인

The post office implemented a permanent change in parcel tracking procedures.
우체국은 소포 추적 절차에 영구적인 변화를 도입했다.

🟰 lasting, enduring
🔄 temporary, provisional

172

permeated
[pə́ːrmièitid]

~쪽으로, 완전히 per 지나가게 meat 된 ed

스며든, 퍼진 (permeate의 과거형, 과거분사)

Tension permeated the room as the audit of postal records began.
우편 기록 감사가 시작되자 방 안에는 긴장감이 퍼졌다.

🟰 infused, penetrated, filled
🔄 contained, blocked

173

permit
[pəːrmít]

통해서 per 가다, 보내다 mit

허가하다, 허가증

Customers must obtain a special permit to send restricted items abroad.
고객은 제한 품목을 해외로 보내기 위해 특별 허가증을 받아야 한다.

🟰 allow, authorize
🔄 forbid, prohibit

174

pernicious
[pəːrníʃəs]

완전히 per 죽음이 nici 가득한 ous

치명적인, 해로운

The spread of false financial rumors had a pernicious effect on small investors.
잘못된 금융 소문의 확산은 소액 투자자들에게 치명적인 영향을 미쳤다.

🟰 harmful, destructive, damaging
🔄 beneficial, helpful

175

persevere 중요
[pəːrsəvíər]

매우 per 고단한, 진중한 severe

인내하다, 꾸준히 하다, 인내하며 계속하다

She persevered in sorting the backlog of mail despite fatigue.
그녀는 피곤함에도 불구하고 밀린 우편을 분류하는 일을 꾸준히 했다.

Despite staffing shortages, the postal team persevered to meet delivery deadlines.
인력이 부족했지만, 우편 팀은 인내하며 배송 기한을 맞췄다.

🟰 persist, endure, press on
🔄 quit, give up, surrender

어근 탐구 착수한 일을 한결같이 계속 해 나가는 자세를 의미한다.

176
persist
[pəːrsíst, pəːrzíst]

쭉 per 서 있다 sist

지속하다, 고집하다

Delivery delays persist despite new postal reforms.

새로운 우편 개혁에도 불구하고 배송 지연이 계속된다.

- continue, endure
- cease, stop

177
perspire
[pərspáiər]

(모공을) 통해 per 숨쉬다 spire

땀을 흘리다

The courier began to perspire after carrying heavy parcels up the stairs.

배달원은 무거운 소포를 들고 계단을 오르다가 땀을 흘리기 시작했다.

- sweat, exude
- –

178
persuade
[pəːrswéid]

완전히 per 권고, 설득하다 suade

설득하다

The clerk persuaded the customer to use insured mail for valuable items.

직원은 귀중품을 위해 보험이 적용된 우편을 사용하도록 고객을 설득했다.

- convince, influence
- dissuade, deter

179
persuasive
[pərswéisiv]

완전히 per 권하게 suas 하는 ive

설득력 있는

She gave a persuasive speech on the importance of postal service modernization.

그녀는 우편 서비스 현대화의 중요성에 대해 설득력 있는 연설을 했다.

- compelling, convincing
- unconvincing, weak

180
pervade
[pərvéid]

완전히, 쭉 per 가다 vade

퍼지다, 스며들다

A sense of urgency pervaded the sorting center during the holiday season.

연휴 동안 분류 센터에는 긴박감이 퍼져 있었다.

- permeate, spread
- withdraw, recede

dia = between, across, through, away (사이에, 가로질러, 멀리)

181
diagonal
[daiǽgənəl]

각, 모서리를 gon 가로질러 dia 가는 al

대각선의

The label was placed diagonally across the parcel for better visibility.
라벨은 가시성을 높이기 위해 소포에 대각선으로 붙여졌다.

- 유 oblique, slanted
- 반 straight, vertical

182
diagram
[dáiəgræm]

가로질러서 dia 그린 것 gram

도표, 그림

The training manual includes diagrams showing the correct way to pack fragile items.
교육 매뉴얼에는 깨지기 쉬운 물품을 포장하는 올바른 방법을 보여주는 도표가 포함되어 있다.

- 유 chart, figure
- 반 text, prose

183
dialect
[dáiəlèkt]

(지역을)건너 dia 말하는 방식 lect

방언

Some postal workers use local dialects when speaking to rural customers.
일부 우편 직원들은 농촌 고객과 대화할 때 지역 방언을 사용한다.

- 유 regional language, vernacular
- 반 standard language, lingua franca

184
diatribe
[dáiətràib]

떼어서 dia 닮게 하다 tribe

통렬한 비판, 혹평

The union leader launched a diatribe against unfair wage cuts at the postal distribution center.
노조 대표는 우편 분류 센터의 부당한 임금 삭감에 대해 통렬히 비판했다.

- 유 tirade, rant, condemnation
- 반 praise, compliment

어근 탐구 고대 그리스의 철학자 플라톤의 '담론'에서 유래, 비판적 시각으로 진리를 추구하는 논문이나 논의를 뜻한다.

circum = around (둘레에, 주변에)

185
circumstance
[sə́ːrkəmstæns, sə́ːrkəmstəns]

둥글게 둘러싼 circum 조건 stance

상황, 환경

Under the current circumstance, the delivery may be delayed.
현재 상황에서는 배송이 지연될 수 있다.

- situation, condition
- certainty, plan

186
circumlocution
[sə̀ːrkəmloukjúːʃən]

돌려서 circum 말하는 locu 것 tion

완곡 표현 (에둘러 말하기)

The politician's answer was full of circumlocution, avoiding a direct response to the reporter's question.
그 정치인의 대답은 기자의 질문에 직접적으로 답하지 않기 위해 에둘러 말하기로 가득 차 있었다.

- periphrasis, evasion
- directness, plainness

Motion & Process
(이동·진행·전달)

mov / mot / mo / mei = to move (움직이다)

어근탐구 움직이다 move

move는 '밀어낸다'는 뜻의 고대어 meu(e)-에서 발전한 단어로, '장소나 자세를 바꿔서 움직이다'로 발전했다. 처음에는 장소나 위치를 바꾸거나, 운동 상태가 되거나 촉진되는 물리적인 상태를 표현하는 데 쓰이다가 14세기부터 행동을 '촉구하다', '영향을 미치다', '(정신적으로) 자극하다', '제안하다' 등 비유적 표현에도 쓰이게 되었다.

187

move
[muːv]

움직이다 **move**

움직이다, 이동시키다, 옮기다

The post office decided to move its main branch to a larger building.
우체국은 본점을 더 큰 건물로 이전하기로 했다.

유 relocate, shift
반 stay, remain

188

movement
[múːvmənt]

움직이는 **move** 상태 **ment**

움직임, 운동

The environmental movement influenced the postal service to use electric vehicles.
환경 운동은 우편 서비스가 전기차를 사용하게 영향을 주었다.

유 motion, campaign
반 stillness, inaction

189

movie
[múːvi]

움직이는 **moving** 그림 **picture**를 줄인 말

영화

The movie about the history of the postal system attracted many viewers.
우편 시스템의 역사를 다룬 영화는 많은 관객을 끌어모았다.

유 film, motion picture
반 -

190
moti**vate** 중요

[móutəvèit]

움직이게 motiv 만들다 ate

동기를 부여하다, 자극하다, 유발하다, 일으키다

The manager motivated the team by promising bonuses for fast service.
매니저는 빠른 서비스를 위한 보너스를 약속하며 팀에 동기를 부여했다.

The manager tried to motivate the postal workers with a new incentive program.
관리자는 새로운 인센티브 프로그램으로 우편 직원들에게 동기를 부여하려 했다.

- encourage, inspire, stimulate
- discourage, demotivate, dissuade

191
motive

[móutiv]

움직임 motive (*고대 프랑스어 motif (동기)의 영어형)

동기, 이유

The police investigated the motive behind the insurance fraud.
경찰은 보험 사기의 배후 동기를 조사했다.

- reason, purpose
- result, consequence

192
motor

[móutər]

움직이는 mot 자 or

모터, 엔진

The delivery truck's motor failed during a long-distance shipment.
배송 트럭의 모터가 장거리 운송 중 고장 났다.

- engine, machine
- –

193
e**mot**ional

[imóuʃənəl]

밖으로e 움직이게 motion 하는 al

감정적인, 정서의

The emotional speech moved many attendees at the memorial service.
그 감정적인 연설은 추모식에 참석한 많은 사람들을 감동시켰다.

- sentimental, passionate
- rational, unemotional

194
pro**mot**e

[prəmóut]

앞으로 pro 움직이다 mote

촉진하다, 장려하다, 홍보하다, 승진 시키다

The campaign aims to promote the use of registered mail for security.
이 캠페인은 보안을 위해 등기우편 사용을 촉진하는 것을 목표로 한다.

- encourage, advance
- hinder, discourage

195
remote 중요
[rimóut]

멀리 떨어져 re 움직이다 mote

먼, 희박한, 외진, 외딴, 관계가 적은

There's only a remote chance that the package was misdelivered twice.
소포가 두 번 잘못 배송되었을 가능성은 매우 희박하다.

Deliveries to remote areas may take longer than usual.
외진 지역으로의 배송은 평소보다 오래 걸릴 수 있다.

유 distant, isolated
반 close, probable, nearby, central

196
remove
[rimúːv]

뒤로 re 움직이다 move

제거하다, 치우다, 옮기다, 해임하다

You must remove batteries from devices before shipping them overseas.
해외로 배송하기 전에는 기기의 배터리를 제거해야 한다.

유 eliminate, take away
반 add, insert

197
migrant
[máigrənt]

이동하는 migr 사람 ant

이주민

The migrant worker sent money home using the postal money transfer service.
이주 노동자는 우편 송금 서비스를 이용해 고향으로 돈을 보냈다.

유 immigrant, traveler
반 native, resident

198
migratory
[máigrətɔ̀ːri, máigrətəri]

이동과 migrat 관련한 ory

이동하는

Migratory birds were seen resting near the coastal post station.
철새들이 해안 우체국 근처에서 휴식하는 모습이 목격됐다.

유 traveling, wandering
반 stationary, settled

mit / miss = send (보내다)

199
admit
[ədmít]

~에 ad 행께 하다, 들어가게 하다
mission

인정하다, 입장을 허가하다

He admitted making a mistake in the financial report.
그는 재무 보고서에서 실수한 것을 인정했다.

- confess, acknowledge
- deny, reject

200
commit
[kəmít]

가지고 com 가다, 던지다 mit

저지르다, 헌신하다

He committed to improving customer satisfaction in postal operations.
그는 우편 업무에서 고객 만족도를 향상시키는 데 헌신했다.

- pledge, dedicate
- neglect, abandon

201
committee
[kəmíti]

가지고 com 가는, 던지는 mitt 사람 ee

위원회

The committee reviewed proposals for new postal delivery routes.
위원회는 새로운 우편 배달 경로에 대한 제안을 검토했다.

- board, panel
- individual, single person

202
concomitant
[kɑnkɑ́mətənt, kənkɑ́mətənt, kənkɔ́mətənt]

동반자(함께 co 가는자 mit)와 함께 con 하는 ant

수반되는, 동시에 일어나는

The rise in interest rates and the concomitant drop in savings applications worried the bank.
금리 인상과 동시에 발생한 예금 신청 감소는 은행을 우려하게 했다.

- accompanying, associated
- unrelated, separate

203
emit
[imít]

밖으로 e 보내다 mit

내뿜다, 방출하다

The factory was fined for emitting pollutants into the air.
그 공장은 오염 물질을 대기로 방출한 혐의로 벌금을 부과받았다.

- release, discharge, radiate
- absorb, contain

204
o**mit**
[oumít]

아니 o 보내다 mit

빠뜨리다, 생략하다

Make sure not to omit any important details on the shipping form.
배송서에 중요한 내용을 빠뜨리지 않도록 해라.

🔓 leave out, exclude
🔒 include, add

205
e**miss**ary
[éməsèri, éməsəri]

(영토) 밖으로 e 보낸 miss 사람 ary

사절, 특사

The Ministry sent an emissary to the postal union to discuss new labor terms.
정부는 우편 노동조합과의 새로운 조건을 논의하기 위해 사절을 보냈다.

🔓 envoy, messenger, delegate
🔒 recipient, outsider

206
missionary
[míʃənèri, míʃənəri]

보내는 mission 사람 ary

선교사

The missionary sent letters home regularly through the local post office.
그 선교사는 현지 우체국을 통해 집으로 정기적으로 편지를 보냈다.

🔓 evangelist, preacher
🔒 –

207
re**miss**
[rimís]

뒤로 re 보낸 miss (*자세가 뒤로 간 듯한 태만하고 느슨한 태도)

태만한, 부주의한

The insurance agent was remiss in following up on the claim.
그 보험 담당자는 보험 청구 건을 제대로 처리하지 않아 태만했다.

🔓 negligent, careless, inattentive
🔒 diligent, careful

208
inter**miss**ion
[ìntərmíʃən]

사이에 inter 내보내는 것 mission

중간 휴식, 중단

There will be a short intermission before the second session begins.
두 번째 세션이 시작되기 전에 짧은 휴식이 있다.

🔓 break, pause
🔒 continuation, resumption

ject = throw (던지다, 전달하다)

209
subject
[sʌ́bdʒikt]

아래로 sub 던지다 ject

주제, 대상 / 종속시키다

The new postal regulation is subject to approval by the national assembly before enforcement.
새로운 우편 규정은 시행 전에 국회의 승인을 받아야 한다.

- topic, matter / subordinate
- independent, exempt

210
object
[ábdʒikt, ɔ́bdʒikt]

~에 반하여 ob 던지다 ject

물건, 대상 / 반대하다

The post office kept the lost object until the owner claimed it.
우체국은 주인이 찾을 때까지 분실물을 보관했다.

- item, article / oppose, protest
- subject / accept, approve

211
objective
[əbdʒéktiv]

던진 ject 쪽에 ob 관하여 ive

목표, 객관적인

Her main objective was to improve delivery times for rural areas.
그녀의 주요 목표는 농촌 지역의 배송 시간을 개선하는 것이었다.

- goal, aim / impartial, unbiased
- subjective, biased

212
interject
[intərdʒékt]

사이에 inter 던지다 ject

불쑥 끼어들다

He interjected a question during the discussion.
그는 토론 중에 질문을 불쑥 던졌다.

- interrupt, insert
- withdraw, omit

213
reject
[ridʒékt]

반대로 re 던지다 ject

거부하다, 불합격 처리하다

The postal service will reject parcels that lack proper labeling.
우편 서비스는 라벨이 제대로 부착되지 않은 소포를 거부한다.

- refuse, decline
- accept, approve

214
project
[prədʒékt]

앞으로 pro 던지다 ject

계획, 프로젝트 / 예상하다
The postal service launched a project to improve rural delivery networks.
우편 서비스는 농촌 배달망을 개선하기 위한 프로젝트를 시작했다.
- 유 plan, initiative
- 반 neglect, abandon

215
con**ject**ure
[kəndʒéktʃər]

함께 con 던지는 것 jecture

추측, 억측
(일반) His dismissal was based on conjecture, not actual evidence.
그의 해임은 실제 증거가 아닌 억측에 근거한 것이었다.
- 유 speculation, guess
- 반 fact, certainty

216
e**ject**
[idʒékt]

밖으로 out 던지다, 강제하다 ject

내쫓다, 배출하다
The system will automatically eject damaged mail from the sorting line.
시스템은 손상된 우편물을 분류 라인에서 자동으로 배출한다.
- 유 expel, discharge
- 반 admit, insert

217
in**ject**
[indʒékt]

안으로 in 던져넣다, 전달하다 ject

주사하다, 투입하다
The company plans to inject more capital into its overseas operations.
회사는 해외 사업에 더 많은 자본을 투입할 계획이다.
- 유 administer, introduce
- 반 withdraw, extract

veni / ven = come (오다)

218
con**veni**ent
[kənvíːnjənt]

함께 con 오게 veni 하는 ent

편리한
The new online claim system is convenient for customers.
새로운 온라인 클레임 시스템은 고객들에게 편리하다.
- 유 handy, practical
- 반 inconvenient, troublesome

219
convention
[kənvénʃən]

함께 con 오다 vent 것 ion

집회, 협정, 관습, 관례, 대회

It is a convention to verify identification before releasing registered mail.
등기 우편을 전달하기 전에 신분증을 확인하는 것은 관례이다.

- custom, meeting
- innovation, change

220
prevent
[privént]

미리 pre 오다 vent

막다, 예방하다

Extra packaging was used to prevent damage during transport.
운송 중 손상을 막기 위해 추가 포장이 사용되었다.

- stop, avert
- allow, permit

221
event
[ivént]

밖으로 e 나온 vent (=결과가 산출되는 것)

사건, 행사

The post office hosted a community event to promote new services.
우체국은 신규 서비스를 홍보하기 위해 지역 행사를 개최했다.

- occurrence, happening
- inactivity, routine

222
eventuate
[ivéntʃuèit]

밖으로 e 나오게(드러나게) ventu 만들다 ate

결국 ~이 되다, 끝나다

The continued negligence eventually eventuated in a major system outage.
지속된 부주의는 결국 큰 시스템 장애로 이어졌다.

- result, end in, culminate
- prevent, avoid

223
intervene
[ìntərvíːn]

사이에 inter 오다 vene

개입하다, 중재하다

The government decided to intervene in the dispute between postal workers and management.
정부는 우편 노동자와 경영진 간의 분쟁에 개입하기로 했다.

- mediate, interfere
- ignore, neglect

224
invent
[invént]

위에, 안에 in 오다 vent

발명하다

He invented a new machine that speeds up parcel sorting.
그는 소포 분류 속도를 높이는 새로운 기계를 발명했다.

- create, devise
- copy, imitate

어근 탐구 어떤것이 안/위에 있다는 사실을 확인하거나 발견하는 일, 또는 획득하거나 발명하는 일을 말한다.

225
souvenir
[sùːvəníər]

(기억이) 아래에부터 sou (올라)오다 venir

기념품

She bought a souvenir from the post office's stamp exhibition.
그녀는 우체국 기념우표 전시회에서 기념품을 구입했다.

- keepsake, memento
- –

226
veneer
[vəníər]

(몸을) 덮는 vene 것 er (*vene은 veni의 변형)

겉치장, 겉모습, 허울, 합판

Despite his polite tone, a thin veneer of arrogance was visible.
정중한 말투 뒤에 얇은 오만의 겉치장이 보였다.

- façade, disguise
- reality, core

어근 탐구 본래는 합판(목재)만을 의미하던 것이 얇은 합판을 미장으로 덧대는 모습을 본따 '겉치장', '허울'까지 의미하게 되었다.

---

cede / ceed / cess / scend = go, yield (가다, 양보하다)

227
concede
[kənsíːd]

가지고 con 물러나다 cede

인정하다, 양보하다

The company conceded that the delivery delay was their fault.
회사는 배송 지연이 자신들의 잘못임을 인정했다.

- admit, yield
- deny, refuse

228
recede
[riːsíːd]

뒤로 re 가다 cede

물러나다, 감소하다

The floodwaters began to recede, allowing postal trucks to resume delivery.
홍수가 물러나면서 우편 트럭들이 다시 배송을 시작할 수 있었다.

- retreat, withdraw
- advance, approach

229
precede
[prisíːd]

미리 pre 가다 cede

앞서다, 선행하다

Customs checks must precede the delivery of international mail.
국제 우편 배송 전에 세관 검사가 선행되어야 한다.

- come before, lead
- follow, succeed

230
exceed
[iksíːd]

밖으로 ex 가다 ceed

초과하다, 넘다

The weight of the parcel must not exceed 30 kilograms for international shipping.
국제 배송 시 소포 무게는 30킬로그램을 초과해서는 안 된다.

- surpass, overstep
- fall short, lag

231
precedent
[présədənt]

먼저 pre 간 ced 것 ent

선례, 전례

This case may set a precedent for future postal refund policies.
이 사례는 향후 우편 환불 정책에 선례가 될 수 있다.

- example, model, standard
- novelty, anomaly

232
procedure
[prəsíːdʒər]

앞으로 pro 가는 ced 것 ure

절차

The customs procedure for international mail has been simplified.
국제 우편의 세관 절차가 간소화되었다.

- process, method
- disorder, disorganization

233
proceed
[prousíːd]

앞으로 pro 나아가다 ceed

진행하다

Once payment is confirmed, we will proceed with the shipment.
결제가 확인되면 발송 절차를 진행하겠습니다.

윤 continue, advance
반 halt, stop

234
access
[ǽkses]

~쪽으로 ac 가다 cess

접근, 이용

Many rural areas still lack reliable access to the Internet.
많은 농촌 지역은 여전히 안정적인 인터넷 접근을 갖고 있지 않다.

Only authorized employees have access to high-security mail storage.
보안 등급이 높은 우편 보관소에는 승인된 직원만 접근할 수 있다.

윤 entry, admission, approach
반 exclusion, denial

235
predecessor
[prédisèsər, príːdisèsər]

먼저 pre 아래로 de 간 cess 자 or

전임자

The new postal chief replaced his predecessor last month.
새 우편국장은 지난달에 전임자를 대신했다.

윤 forerunner, antecedent
반 successor, descendant

236
ascended
[əséndid]

~쪽으로 a 오르게 scend 된 ed

올라간, 승진한 (ascend의 과거형·과거분사)

He gradually ascended to the role of regional postal director after years of service.
그는 수년간의 근무 끝에 지역 우편국장으로 승진했다.

윤 rose, advanced, climbed
반 descended, declined, fell

237
condescending
[kɔ̀ndiséndiŋ, kɔ̀ndiséndiŋ]

함께 con 아래로 de (내려)가는 scending

거들먹거리는, 생색내는

(일반) His condescending tone during the interview annoyed the applicants.
면접 중 그의 거들먹거리는 말투는 지원자들을 불쾌하게 했다.

윤 patronizing, snobbish
반 respectful, humble

어근 탐구 본래 '자신을 낮추거나 굽히는 행동'에서 유래했으나 현대 영어에서 허세나 가식을 의미하는 부정적인 단어로 변모되었다.

68

238
descend
[disénd]

아래로 de 가다, 오르다 scend

내려가다

The cargo lift descended to the ground floor with the heavy parcels.
화물 승강기는 무거운 소포와 함께 1층으로 내려갔다.

- go down, drop
- ascend, rise

239
transcend
[trænsénd]

넘어서 trans 오르다 cend

초월하다

Her leadership transcended traditional management styles, creating a culture of innovation in the postal service.
그녀의 리더십은 전통적인 경영 방식을 초월하여 우편 서비스에 혁신 문화를 만들었다.

- exceed, surpass
- fail, fall behind

gress / grad = step, walk (걸음, 진전)

240
grade
[greid]

한 걸음, 계단 grade

등급, 성적

The bank offers different interest rates depending on the customer's credit grade.
은행은 고객의 신용 등급에 따라 다른 이자율을 제공한다.

- rank, level
- –

241
gradual
[grǽdʒuəl]

한 걸음 gradu 씩(형용사접미어) al

점진적인

There was a gradual improvement in delivery speed after the system upgrade.
시스템 업그레이드 후 배송 속도가 점진적으로 향상되었다.

- steady, progressive
- sudden, abrupt

242
in**gredi**ent
[ingríːdiənt]

안에 in (들어) 가는 gredi 요소인 ent

재료, 성분

The main ingredient in the glue is water-based for safe mailing.
접착제의 주요 성분은 안전한 발송을 위해 수성이다.

🔁 component, element
🔄 whole, entirety

243
up**grad**e
[ʌpgréid]

단계를 grade 위로 올리다 up

업그레이드하다, 향상시키다

The company decided to upgrade its sorting machines, which had been in service for over a decade.
회사는 10년 이상 사용해 온 분류기를 업그레이드하기로 했다.

🔁 improve, enhance
🔄 downgrade, worsen

244
de**grad**e
[digréid]

아래로 de 걷다 grade

품질을 떨어뜨리다, 비하하다

Moisture can degrade the quality of stored documents.
습기는 보관된 문서의 품질을 떨어뜨릴 수 있다.

🔁 deteriorate, demean
🔄 improve, enhance

어근 탐구 degrade는 14세기부터 계급 사회의 품위, 품계, 지위 등을 '강등시키다, 박탈하다'로 사용해왔으며 일반적으로는 '악화시키다, 퇴화하다'라는 자동사로도 쓰인다.

245
de**grad**ed
[digréidid]

아래로 de 걷게 grad 된 ed

타락한, 품위를 잃은 (degrade의 과거형, 과거분사)

The software quality has degraded since the last update.
마지막 업데이트 이후 소프트웨어 품질이 떨어졌다.

🔁 deteriorated, corrupted
🔄 improved, refined

246
de**gree**
[digríː]

아래로 de 한 걸음 gree

정도, 학위, 계급, 지위

A certain degree of precision is required in sorting international mail.
국제 우편을 분류하는 데는 일정 정도의 정확성이 요구된다.

🔁 level, extent
🔄 whole, entirety

247
congress
[káŋgris, kɔ́ŋgris]

함께 con 걷는 (무리) gress

의회, 회의

The new postal reform bill was discussed in congress to improve delivery efficiency.
새로운 우편 개혁 법안은 배송 효율성을 높이기 위해 의회에서 논의되었다.

- 유 assembly, parliament
- 반 individual, solitude

248
progress
[prágres, próugres]

앞으로 pro 가다 gress

진전, 발전

Significant progress has been made in automating the mail sorting process.
우편 분류 과정 자동화에서 상당한 진전이 이루어졌다.

- 유 advancement, improvement
- 반 setback, regression

---

cur / curs / cours = run, flow (달리다, 흐르다)

249
occur
[əkə́:r]

~로 oc 달려오다 cur

발생하다

Delays may occur during peak holiday seasons.
성수기에는 지연이 발생할 수 있다.

- 유 happen, take place
- 반 cease, stop

어근 탐구 '달린다'에서 파생되어 '부딪히다', '일어나다', '나타나다', '만나다', '발생하다'로 발전했다.

250
recur
[rikə́:r]

다시 re 달리다 cur

재발하다, 되풀이되다

Delivery delays tend to recur during the holiday season.
배송 지연은 휴가철에 반복되는 경향이 있다.

- 유 repeat, reappear
- 반 cease, stop

251

concur 중요
[kənkə́ːr]

함께 con 달리다 cur

동의하다, 의견을 같이하다

The committee members concurred with the need for improved tracking systems.
위원회 구성원들은 추적 시스템 개선의 필요성에 동의했다.

The branch manager did not concur with the new insurance pricing strategy.
지점장은 새로운 보험 요율 전략에 동의하지 않았다.

유 agree, coincide, approve
반 disagree, oppose

252

currency
[kə́ːrənsi, kʌ́rənsi]

흐르는 currenc 상태 y

통화, 화폐

The post office also offers currency exchange services for travelers.
우체국은 여행자를 위한 환전 서비스도 제공한다.

유 money, cash
반 barter, goods

253

current
[kə́ːrənt, kʌ́rənt]

흘러 curr 가는 ent

현재의, 흐름

The current postal rates will remain unchanged until next year.
현재의 우편 요금은 내년까지 변하지 않을 것이다.

유 present, ongoing
반 past, former

254

curriculum
[kəríkjələm]

달리는 curric 과정 ulum

교육과정

The training curriculum for new postal employees includes customer service skills.
신규 우편 직원 교육과정에는 고객 서비스 기술이 포함된다.

유 syllabus, course
반 improvisation, unpreparedness

255

cursory
[kə́ːrsəri]

빠르게 달리는 curs 상태 ory

대충의, 피상적인

A cursory glance at the form led to several mistakes during data entry.
그 양식을 대충 훑어본 탓에 데이터 입력 중 실수가 여러 번 발생했다.

유 superficial, hasty
반 thorough, detailed

256
course
[kɔːrs]

달리기, 절차, 경로나 흐름 course

과정, 방향
The training course covers all aspects of international parcel handling.
교육 과정은 국제 소포 처리의 모든 측면을 다룬다.
- route, curriculum
- deviation, digression

257
concourse
[kánkɔːrs, káŋkɔːrs, kóŋkɔːrs, kónkɔːrs]

함께 con 달리는 곳 course

중앙 홀, 집합 장소
The railway concourse was crowded with travelers and postal couriers.
기차역 중앙 홀은 여행객과 우편 배달원들로 붐볐다.
- hall, lobby
- isolation, division

258
discourse
[dískɔːrs]

떨어져서 dis 달리는, 진행하는 것 course

담화, 토론
The seminar featured a discourse on the future of postal services in the digital age.
세미나에서는 디지털 시대의 우편 서비스 미래에 관한 담화가 있었다.
- discussion, lecture
- silence, quiet

259
courier
[kúriər, kə́ːriər]

달리는 couri 사람 er

택배원, 배달원
The courier delivered the express package ahead of schedule.
택배원이 특급 소포를 예정보다 빨리 배달했다.
- messenger, deliveryman
- recipient, receiver

어근 탐구 '편지나 물품을 전달하는 자'로, 고용주를 위해 여행 준비를 하는 전용 하인을 의미하는 데서 유래했다.

260
excursion
[ikskə́ːrʒən, ikskə́ːrʃən]

밖으로 ex 달리는 curs 상황 ion

소풍, 여행
The employees went on a weekend excursion to celebrate the company's anniversary.
직원들은 회사 창립 기념을 축하하기 위해 주말 여행을 갔다.
- trip, outing
- stay, residence

261
extracurricular
[èkstrəkərίkjələr]

(정규)교육과정의 curricular 밖의 extra

과외의, 정규 교과 외의

She participates in several extracurricular activities, including debate club.
그녀는 토론 동아리를 포함한 여러 과외 활동에 참여한다.

🔵 nonacademic, supplemental
🔴 academic, curricular

어근 탐구 어근 curri-는 '달리다, 운영하다, 움직이다'로, 19세기부터는 교육시스템을 운영하는 것으로 의미가 확장되었다.

---

port = carry, bear (나르다, 옮기다)

262
import
[impɔ́ːrt]

안으로 im 운반하다 port

수입하다, 중요성

The company decided to import new sorting equipment from abroad.
회사는 해외에서 새로운 분류 장비를 수입하기로 했다.

🔵 bring in, introduce
🔴 export, send out

263
importune
[ìmpərtjúːn, impɔ́ːrtʃən]

항구에 portune (나르거나 접근하기에) 맞지 않는 im

성가시게 조르다

Many businessmen were importuned to come to Washington.
많은 사업가들이 워싱턴에 오라는 성가신 요청을 받았다.

🔵 pester, solicit
🔴 ignore, avoid

어근 탐구 Portunus는 로마 신화 속 항구의 신이었고, Portunium은 포르투누스의 신전(항구)이라는 의미였다. 여기서 파생된 portune에 '반대'를 뜻하는 im을 붙여 '항구에 (정박하기에) 적절치 않은', 즉 '(배를 대기에) 성가시고 불편하다'는 뜻이 만들어졌다.

264
opportunity
[ὰpərtjúːnəti, ɔ̀pərtjúːnəti]

항구로 portun 향하는 op 것 ity

기회

The internship gave her an opportunity to learn about postal finance operations.
그 인턴십은 그녀에게 우편 금융 업무를 배울 기회를 주었다.

🔵 chance, prospect
🔴 mischance, drawback

265
portable
[pɔ́ːrtəbəl]

가지고 다닐 port 수 있는 able

휴대용의
The postal worker carried a portable scanner for on-site parcel checks.
우편 직원은 현장에서 소포를 확인하기 위해 휴대용 스캐너를 들고 다녔다.

- mobile, transportable
- fixed, immobile

266
portfolio
[pɔːrtfóuliòu]

가지고 다니는 port 종이 folio

서류철, 투자 자산
He carried a portfolio of documents to the postal board meeting.
그는 우편 위원회 회의에 서류철을 들고 갔다.

- file, collection
- –

267
sup**port**
[səpɔ́ːrt]

아래로부터 sup 전달하다, 나르다 port

지지하다, 지원하다
The new regulation, which is strongly supported by postal unions, aims to improve working conditions for delivery staff.
우편 노동조합이 강력히 지지하는 새 규정은 배송 직원의 근무 환경을 개선하는 것을 목표로 한다.

- assist, advocate
- oppose, hinder

268
trans**port**
[trænspɔ́ːrt]

옮겨서 trans 나르다 port

운송하다, 수송
Perishable goods must be transported in refrigerated vehicles to maintain quality during long-distance delivery.
부패하기 쉬운 상품은 장거리 배송 동안 품질을 유지하기 위해 냉장 차량으로 운송해야 한다.

- carry, convey
- store, retain

fer = carry (나르다)

269
infer
[infə́ːr]

안에서 (결론을) in 가져오다 fer

추론하다
From the tracking data, we can infer the package was delayed at customs.
추적 데이터를 통해 소포가 세관에서 지연되었음을 추론할 수 있다.
- deduce, conclude
- guess blindly, misconceive

270
proffer
[práfər, prɔ́fər]

앞으로 prof 가져오다 fer

(정중히) 제안하다, 제공하다
She proffered her assistance at the counter during peak hours.
그녀는 혼잡 시간대에 창구 지원을 자청했다.
- offer, present, extend
- withhold, refuse

271
refer
[rifə́ːr]

다시 re (정보를) 옮기다 fer

언급하다, 참조하다
Please refer to the enclosed guide for postal rate information.
동봉된 안내서를 참조하여 우편 요금을 확인하세요.
- mention, cite
- ignore, overlook

272
suffer
[sʌ́fər]

(상황)하에 suf 나르다, 겪다 fer

겪다, 고통받다
Many rural areas suffer from delayed mail delivery due to limited transportation infrastructure.
많은 농촌 지역은 제한된 교통 인프라로 인해 우편 배송 지연을 겪는다.
- endure, undergo
- avoid, escape

273
transfer
[trænsfəːr]

건너로 trans 옮기다 fer

옮기다, 이체하다
Funds were transferred electronically from the customer's postal savings account to their insurance policy.
고객의 우편 저축 계좌에서 보험 계약으로 자금이 전자 이체되었다.
- move, transmit
- retain, keep

vec / veh = carry (나르다)

274
invective
[invéktiv]

대항하여 in (말을) 나르는 vective

욕설, 비난
He shouted invective at his opponent.
그는 상대방에게 욕설을 퍼부었다.
- abuse, insult
- praise, compliment

어근 탐구 '대항하는 말'은 곧 '모욕', '욕설', '공격적인 언사'를 뜻한다.

275
inveigh
[invéi]

대항하여 in (말을) 나르다 veigh

맹렬히 비난하다
They inveighed against unfair policies.
그들은 불공정한 정책을 맹렬히 비난했다.
- denounce, condemn
- support, defend

cast = throw (던지다)

276
cast
[kæst, kɑːst]

던지다 cast

던지다, 배역을 맡기다
The postmaster cast a quick glance at the incoming shipment list.
우체국장은 도착한 발송 목록을 빠르게 훑어보았다.
- throw, hurl
- catch, hold

277
castaway
[kǽstəwèi]

멀리 away 던져진 자 cast

표류자, 조난자
The castaway sent a message in a bottle hoping someone would find it.
표류자는 누군가 발견하길 바라며 병에 메시지를 넣어 보냈다.
- survivor, marooned person
- rescuer, saver

278
broadcast
[brɔ́ːdkæst, brɔ́ːdkɑ̀ːst]

널리 broad 전하다 cast

방송하다, 방송

The news about the change in postal rates was broadcast on national television.
우편 요금 변경 소식이 전국 TV에 방송되었다.

- 유 air, transmit
- 반 conceal, suppress

279
forecast
[fɔ́ːrkæst, fɔ́ːrkɑ̀ːst]

미리 fore 던지다, 전하다 cast

예측하다, 예보

The finance team forecast an increase in revenue for the next quarter.
재무팀은 다음 분기 수익 증가를 예측했다.

- 유 predict, project
- 반 doubt, miscalculate

280
outcast
[áutkæst, áutkɑ̀ːst]

밖으로 out 내던지다 cast

따돌림받는 사람

Feeling like an outcast, he rarely visited the community center.
그는 왕따처럼 느껴져서 커뮤니티 센터에 거의 가지 않았다.

- 유 outsider, pariah
- 반 insider, member

gest = carry, perform (전달하다, 나르다, 수행하다)

281
congest
[kəndʒést]

함께 con 지니다, 수행하다 gest

혼잡하게 하다, 붐비게 하다

The delivery trucks congest the main street near the postal hub during the holiday season.
명절 시즌에 우편 물류센터 근처의 주요 도로는 배송 트럭들로 혼잡해진다.

- 유 overcrowd, jam
- 반 clear, free

282
di**gest**
[didʒést, daiʒést]

분리해, 따로 di 옮기다 gest

소화하다, 요약하다

The committee needed time to digest the detailed postal service reform plan.

위원회는 세부적인 우편 서비스 개혁안을 숙지하는 데 시간이 필요했다.

- absorb, summarize
- ignore, overlook

283
gesture
[dʒéstʃər]

(몸짓으로) 전달하는 gest 것 ure

제스처, 몸짓

He made a polite gesture by holding the door for the customer.

그는 고객을 위해 문을 잡아주는 예의 바른 몸짓을 했다.

- signal, motion
- stillness, inaction

284
gesticulating
[dʒestikjəlèitiŋ]

모방하는 작은 몸짓을 gesticul 만들어내는 ating

몸짓으로 나타내는

He kept gesticulating at the commissaire.

그는 경찰을 향해 계속 몸짓을 했다.

- motioning, signaling
- still, motionless

285
sug**gest**
[səgdʒést]

밑에서부터 sub (의견을) 던지다 gest

제안하다

The committee suggested that the postal authority review its current rate structure to improve competitiveness.

위원회는 경쟁력을 높이기 위해 우편 당국이 현재 요금 체계를 재검토할 것을 제안했다.

- propose, recommend
- discourage, oppose

PART II Motion & Process (이동·진행·전달)

duc / duce / duct = lead, guide (이끌다, 인도하다)

> **어근 탐구** 고대 인도유럽어의 deuk-(이끌다)에서 유래한 어근 duce, duct는 '끌어내다', '연결 통로', '기여', '제시', '소개'등의 상황에 쓰이는 대표 어근이 되었다.

286

abduction
[æbdʌkʃən]

~(다른) 쪽으로 ab 끌고가는 duct 것 ion

유괴, 납치

The police launched an investigation after the report of a child abduction near the park.

공원 근처에서 아동 유괴 신고가 접수된 후 경찰이 수사에 착수했다.

- 유 kidnapping, seizure
- 반 release, rescue

287

conducive
[kəndjúːsiv]

함께 con 이끄는 ducive

도움이 되는, 이바지하는

A calm and quiet lobby is conducive to efficient customer service.

조용한 로비는 효율적인 고객 응대에 도움이 된다.

- 유 favorable, beneficial
- 반 harmful, obstructive

288

conduct
[kándʌkt, kɔ́ndʌkt]

함께 하면서 con 이끌다 duct

수행하다, 지휘하다

The inspector conducted a thorough review of postal safety procedures.

검사관은 우편 안전 절차에 대한 철저한 검토를 수행했다.

- 유 carry out, direct
- 반 neglect, abandon

289

conductive
[kəndʌ́ktiv]

함께 con 이끄는 duct 성질의 ive

전도성의

Copper is highly conductive, making it ideal for electrical wiring.

구리는 전도성이 높아 전선 재료로 이상적이다.

- 유 transmissive, conductive to
- 반 insulating, nonconductive

290
deduce
[didjúːs]

아래로 de 유도하다 duce

추론하다

From the unusual postal stamp, the inspector deduced that the letter was sent from abroad.

특이한 우표로부터, 조사관은 그 편지가 해외에서 발송된 것이라고 추론했다.

🔵 infer, conclude
🔴 guess, assume

어근 탐구 이미 알려진 것들로부터 결론을 도출한다는 의미로 '증명하다, 공제하다, 추론하다' 등 다양하게 사용할 수 있다.

291
educate
[édʒukèit]

밖으로, 밖에서 e 끌어가게 duc 만들다 ate

교육하다

The training program aims to educate postal clerks about updated customs regulations.

이 교육 프로그램은 우편 창구 직원들에게 개정된 통관 규정을 교육하는 것을 목표로 한다.

🔵 teach, instruct
🔴 mislead, confuse

292
induce
[indjúːs]

안으로 in 끌어들이다 duce

유도하다, 설득하다

The postal clerk induced the customer to choose an insured delivery option.

우편 직원은 고객이 보험이 포함된 배송 옵션을 선택하도록 유도했다.

🔵 persuade, prompt
🔴 deter, dissuade

293
introduce
[ìntrədjúːs]

안으로 intro 끌어오다 duce

도입하다, 소개하다

The postal service will introduce a new tracking system next month.

우편 서비스는 다음 달에 새로운 추적 시스템을 도입할 예정이다.

🔵 launch, present
🔴 withdraw, remove

294
produce
[prədjúːs]

앞으로 pro 끌어오다 duce

생산하다, 제시하다

Farmers produce organic goods that are shipped nationwide.

농부들은 전국으로 배송되는 유기농 상품을 생산한다.

🔵 create, manufacture
🔴 destroy, consume

295

reduce
[ridjúːs]

뒤로 re 끌고가다 duce

줄이다, 축소하다

The company aims to reduce shipping costs by optimizing routes.

회사는 경로 최적화를 통해 배송 비용을 줄이려 한다.

🔁 lessen, decrease
🔄 increase, expand

296

seduce
[sidjúːs]

옆에서 se 끌어가다 duce

유혹하다

The advertisement was designed to seduce customers into buying luxury products.

그 광고는 고객들이 고급 제품을 구매하도록 유혹하기 위해 제작되었다.

🔁 entice, lure
🔄 repel, discourage

297

subdue
[səbdjúː]

아래로 sub 끌다 due(=끌어 due 내리다 sub)

진압하다, 억누르다

It took hours for firefighters to subdue the flames that had spread to the postal storage building.

우편 보관 건물로 번진 불길을 진압하는 데 몇 시간이 걸렸다.

🔁 suppress, quell
🔄 incite, provoke

agogos = leader (지도자)

298

pedagogue
[pédəgùg, pédəgɔ̀ːg]

어린이를 peda 이끄는 자 gogue

교육자, 교사

The training session was led by a seasoned pedagogue in postal regulations.

그 교육 세션은 우편 규정 분야의 노련한 교육자가 이끌었다.

🔁 teacher, educator, instructor
🔄 learner, student

299

demagogue
[déməgɔ:g]

사람들을 **dema** 이끄는 자 **gogue**

선동 정치가

A demagogue manipulates public opinion, while a statesman leads with reason and vision.
선동가는 여론을 조종하지만, 정치가는 이성과 비전을 바탕으로 국민을 이끈다.

- agitator, instigator
- statesman

trac / tra / tri = draw, stretch (끌다, 끌고가다)

300

abstract
[æbstrækt]

멀리 **ab(s)** 끌어당겨진 **tract**

① 추상적인

The artist's abstract paintings often spark deep discussions among critics.
그 예술가의 추상적인 그림은 종종 평론가들 사이에서 깊은 논의를 불러일으킨다.

- conceptual, theoretical
- concrete, tangible

② 요약하다, 추출하다 (동사)

The researcher tried to abstract key findings from the lengthy report.
연구자는 긴 보고서에서 핵심적인 발견을 요약하려 했다.

- (동사) summarize, extract
- (동사) expand, detail

301

attract
[ətrækt]

~쪽으로 **at** 끌어당기다 **tract**

끌어들이다, 유인하다

The new stamp design attracted collectors worldwide.
새로운 우표 디자인이 전 세계 수집가들을 끌어들였다.

- draw, entice
- repel, deter

302

contract
[kάntrækt, kɔ́ntrækt]

함께, 여럿을 **con** 끌어당기다, 짧게하다 **tract**

계약, 계약하다

The postal agency signed a contract with a new logistics provider.
우편 기관은 새로운 물류 업체와 계약을 체결했다.

- agreement, deal
- cancellation, breach

303
distrac**t**
[distrǽkt]

(정신을)멀리 dis 끌고가다 tract

산만하게 하다

Loud noise in the sorting center can distract workers.
분류 센터의 큰 소음은 직원들을 산만하게 만들 수 있다.

- divert, sidetrack
- focus, concentrate

304
extrac**t**
[ikstrǽkt]

밖으로 ex 끌어내다 tract

추출하다, 뽑아내다

The scientist extracted DNA samples for analysis.
과학자는 분석을 위해 DNA 샘플을 추출했다.

- remove, draw out
- insert, inject

305
subtrac**t**
[səbtrǽkt]

아래로 sub 끌다 tract

빼다, 감하다

The system will automatically subtract the handling fee from the refund amount.
시스템은 환불 금액에서 수수료를 자동으로 차감한다.

- deduct, remove
- add, increase

306
track
[træk]

끌려 가는 것 track

추적하다, 선로

The postal authority can track every registered parcel through its online system.
우편 당국은 온라인 시스템을 통해 모든 등기 소포를 추적할 수 있다.

- trace, follow
- lose, neglect

307
distrau**ght**
[distrɔ́ːt]

(정신을)멀리 dis 끌고가버린 traught

(걱정·슬픔 등으로) 제정신이 아닌

The clerk was distraught after realizing she had sent the passport to the wrong address.
직원은 여권을 잘못된 주소로 보낸 사실을 깨닫고 심하게 동요했다.

- agitated, distressed, frantic
- calm, composed

어근 탐구 -ght는 caught, bought, taught처럼 중세 영어의 과거분사 형태에서 유래한 것으로 추정된다.

308
retrea**t**
[riːtríːt]

뒤로 re 끌어가다 treat

후퇴하다, 물러서다

The investors decided to retreat from the project due to rising risks.
투자자들은 증가하는 위험 때문에 프로젝트에서 물러나기로 결정했다.

- withdraw, pull back
- advance, proceed

309
retrie**ve**
[ritríːv]

다시 re 끌어가다 trieve

되찾다, 검색하다

The clerk managed to retrieve the lost package from the sorting facility.
직원은 분류 시설에서 분실된 소포를 되찾는 데 성공했다.

- recover, regain
- lose, misplace

volv = roll (구르다, 전개하다)

310
e**volv**e
[iválv, ivɔ́lv]

밖으로 e 구르다 roll

발전하다, 진화하다

The banking sector has evolved rapidly with the adoption of mobile apps.
은행 부문은 모바일 앱 도입으로 빠르게 발전했다.

- develop, progress
- regress, decline

어근 탐구 '바깥쪽으로 구르는'것은 일의 '전개'를 의미한다. 문맥에 따라 '펼치다', '드러내다', '확장하다', '생산하다', '발전시키다' 등으로 해석할 수 있다.

311
in**volv**e
[inválv, invɔ́lv]

안으로 in 말아넣다, 감싸 넣다 volve

포함하다, 관련시키다

The new policy will involve changes to delivery schedules.
새 정책은 배송 일정 변경을 포함할 것이다.

- include, entail
- exclude, omit

312

revolve
[rivάlv, rivɔ́lv]

다시 re 굴리다 volve

회전하다, (~을) 중심으로 전개되다

The discussion will revolve around improving postal service efficiency.
논의는 우편 서비스 효율성 향상을 중심으로 진행될 것이다.

- rotate, pivot
- remain, stay

volum = bound, collection (모음)

313

voluminous
[vəlúːmənəs]

두루마리가 volumin 가득 찬 ous

방대한, 아주 큰

The postal archive contains voluminous records of customer transactions.
우편 기록 보관소에는 고객 거래에 대한 방대한 기록이 보관되어 있다.

- extensive, bulky
- scant, small

pass = step, walk, pass (발을 내딛다, 지나가다)

314

passage
[pǽsidʒ]

걷는 pass 곳 age

통로, 구절

The passage to the postal storage room was blocked by packages.
우편 보관실로 가는 통로가 소포로 막혀 있었다.

- corridor, section
- blockage, whole

315

passé
[pæséi, pɑ́ːsei]

지나간 passé

구식의, 시대에 뒤떨어진

The agency's reliance on fax machines is now considered passé.
그 기관이 팩스에 의존하는 것은 이제 구식으로 여겨진다.

- outdated, obsolete, old-fashioned
- modern, current

316
passenger
[pǽsəndʒər]

지나가는, 여행하는 passeng 자 er

승객

The ferry carried both passengers and mail to the island.

그 페리는 승객과 우편물을 함께 섬으로 운송했다.

- traveler, rider
- driver, crew

317
password
[pǽswə̀ːrd]

통과하게 하는 pass 말 word

비밀번호

You must enter your password to access the postal database.

우편 데이터베이스에 접속하려면 비밀번호를 입력해야 한다.

- code, passphrase
- open access

318
com**pass**
[kʌ́mpəs]

같이 com 걸음, 걷기 pass

나침반, 범위

The hiker used a compass to find the right direction.

등산객은 올바른 방향을 찾기 위해 나침반을 사용했다.

- direction finder, scope
- disorientation, aimlessness

cid = to fall ((우연히) 떨어지다)

319
ac**cid**ent
[ǽksidənt]

~쪽으로 ac 떨어진, 발생한 cid 일 ent)

사고

The delivery truck was delayed due to a traffic accident.

배송 트럭이 교통사고로 인해 지연되었다.

- collision, mishap
- safety, prevention

320
coin**cid**ence
[kouínsədəns]

함께 co 마주치는 incid(안으로 in 떨어진 cid) 것 ence

우연의 일치

It was a coincidence that two parcels with the same address arrived on the same day.

같은 주소의 소포 두 개가 같은 날 도착한 것은 우연의 일치였다.

- concurrence, chance
- design, intention

321
decide
[disáid]

잘라서 cide 떨어뜨리다 de

결정하다

The committee will decide the new location for the postal distribution center.
위원회는 새로운 우편 물류 센터의 위치를 결정할 것이다.

- determine, choose
- hesitate, waver

어근 탐구 여러 후보 중 필요하지 않은 것을 잘래낸다, 또는 떨어뜨린다는 의미로 발생해, '해결 하다', '결심 하다'로 발전했다.

322
incident
[insədənt]

위에, 안으로 in (우연히) 떨어진 cident

사건

The incident involving lost registered mail was quickly resolved.
등기 우편 분실 사건은 신속히 해결되었다.

- event, occurrence
- avoidance, prevention

---

pend, pens = to hang, weigh, pay (매달다, 지불하다)

323
depend
[dipénd]

아래에 de 매달리다 pend

의존하다

Many rural communities depend on postal services for essential communication.
많은 농촌 지역은 필수적인 의사소통을 위해 우편 서비스에 의존한다.

- rely, count on
- distrust, ignore

어근 탐구 문자 그대로 '매달리다' 외에도 비유적으로 발전하여 '조건이나 원인이 붙다', '조건 또는 결과가 되다', '의존하다', '파생되다'로도 쓰인다.

324
interdependent
[intərdipéndənt]

서로 inter 의존하는 dependent (아래에 de 매달린 pendent)

상호 의존적인

The postal and delivery networks are interdependent for nationwide service.
전국 서비스를 위해 우편과 배송망은 상호 의존적이다.

- mutual, reciprocal
- independent, separate

어근 탐구 dependent의 어근은 '아래에 de 매달리게 pend 하는 ent'으로 무언가에 의존하는 것을 의미한다.

325
penchant
[péntʃənt]

매달려 있게 **pench** 하는 **ant** (=강한 성향)

강한 기호, 애호

She has a penchant for decorating envelopes with unique stamps.
그녀는 봉투를 독특한 우표로 꾸미는 데 강한 애착을 가지고 있다.

🔒 liking, preference, fondness
🔓 dislike, aversion

326
pendant
[péndənt]

매달린 **pend** 것 **ant**

펜던트, 장식물

She wore a pendant shaped like a postal stamp.
그녀는 우표 모양의 펜던트를 착용했다.

🔒 locket, charm
🔓 –

327
peninsula
[pinínsələ, pininsjələ]

(대륙에) 매달린, 거의 **pen** 섬 **insula**

반도

The delivery route included several small towns along the peninsula.
배달 경로에는 반도에 위치한 여러 작은 마을이 포함됐다.

🔒 headland, promontory
🔓 island

328
sus**pend**
[səspénd]

아래로 **sus** 매달다 **pend**

중단하다, 정직시키다

The bank decided to suspend online transactions until the security breach was fully resolved.
은행은 보안 침해가 완전히 해결될 때까지 온라인 거래를 중단하기로 했다.

🔒 halt, postpone
🔓 continue, resume

329
ex**pend**
[ikspénd]

밖으로 **ex** 지불하다 **pend**

소비하다, (물건을) 들이다, 소모하다

The company expended significant resources to modernize its logistics system.
회사는 물류 시스템 현대화를 위해 상당한 자원을 투입했다.

🔒 spend, utilize
🔓 conserve, save

어근 탐구 pendere는 '매달다'로, 저울에 추를 매달아 '무게를 재거나' 은화를 저울에 재서 '지불하는'상황에도 쓰였으므로 '지불'의 의미까지 확장되었다.

330

compensate

[kάmpənsèit, kɔ́mpənsèit]

함께 com 무게를 재거나 지불하게 pens 만들다 ate

보상하다

The insurance will compensate customers for lost or damaged parcels.
보험은 분실되거나 손상된 소포에 대해 고객에게 보상한다.

- 유 reimburse, repay
- 반 deprive, penalize

331

compensatory

[kəmpénsətɔ̀ːri, kəmpénsətəri]

함께 com 무게를 재거나 지불하게 pensat 만드는 ory

보상적인, 보완하는

He received a compensatory payment after the insurance claim was approved.
그는 보험 청구가 승인된 후 보상금을 받았다.

- 유 reparative, indemnifying
- 반 punitive, penalizing

332

pension

[pénʃən]

지급하는 pens 상태 ion

연금

Postal employees receive a pension after retirement.
우편 직원들은 퇴직 후 연금을 받는다.

- 유 annuity, retirement fund
- 반 –

어근 탐구 '지급, 임대료'를 뜻하는 프랑스어 pension을 영어로 차용한 것으로, 어근은 라틴어 pendere(매달다)에서 왔다. (pendere는 '매달다=저울에 매달다=무게를 재다=무게만큼 지불하다'로 발전했다.

333

propensity

[prəpénsəti]

앞으로 (한쪽으로 더) pro 매달리는 pens 성향 ity

성향, 경향

He had a propensity for misplacing important mail.
그는 중요한 우편물을 자주 잃어버리는 경향이 있었다.

- 유 tendency, inclination, predisposition
- 반 aversion, disinclination

334

pensive

[pénsiv]

생각에 잠긴 pens 상태의 ive

수심에 잠긴, 깊은 생각에 잠긴

He looked pensive after hearing about the changes to the pension system.
그는 연금 제도 변경 소식을 듣고 깊은 생각에 잠겼다.

- 유 thoughtful, contemplative, reflective
- 반 carefree, thoughtless

어근 탐구 pendere(매달다)에서 파생되어, 생각이 무겁게 매달려 있는 것을 의미한다. 따라서 숙고하거나, 우울한 사색에 자주 쓰인다.

335
ponder 동사
[pάndər, pɔ́ndər]

(머릿속에) 매달고 있다 ponder

숙고하다, 곰곰이 생각하다

She pondered whether to renew her insurance through the post office.
그녀는 우체국을 통해 보험을 갱신할지 곰곰이 생각했다.

She pondered whether to send the documents by express mail or registered post.
그녀는 서류를 특급 우편으로 보낼지 등기 우편으로 보낼지 숙고했다.

🟰 consider, reflect, contemplate
🔄 ignore, dismissed

vers, vert = to turn (방향을 틀다, 돌리다)

336
adversary
[ǽdvərsèri]

~를 향해 ad 돌려진 vers 것 ary (=적을 향해 돌다)

적수, 상대

Despite being adversaries in the lawsuit, both parties agreed to settle out of court.
소송에서 적수였지만 양측은 법정 밖에서 합의하기로 했다.

🟰 opponent, rival, enemy
🔄 ally, partner

337
adverse
[ædvə́ːrs, ǽdvəːrs]

~를 향해 ad 돌다 verse (=마주 하기 싫은, 적대적인 것, 불리한 것)

부정적인, 불리한

The insurance policy does not cover losses caused by adverse weather conditions.
이 보험은 악천후로 인한 손실은 보장하지 않는다.

🟰 unfavorable, harmful, negative
🔄 favorable, beneficial

338
adversity
[ədvə́ːrsəti, ædvə́ːrsəti]

~를 향해 ad 돌려지게 vers 한 것 ity

역경, 고난

He showed great resilience in the face of adversity.
그는 역경에 맞서 큰 회복력을 보였다.

🟰 hardship, misfortune
🔄 prosperity, advantage

339
anni**vers**ary
[ǽnəvə́ːrsəri]

매년 anni 돌아오는 vers 것 ary

기념일

The bank held a special event to celebrate its 50th anniversary.
은행은 창립 50주년을 기념하기 위해 특별 행사를 열었다.

유 commemoration, jubilee
반 –

340
a**vers**ion
[əvə́ːrʒən, əvə́ːrʃən]

멀리 떨어져 ab 돌아섬 version

혐오, 반감

He had a strong aversion to handling customer complaints over the phone.
그는 전화로 고객 불만을 처리하는 데 강한 반감을 가지고 있었다.

유 dislike, hostility, repulsion
반 liking, fondness, affinity

341
contro**vers**ial
[kὰntrəvə́ːrʃəl, kɔ̀ntrəvə́ːrʃəl]

반대의 contro 방향에 vers 관한 al

논란이 되는

The proposed change in insurance premium rates was highly controversial.
보험료율 변경 제안은 매우 논란이 많았다.

유 debatable, contentious
반 agreeable, uncontroversial

342
contro**vers**y
[kὰntrəvə́ːrsi, kɔ̀ntrəvə́ːrsi]

반대로 contro 도는 vers 것 y

논란

There was controversy over the new postal service charges.
새로운 우편 요금에 대해 논란이 있었다.

유 dispute, debate
반 agreement, harmony

343
con**vers**e
[kənvə́ːrs]

함께 con 돌다 verse

대화하다, 반대의

The two managers conversed about improving international parcel tracking.
두 관리자는 국제 소포 추적 개선에 대해 대화를 나눴다.

유 talk, discuss
반 silence, quiet

어근 탐구 '서로를 향해 돌아선다=(대화하다)' 와 '서로 반대로 돌다=반대의'를 동시에 의미할 수 있다.

344
di**vers**e
[dɪvə́ːrs, daɪvə́ːrs, dáɪvəːrs]

서로 다른 **dis** 방향으로 향하는 **verse**

다양한
The postal service offers diverse payment options for customers.
우편 서비스는 고객들에게 다양한 결제 옵션을 제공한다.
- varied, assorted
- uniform, similar

345
di**vers**ify
[dɪvə́ːrsəfàɪ, daɪvə́ːrsəfàɪ]

다양하게 diversi (=서로 다른 방향으로 di 향하게 vers) 만들다 fy

다양화하다
The company plans to diversify its services to include logistics solutions.
회사는 물류 솔루션을 포함하도록 서비스를 다양화할 계획이다.
- expand, broaden
- narrow, specialize

346
di**vers**ity
[dɪvə́ːrsəti, daɪvə́ːrsəti]

다양한 **divers** 상태 **ity**

다양성
The postal department promoted diversity in hiring to better reflect the population.
우편국은 인구 구성을 더 잘 반영하기 위해 다양한 인력을 채용했다.
- variety, multiplicity, heterogeneity
- uniformity, homogeneity

347
per**vers**e
[pərvə́ːrs]

방향이 **verse** 멀리간 **per**

삐뚤어진, 비뚤게 행동하는
He made a perverse choice to reject help even when it was badly needed.
그는 절실히 필요했음에도 도움을 거부하는 삐뚤어진 선택을 했다.
- stubborn, contrary, unreasonable
- agreeable, compliant

348
re**vers**e
[rɪvə́ːrs]

반대로 **re** 돌다 **verse**

뒤집다, 반대의
The bank decided to reverse the transaction due to a processing error.
은행은 처리 오류로 인해 거래를 취소하기로 했다.
- overturn, invert
- maintain, preserve

349

universal 중요
[júːnəvəːrsəl]

(지구가)하나로 uni 도는 versal

보편적인, 전 세계의

Universal access to basic postal services is guaranteed by law.
기본 우편 서비스에 대한 보편적 접근은 법으로 보장된다.

Postal services are designed to offer universal access regardless of region or income.
우편 서비스는 지역이나 소득에 관계없이 보편적 접근을 제공하도록 설계되었다.

- 유 global, widespread, general
- 반 limited, restricted, particular

350

verse
[vəːrs]

되돌아오는 verse

시, 절

The commemorative stamp features a verse from a famous national poem.
기념우표에는 유명한 국가 시의 한 구절이 새겨져 있다.

- 유 stanza, poetry
- 반 prose

어근탐구 시, 운문, 찬가의 한 구간이 반복적으로 되돌아오는 것을 뜻한다.

351

version
[vəːrʒən, vəːrʃən]

방향을 바꾼 vers 상태 ion

판, 버전

The latest version of the postal tracking app includes real-time map updates.
최신 버전의 우편 추적 앱에는 실시간 지도 업데이트 기능이 포함되어 있다.

- 유 edition, release
- 반 original, prototype

352

convert
[kənvəːrt]

가지고 con 돌리다 vert

전환하다, 개종하다, 교체하다, 변형하다

They plan to convert the old warehouse into a modern sorting facility.
그들은 오래된 창고를 현대적인 분류 시설로 개조할 계획이다.

- 유 transform, adapt
- 반 preserve, maintain

353

extrovert
[ékstrouvəːrt]

외부를 extra 향하는 자 vert

외향적인 사람

As an extrovert, she enjoys meeting new clients and attending events.
외향적인 그녀는 새로운 고객을 만나고 행사에 참석하는 것을 즐긴다.

- 유 outgoing person, socializer
- 반 introvert, loner

354
revert
[rivə́ːrt]

뒤로 re 돌리다 vert

되돌아가다
The form reverted to its original template after the update failed.
업데이트가 실패하자 양식은 원래 템플릿으로 되돌아갔다.
- return, go back, regress
- progress, advance

355
inadvertently
[inədvə́ːrtəntli]

~쪽으로 ad 주의를 돌리게 하지 verten 않 in 도록 ly

무심코, 부주의하게
We inadvertently attributed a quote to the wrong person.
우리는 무심코 인용을 잘못된 사람에게 귀속시켰다.
- unintentionally, accidentally
- deliberately, intentionally

356
incontrovertible
[ìnkɑntrəvə́ːrtəbəl, ìnkɔntrəvə́ːrtəbəl]

반대로 contro 돌릴 vert 수 ible 없는 in

반박의 여지가 없는
The evidence was incontrovertible.
그 증거는 반박할 여지가 없었다.
- undeniable, indisputable
- questionable, disputable

357
vertigo
[və́ːrtigòu]

회전하는 vert 상태 igo

어지럼증
She felt a sudden vertigo while climbing the spiral staircase at the bank.
그녀는 은행의 나선형 계단을 오르다 갑자기 어지럼증을 느꼈다.
- dizziness, lightheadedness
- stability, balance

PART III Action & Creation
(행위와 창조)

ars / art = art, skill (기술, 기교)

358 artifact 중요
[ɑ́:rtəfækt]

기술로 arti 만든 것 fact

인공 유물, 인공물, 유물
The museum displayed postal artifacts from the early 20th century.
박물관은 20세기 초 우편 관련 유물을 전시했다.

The postal museum exhibits artifacts from the early days of mail delivery.
우편 박물관은 초기 우편 배달 시절의 유물을 전시한다.

- 유 relic, object, antiquity
- 반 natural object, contemporary item, modern creation

359 artifice
[ɑ́:rtəfis]

기술로 arti 만든 것 fice

책략, 기교
The defendant's apology was dismissed as mere artifice by the prosecution.
피고인의 사과는 검찰 측에 의해 단순한 책략으로 간주되었다.

- 유 trick, deception, ploy
- 반 sincerity, honesty

360 artificial
[ɑ́:rtəfiʃəl]

기술로 arti 만들게 fic(i) 한 al

인공적인
Artificial lighting was installed in the sorting facility for night operations.
야간 작업을 위해 분류 시설에 인공 조명이 설치되었다.

- 유 synthetic, man-made
- 반 natural, genuine

361 artisan
[ɑ́:rtəzən, ɑ́:rtizǽn]

솜씨로 artis 일하는 사람 an

장인
Local artisans crafted commemorative stamp frames by hand.
지역 장인들이 기념우표 액자를 손으로 제작했다.

- 유 craftsman, maker
- 반 amateur, novice

362
artist

[ɑ́ːrtist]

솜씨가 있는 art 사람 ist

예술가

The artist designed a new series of postal stamps.

예술가는 새로운 우표 시리즈를 디자인했다.

🔵 creator, painter
🔴 non-creator, layman

363
artful

[ɑ́ːrtfəl]

기술이 art 가득한 ful

교묘한, 기교 있는

The artful design of the postal campaign attracted many customers.

우편 캠페인의 교묘한 디자인은 많은 고객을 끌어들였다.

🔵 clever, skillful
🔴 clumsy, inept

364
artless

[ɑ́ːrtləs]

기교가 art 없는 less

꾸밈없는, 순진한

Her artless question during the meeting revealed a genuine concern for the customers.

회의 중 그녀의 꾸밈없는 질문은 고객들에 대한 진심 어린 관심을 드러냈다.

🔵 sincere, naive, candid
🔴 cunning, crafty, manipulative

365
artwork

[ɑ́ːrtwəːrk]

솜씨로 art 한 일 work

예술 작품

The gallery featured artwork inspired by historic postal routes.

미술관은 역사적인 우편 노선에서 영감을 받은 예술 작품을 전시했다.

🔵 illustration, piece
🔴 defacement, damage

366
in**ert**

[inə́ːrt]

기술이 ert 없는 in (*ert는 art의 변형)

움직이지 않는, 무기력한

He sat inert in his chair, lost in thought.

그는 의자에 앉아 무기력하게 생각에 잠겨 있었다.

🔵 motionless, inactive
🔴 active, dynamic

어근 탐구 '고인 물', '경작되지 않은 초원', '감정 없는 눈' 등을 묘사할 때 사용하던 단어로 따로 기술, 기교 art를 쓰지 않는 상태를 의미한다. 화학 분야에서는 '활성되지 않은', '중성인', '무색 무취'를, 생물 분야에서는 '움직이거나 행동할 수 없는'으로 해석된다.

cap / cept / ceive / cip = take, seize (잡다, 취하다)

367
accept
[əksépt]

~쪽으로 ac 잡다 cept

받아들이다

She accepted the invitation to speak at the conference.
그녀는 회의에서 연설하라는 초청을 받아들였다.

🔄 agree to, consent to
🔁 reject, refuse

368
concept
[kánsept, kɔ́nsept]

가지고 con 잡다 cept

개념

The concept of same-day delivery has gained popularity among customers.
당일 배송 개념은 고객들 사이에서 인기를 얻고 있다.

🔄 idea, notion
🔁 fact, reality

369
deception
[disépʃən]

아래로 de 잡는 cept 행위 ion

기만, 속임

The company was fined for deception in its advertising.
그 회사는 광고에서 기만 행위를 하여 벌금을 부과받았다.

🔄 deceit, dishonesty
🔁 candor, sincerity

370
imperceptibly
[impərséptəbəli]

완전히 per 인식하게 ceptibly 하지 않는 im

알아차릴 수 없게, 미세하게

His status had imperceptibly shifted.
그의 지위는 알아차릴 수 없게 변화했다.

🔄 subtly, gradually
🔁 noticeably, obviously

371
exception
[iksépʃən]

잡고 있는 것의 ception 밖에 ex

예외

With the exception of one delayed package, all deliveries arrived on time.
하나의 지연된 소포를 제외하고 모든 배송이 제시간에 도착했다.

🔄 exclusion, anomaly
🔁 rule, norm

372
intercept
[ìntərsépt]

중간에서 inter 잡다 cept

가로채다, 차단하다

Customs officers intercepted a package containing illegal items.

세관원들이 불법 물품이 든 소포를 가로챘다.

- 🔁 block, seize
- 🔀 release, allow

373
misconception
[mìskənsépʃən]

잘못 mis 함께 con 가지고 있는 cept 것 ion

오해

There is a common misconception that express mail is always overnight.

특급 우편은 항상 익일 배송이라는 흔한 오해가 있다.

- 🔁 misunderstanding, fallacy
- 🔀 truth, fact

374
perceptual
[pərséptʃuəl]

완전히 per (머릿속에) 잡고 ceptu 있는 al

지각의

The training improved postal workers' perceptual skills in identifying forged stamps.

교육은 위조 우표를 식별하는 우편 직원의 지각 능력을 향상시켰다.

- 🔁 sensory, cognitive
- 🔀 –

375
reception
[risépʃən]

다시(계속) re 받아주는 cept 행위 ion

접수, 환영

The reception desk handles all incoming parcels for sorting.

접수 데스크는 분류를 위해 모든 도착 소포를 처리한다.

- 🔁 greeting, receiving
- 🔀 dismissal, rejection

376
susceptible 중요
[səséptəbəl]

아래로 sus 잡게 cept 할 수 있는 ible

영향을 받기 쉬운

Elderly customers are more susceptible to phone scams posing as postal workers.

고령 고객은 우체국 직원을 사칭한 전화 사기에 더 쉽게 노출된다.

Packages containing perishable goods are highly susceptible to damage if delivery is delayed.

부패성 상품이 담긴 소포는 배송이 지연되면 손상되기 쉽다.

- 🔁 vulnerable, prone, sensitive
- 🔀 immune, resistant, unaffected

377
conceit
[kənsíːt]

(자신에 대한) 생각, 정신 conceit(함께 con 잡은 것 ceit

자만심

His conceit made it hard for him to accept criticism.
그의 자만심은 비판을 받아들이기 어렵게 만들었다.

- 유 arrogance, vanity
- 반 humility, modesty

378
deceit
[disíːt]

아래에서 de 잡다 ceit (*함정에 빠뜨리는 것)

속임수, 기만

The scam involved deceit to obtain personal postal information.
그 사기는 개인 우편 정보를 얻기 위한 속임수를 포함했다.

- 유 fraud, trickery
- 반 honesty, truthfulness

379
conceive
[kənsíːv]

가져서 con (정신에) 받아들이다 ceive

상상하다, 고안하다

The engineers conceived a new postal sorting system.
엔지니어들은 새로운 우편 분류 시스템을 고안했다.

- 유 imagine, devise
- 반 dismiss, ignore

380
perceive
[pərsíːv]

완전히 per (머릿속에) 잡다 ceive

인식하다, 감지하다, 이해하다

She failed to perceive the sarcasm in the customer's tone.
그녀는 고객 말투의 빈정거림을 알아채지 못했다.

The manager could perceive the need for faster postal processing.
관리자는 더 빠른 우편 처리의 필요성을 인식할 수 있었다.

- 유 notice, sense, discern, recognize
- 반 ignore, overlook

381
receive
[risíːv]

되 re 잡다 ceive

받다, 수령하다

Customers will receive a notification once their package arrives at the local post office.
고객은 소포가 지역 우체국에 도착하면 알림을 받게 된다.

- 유 accept, obtain
- 반 send, deliver

382
receipt

[riːsiːt]

다시 re 받은 것 ceipt

영수증, 수령

Please keep the receipt as proof of payment for your postal service.
우편 서비스 요금 지불 증거로 영수증을 보관하세요.

🔵 proof, voucher
🔴 expenditure, disbursement

383
re**cip**e

[résəpiː]

다시 re 잡다 cipe

조리법, 비결

The company followed a tried-and-true recipe for improving customer satisfaction.
회사는 고객 만족도를 높이기 위한 검증된 방법을 따랐다.

🔵 formula, method
🔴 improvisation, guesswork

어근 탐구 처음에는 의사가 치료제를 만들기 위해 작성한 공식을 의미하던 말로 처방전 맨 위에 제목으로 쓰던 말이었다. 이것이 발전하면서 '음식을 준비하는 공식'인 요리법으로 확장되었다.

384
re**cip**ient

[risípiənt]

되돌려 re 받는 cipi 자 ent

수령인, 받는 사람

Make sure to write the recipient's full address clearly on the envelope.
봉투에 수령인의 주소를 정확히 기입하세요.

🔵 receiver, addressee
🔴 sender, giver

385
in**cip**ient

[insípiənt]

안으로 in 취하게 cipi 한 ent

초기의, 시작 단계의

The Secretary's incipient departure caused panic.
장관의 초기 단계의 사임 조짐이 혼란을 불러왔다.

🔵 initial, emerging
🔴 mature, developed

386
parti**cip**ant

[pɑːrtísəpənt]

일부를 parti 잡은 cip 자 ant

참가자

Each participant in the training session received a certificate.
교육 세션의 각 참가자는 수료증을 받았다.

🔵 attendee, entrant
🔴 nonparticipant, spectator

387
parti**cip**ate
[pɑːrtísəpèit]

한 부분을 **parti** 잡게 **cip** 하다 **ate**

참가하다

Employees were encouraged to participate in the postal innovation workshop.
직원들은 우편 혁신 워크숍에 참가하도록 장려되었다.

- join, take part in
- withdraw, abstain

388
eman**cip**ate
[imǽnsəpèit]

밖으로 **e** 손으로 **man** 잡고 **cip** 보내다 **ate**

해방시키다

The reforms aimed to emancipate small businesses from excessive regulations.
개혁은 소규모 사업체를 과도한 규제로부터 해방시키는 것을 목표로 했다.

- liberate, free
- enslave, confine

389
anti**cip**ate
[æntísəpèit]

미리 **anti** 가지게 **cip** 하다 **ate**

예상하다, 기대하다

The insurance company anticipated an increase in claims after the storm.
보험사는 폭풍 후 청구 건수가 증가할 것으로 예상했다.

- expect, foresee
- doubt, distrust

390
capability
[kæpəbíləti]

받아들일 수 있는 **capabl** 상태나 성질 **ity**

능력, 역량

The new system has the capability to process thousands of parcels per hour.
새 시스템은 시간당 수천 개의 소포를 처리할 수 있는 역량을 가지고 있다.

- capacity, competence
- incapacity, incompetence

391
capable
[kéipəbəl]

잡을 **cap** 수 있는 **able**

유능한, ~할 수 있는

She is capable of managing multiple postal branches efficiently.
그녀는 여러 우체국 지점을 효율적으로 관리할 수 있다.

- competent, skilled
- incapable, unskilled

392
caption

[kǽpʃən]

잡는, 습득시키는 capt 행위 ion

자막, 설명문
The photo of the new postal facility had a caption describing its location.

새 우편 시설 사진에는 위치를 설명하는 캡션이 붙어 있었다.

- 유 subtitle, heading
- 반 –

393
captivate

[kǽptəvèit]

잡아두게 captiv 만들다 ate

매혹하다
The speaker's passionate explanation about postal history captivated the audience.

연사의 열정적인 우편 역사 설명이 청중을 매혹시켰다.

- 유 charm, enchant
- 반 bore, repel

394
capture

[kǽptʃər]

잡는 capt 행동 ure

붙잡다, 포착하다
The camera captured the moment the courier delivered the urgent package.

카메라는 택배 기사가 긴급 소포를 전달하는 순간을 포착했다.

- 유 seize, apprehend
- 반 release, free

---

take = take (잡다, 취하다)

395
in**take**

[ínteik]

안으로 in 취하다 take

섭취량, 흡입
Excessive sugar intake can lead to health problems.

과도한 당 섭취는 건강 문제를 유발할 수 있다.

- 유 consumption, ingestion
- 반 output, expenditure

396
over**take**

[òuvərtéik]

넘겨서 over 취하다 take

추월하다, 따라잡다
The courier overtook the bus to deliver the parcel on time.

택배 기사는 소포를 제시간에 배달하기 위해 버스를 추월했다.

- 유 pass, outstrip
- 반 fall behind, lag

PART Ⅲ Action & Creation (행위와 창조) 103

fac / fic / fect / fy = make, do (만들다, 행하다)

397
factitious
[fæktiʃəs]

만들어 fact 있게 it 한 ious

인위적인, 꾸며낸

The enthusiasm shown by the speaker felt factitious and rehearsed.
발표자의 열정은 인위적이고 연습된 듯 느껴졌다.

유 artificial, fake, sham
반 genuine, authentic

어근탐구 factitious의 어근인 fact와 -itious는 둘 다 '만들다'를 의미한다.

398
certificate
[sərtifəkit]

확실하게 certi 만드는 fic 행위를 하다 ate

증명서

She received a certificate of completion after finishing the postal training course.
그녀는 우편 교육 과정을 마친 후 수료증을 받았다.

유 document, credential
반 –

399
certify
[sə́ːrtəfài]

확실히 certi 만들다 fy

증명하다, 보증하다

The postal clerk certified that the document was sent by registered mail.
우체국 직원은 해당 문서가 등기 우편으로 발송되었음을 증명했다.

유 attest, verify
반 deny, disprove

400
satisfactory
[sætisfǽktəri]

충분하게 satis 만드는 fact 상태 ory

만족스러운

The bank received satisfactory feedback from customers about its new service.
은행은 새로운 서비스에 대해 고객들로부터 만족스러운 피드백을 받았다.

유 acceptable, adequate
반 unsatisfactory, inadequate

401
edifice
[édəfis]

불을 피우도록 edi 만들어진 fi 곳 ce

건물, 조직

The city's central edifice serves as both a post office and an administrative hub.

그 도시의 중심 건물은 우체국이자 행정 중심지 역할을 한다.

- 🟰 building, structure, complex
- 🔄 ruin, shack

402
defect
[difékt]

아래로(하자로) de 만들어짐 fect

결함, 하자

A defect in the packaging caused several parcels to be damaged during transit.

포장 결함으로 인해 여러 소포가 운송 중 손상되었다.

- 🟰 flaw, imperfection
- 🔄 perfection, strength

403
effect
[ifékt]

밖으로 ef 만든것 fect

효과, 영향, 시행, 달성, 취지

The new postage rate had a significant effect on parcel delivery demand.

새로운 우편 요금이 소포 배달 수요에 상당한 영향을 미쳤다.

- 🟰 result, outcome
- 🔄 cause, origin

관련어 탐구 effect 원인에 대한 직접적 결과나 효과 / consequence 원인과는 꼭 관련시키지는 않는 결과나 결과가 되어가는 과정 / result 단순히 결과 자체 (=outcome)

404
effective
[iféktiv]

밖으로 ef 만들어낸, 성취한 fective

효과적인, 유효한, 쓸모 있는, 사실상의

The policy was effective in reducing delays in international mail.

그 정책은 국제 우편 지연을 줄이는 데 효과적이었다.

- 🟰 efficient, productive
- 🔄 ineffective, useless

405
efficacy
[éfəkəsi]

밖으로 ef 성취한 fic 것 acy

효과, 효능

The efficacy of the new postal tracking system was evident in the drop of lost packages.

새로운 우편 추적 시스템의 효과는 분실 소포 감소로 뚜렷이 나타났다.

- 🟰 effectiveness, potency, efficiency
- 🔄 ineffectiveness, failure

406
efficient
[ifíʃənt]

밖으로 ef 만들어내는 ficient

효율적인

The automated sorting system made the postal service more efficient.
자동 분류 시스템 덕분에 우편 업무가 더 효율적이 되었다.

- 유 effective, streamlined
- 반 inefficient, wasteful

407
infect
[infékt]

(몸) 안으로 in 만들다 fect

감염시키다

Several employees were infected with the seasonal flu.
여러 직원이 계절성 독감에 감염되었다.

- 유 contaminate, transmit
- 반 disinfect, cure

408
effigy
[éfədʒi]

외부에 ef 형성된 fig 것 y

형상, 인형 (보통 저주나 비난의 표시로 만든 것)

Protesters burned an effigy of the insurance executive over premium hikes.
시위대는 보험료 인상에 항의하며 보험사 임원의 형상을 불태웠다.

- 유 likeness, dummy, representation
- 반 idol (경배의 의미에서)

409
munificent
[mjuːnífəsənt]

봉사로 muni 만들게 fic 하는 ent

후한, 아낌없이 주는

The munificent donation helped modernize the local post office.
그 후한 기부는 지역 우체국 현대화에 기여했다.

- 유 generous, bountiful, liberal
- 반 stingy, miserly

410
nonfiction
[nɑ̀nfíkʃən]

만들어내지 fict 않은 non 것 ion

논픽션, 실화

She borrowed a nonfiction book about postal history from the library.
그녀는 우편 역사에 관한 논픽션 책을 도서관에서 빌렸다.

- 유 factual writing, documentary
- 반 fiction, novel

411
proficient
[prəfíʃənt]

앞으로 pro 만들게, 하게 fici 하는 ent

능숙한

He is **proficient** in handling customs paperwork for international parcels.
그는 국제 소포의 세관 서류 처리에 능숙하다.

- skilled, adept
- incompetent, unskilled

412
prolific
[proulífik]

앞으로(더 심하게) pro 자라나게 li 만드는 fic

다작의, 다산의

The postal division is known for its **prolific** output of promotional materials.
그 우편 부서는 홍보 자료를 다량 생산하는 것으로 유명하다.

- productive, creative, fertile
- unproductive, barren

413
ramification
[ræməfikéiʃən]

가지를 rami 만드는 fic 행위 ation

분지, 파급 효과, 분파, 결과

The **ramifications** of the data breach affected thousands of postal account holders.
개인정보 유출의 여파는 수천 명의 우편 계좌 보유자에게 영향을 미쳤다.

- consequence, outcome, implication
- cause, origin

414
sacrifice
[sǽkrəfàis]

신성하게 sacri 만들다 fice

희생하다, 희생

He made a personal **sacrifice** to help his family start a business.
그는 가족이 사업을 시작하도록 돕기 위해 개인적인 희생을 했다.

- give up, forgo
- gain, benefit

415
sufficient
[səfíʃənt]

아래서부터 suf 만들게 fic 한 ent

충분한

It is essential that **sufficient** funds be allocated for upgrading the insurance claims system.
보험 청구 시스템 업그레이드를 위해 충분한 자금이 배정되는 것이 필수적이다.

- adequate, ample
- insufficient, inadequate

416
counterfeit
[káuntərfìt]

(법)~에 반하여 counter 만들다 feit

위조의, 위조하다

The customs officers seized counterfeit postage stamps.
세관 직원들이 위조 우표를 압수했다.

- 유 fake, forged
- 반 genuine, authentic

417
falsify
[fɔ́:lsəfài]

속이도록 falsi 만들다 fy

조작하다, 위조하다

The accountant was charged with falsifying financial records.
회계사는 재무 기록을 조작한 혐의로 기소되었다.

- 유 forge, distort
- 반 verify, authenticate

418
mollify
[mάləfài, mɔ́ləfài]

부드럽게 molli 만들다 fy

달래다, 진정시키다

The clerk mollified the irate customer with a quick refund.
직원은 신속한 환불로 화난 고객을 달랬다.

- 유 appease, soothe, calm
- 반 enrage, irritate

419
nullify
[nʌ́ləfài]

없게 nulli 만들다 fy

무효화하다, 취소하다

The judge ruled to nullify the policy due to misleading terms.
판사는 오해의 소지가 있는 조항으로 인해 해당 정책을 무효화했다.

- 유 invalidate, cancel, revoke
- 반 validate, enforce

act / ag = to do, drive, set to move (움직이게 하다)

어근 탐구 act의 뿌리는 원시 인도 유럽어 ag로, '(어떤 일이나 결과를) 끌어내다, 움직이게 하다'를 뜻한다. 영어에서 act, age, (a)ga, gi-등의 다양한 철자로 발전했으나 그 발음이 모두 -g-[그]에 중심이 있다. act, agenda, cogent, navigate등의 단어에서도 그 흔적을 찾을 수 있다. (일부는 [dʒ]발음으로 변형되었다.)
(*어근 -g-에 해당하는 단어를 하나로 묶기엔 수백 단어가 한 그룹이 되므로, 이 책에서는 -g-를 포함한 파생 어근들로 세분화 해서 다룬다.)

420
activate
[æktivèit]

움직이게 activ 하다 ate

활성화하다

The technician activated the new security system in the office.
기술자가 사무실의 새로운 보안 시스템을 활성화했다.

- enable, initiate
- deactivate, disable

421
active
[æktiv]

행동 act 하는 ive

활동적인

He remains active in community service even after retirement.
그는 은퇴 후에도 지역 봉사 활동에 적극적으로 참여하고 있다.

- energetic, lively
- inactive, idle

422
activism
[æktivizəm]

행동을 activ 옹호하는 체계 ism

행동주의, 적극적 실천

Consumer activism led to changes in how delivery companies handle fragile items.
소비자 행동주의는 배송 회사들이 깨지기 쉬운 물품을 다루는 방식에 변화를 이끌었다.

- advocacy, campaign, direct action
- apathy, passivity

423
actual
[æktʃuəl]

활동 actu 의 al

실제의

The actual cost was much lower than we expected.
실제 비용은 우리가 예상한 것보다 훨씬 낮았다.

- real, factual
- false, imaginary

424
counteract
[káuntərækt]

반대로 counter 행동하다 act

방해하다, 중화하다

The agency introduced new measures to counteract fraudulent claims.
기관은 허위 청구를 방지하기 위한 새로운 조치를 도입했다.

- neutralize, prevent
- encourage, promote

425
exact
[igzækt]

밖으로 ex 움직이게 하다 act

정확한, 정밀한

The exact delivery date will be confirmed by email.
정확한 배송 날짜는 이메일로 확인될 것이다.

- precise, accurate
- inexact, inaccurate

426
interact
[íntərækt]

상호 작용하다, 서로 영향을 주다

Employees must interact with customers politely and efficiently.
직원들은 고객과 정중하고 효율적으로 소통해야 한다.

- communicate, engage
- ignore, avoid

427
react
[riːækt]

반응하다, 반작용하다

The postal service had to react quickly to the sudden surge in online orders.
우편 서비스는 갑작스러운 온라인 주문 폭증에 신속히 대응해야 했다.

- respond, reply
- ignore, neglect

428
transaction
[trænsǽkʃən, trænzǽkʃən]

거래, 업무 처리, 계약

Every bank transaction above a certain amount must be reported to the financial authority.
일정 금액 이상의 모든 은행 거래는 금융 당국에 보고해야 한다.

- deal, operation
- inactivity

429
castigate
[kǽstəgèit]

정화 또는 교정을 하는 casti 행동 gate

혹평하다, 질책하다, 징계하다, 퇴고하다

The manager publicly castigated the employee for violating postal policy.

그 매니저는 직원이 우편 정책을 위반한 것에 대해 공개적으로 질책했다.

- 유 criticize, reprimand
- 반 praise, commend

430
cogent
[kóudʒənt]

함께 co 움직이게 하는 gent (*-ge-는 act, agere의 변형)

적절한, 설득력 있는, 납득이 가는, 강제력이 있는

She presented a cogent argument for reforming the refund policy.

그녀는 환불 정책 개정을 위한 설득력 있는 주장을 제시했다.

- 유 convincing, compelling
- 반 weak, unconvincing

oper = work, produce (일하다, 작동하다, 생산하다)

431
cooperate
[kouɑ́pərèit, kouɔ́pərèit]

함께 con 일을 oper 하다 ate

협력하다

The two postal agencies agreed to cooperate on cross-border deliveries.

두 우편 기관은 국경 간 배송에 협력하기로 합의했다.

- 유 collaborate, work together
- 반 compete, oppose

432
opera
[ɑ́pərə, ɔ́pərə]

일한 것, 작품 opera

오페라

She booked tickets to see an opera at the city theater.

그녀는 시립극장에서 오페라를 보기 위해 표를 예매했다.

- 유 musical drama, performance
- 반 –

433
operate
[ɑ́pərèit, ɔ́pərèit]

일, 작용 oper 하다 ate

작동하다, 운영하다

The new sorting machines operate 24 hours a day.

새로운 분류기는 하루 24시간 작동한다.

- 유 function, run
- 반 stop, halt

labor = work, task (고된 일, 노동)

434
labor
[léibər]

일하다 labor

노동, 노동하다

Postal workers engaged in long hours of labor to clear the holiday mail backlog.
우편 노동자들은 연휴 동안 밀린 우편물을 처리하기 위해 장시간 노동에 종사했다.

- work, toil
- rest, leisure

435
laboratory
[lǽbərətɔ̀ːri, lǽbərətəri]

일하는 labor 장소 ory

실험실

The laboratory tested new materials for safer postal packaging.
실험실은 더 안전한 우편 포장재를 위해 새로운 소재를 시험했다.

- lab, research room
- field, outdoors

436
laborious
[ləbɔ́ːriəs]

일이 labori 가득한 ous

힘든, 고된

Sorting thousands of letters by hand is a laborious task.
수천 통의 편지를 수작업으로 분류하는 것은 고된 작업이다.

- arduous, strenuous
- easy, effortless

437
col**labor**ate
[kəlǽbərèit]

함께 col 일하게 labor 하다 ate

협력하다

Two postal branches collaborated to improve delivery speed in rural areas.
두 우체국 지점이 시골 지역의 배송 속도를 개선하기 위해 협력했다.

- cooperate, work together
- compete, oppose

438
e**labor**ate
[ilǽbərèit]

밖으로 e 노력하여 labor 만들다 ate

정교하게 만들다, 상세히 설명하다

The inspector asked the manager to elaborate on the new security measures.
검사관은 관리자에게 새로운 보안 조치에 대해 상세히 설명해 달라고 요청했다.

- explain, detail
- simplify, shorten

erg = act, work (행동하다, 작용하다)

439
energetic
[ènərdʒétik]

움직이게, 작용하게 **energetic** 만드는 **en**

활기찬, 에너지가 넘치는

The **energetic** new employee quickly adapted to the busy post office.
활기찬 신입 직원은 바쁜 우체국에 빠르게 적응했다.

- lively, vigorous
- lethargic, sluggish

440
energize
[énərdʒàiz]

움직임(활기)을 **erg** 안에 **en** 만들다 **ize**

활기를 불어넣다

The motivational speech **energized** the entire sales team.
동기 부여 연설은 영업팀 전체에 활기를 불어넣었다.

- invigorate, stimulate
- exhaust, drain

441
syn**erg**y
[sínərdʒi]

동시에 **syn** (작용하는) 힘 **ergy**

시너지, 상승 효과

The **synergy** created when banks and postal services collaborate often results in better customer outreach.
은행과 우편 서비스가 협력할 때 생기는 시너지는 종종 더 나은 고객 접근으로 이어진다.

- cooperation, collaboration
- opposition, conflict

util = usable (이용할 수 있는)

442
utensil
[juːténsəl]

사용이 **ut** 가능한 것, 적절한 것 **ensil**

도구, 기구

The postal cafeteria purchased new kitchen **utensils** to improve food service for employees.
우편 구내식당은 직원 식사 서비스를 개선하기 위해 새 조리 도구를 구입했다.

- tool, implement
- –

443

utilitarian
[juːtílətèəriən]

활용에 utilit 관한 arian

실용적인, 공리주의자

The new postal uniforms, though not stylish, were designed for utilitarian purposes such as comfort and durability.

새 우편 제복은 멋지지 않지만, 편안함과 내구성 같은 실용적 목적을 위해 설계되었다.

㊎ practical, functional
㊫ decorative, ornamental

어근 탐구 공리주의('최대다수의 최대행복') 주창자 제레미 벤담이 롬의 철학 utility(공리, 실용)에 접미어 arian를 합성하여 만든 단어다.

444

utility
[juːtíləti]

쓸모 있는 util 것 ity

공공 서비스, 유용성

Postal savings accounts have high utility in rural areas where banks are scarce.

은행이 드문 농촌 지역에서는 우편 저축 계좌의 유용성이 높다.

㊎ usefulness, service
㊫ uselessness, disadvantage

445

utilize
[júːtəlàiz]

사용을 util 하다 ize

활용하다

The logistics team utilized advanced route-planning software to minimize fuel costs.

물류팀은 연료비를 최소화하기 위해 고급 경로 계획 소프트웨어를 활용했다.

㊎ employ, make use of
㊫ waste, misuse

use = use (사용하다)

446

use
[juːs]

활용하다 use

사용하다, 사용

Customers are encouraged to use the online portal to track their shipments.

고객들은 배송을 추적하기 위해 온라인 포털을 사용하는 것이 권장된다.

㊎ employ, apply
㊫ neglect, discard

447
useless
[júːslis]

활용이 use 없는 less

쓸모없는

A damaged barcode makes the tracking label useless for identifying the parcel.

손상된 바코드는 소포 식별에 쓸모없게 만든다.

- 유 worthless, ineffective
- 반 useful, valuable

448
abuse
[əbjúːz]

멀리까지 ab 사용하다 use

남용하다, 학대하다

The official was removed from office for abusing his power.

그 관리는 권력을 남용한 이유로 직위에서 해임되었다.

- 유 exploit, mistreat
- 반 respect, protect

449
misuse
[misjúːz]

잘못, 나쁘게 mis 이용하다 use

오용하다

Misusing the postal tracking system for fraudulent claims is illegal.

우편 추적 시스템을 사기 청구에 오용하는 것은 불법이다.

- 유 abuse, misapply
- 반 use properly, utilize

450
peruse
[pərúːz]

(책을) 완전히 per 사용하다 use

정독하다, 꼼꼼히 읽다

Please peruse the insurance policy carefully before signing.

서명 전에 보험 약관을 꼼꼼히 읽어보세요.

- 유 examine, read thoroughly, scrutinize
- 반 skim, glance

plic / plec / plo = fold, weave (접다, 엮다)

451
apply
[əplái]

~를 향해 ap 결합하다 ply

신청하다, 적용하다

Applicants must apply online for the postal clerk position.

지원자는 우편 창구직에 온라인으로 지원해야 한다.

- 유 request, implement
- 반 withdraw, ignore

452
employ
[emplɔ́i]

내부로 em 엮다, 연루하다 ploy

고용하다, 활용하다

The postal service employs thousands of workers nationwide.
우편 서비스는 전국적으로 수천 명의 직원을 고용하고 있다.

유 hire, utilize
반 dismiss, fire

453
unemployed
[ʌnemplɔ́id]

고용되는 employed 않은 un

실직한

The government introduced a program to help unemployed workers transition into postal service jobs.
정부는 실직자가 우편 서비스 직종으로 전환할 수 있도록 돕는 프로그램을 도입했다.

유 jobless, out of work
반 employed, working

454
accomplice
[əkámplis]

~쪽으로 ac 함께 com 엮이다 plic

공범, 협력자

The accomplice helped the fraudster file false insurance claims.
그 공범은 사기범이 허위 보험 청구를 하도록 도왔다.

유 collaborator, aide, partner in crime
반 opponent, adversary

455
complexity
[kəmpléksəti]

함께 com 엮은 plex 상태 ity

복잡성

The complexity of international postal regulations often confuses customers.
국제 우편 규정의 복잡성은 종종 고객을 혼란스럽게 한다.

유 intricacy, complication
반 simplicity, clarity

456
complicate
[kάmplikèit, kɔ́mplikèit]

함께 com 접게, 엮게 plic 만들다 ate

복잡하게 하다

Weather delays can complicate the delivery schedule.
날씨 지연은 배송 일정을 복잡하게 만들 수 있다.

유 confuse, hinder
반 simplify, ease

457
complicity
[kəmplísəti]

함께 com 엮인 plic 상태 ity

공모, 가담

The employee was under investigation for complicity in data tampering.

그 직원은 데이터 조작 공모 혐의로 조사를 받고 있었다.

- involvement, collaboration
- innocence, noninvolvement

458
explicit
[iksplísit]

바깥으로 ex 접다 placare

명확한, 명시적인

The contract contains explicit terms about delivery deadlines.

계약서에는 배송 마감 기한에 대한 명확한 조건이 포함되어 있다.

- clear, definite
- vague, implicit

어근 탐구 '밖으로 접다'는 곧 '펼쳐졌다'를 의미했다. 중세 시대 책의 끝부분에 독자의 이해를 돕도록 풀이나 해설을 실은 데서 유래한 이 단어는 '방해받지 않는', '풀어내다', '자세히 설명하다'의 뉘앙스로 쓰인다.

459
exploit
[éksplɔit, iksplɔ́it]

밖으로 ex 접은 ploit

이용하다, 착취하다

Some scammers exploit seniors by offering fake investment opportunities.

일부 사기꾼들은 노인들에게 가짜 투자 기회를 제공하며 착취한다.

- take advantage of, misuse
- protect, support

어근 탐구 '밖으로 접다'는 곧 '풀다, 펼치다'이므로 초기에는 '행위의 결과', '성취', '전개'로 사용하다가 이후 '끌어내기', '착취' 등에도 쓰이게 되었다.

460
replicate
[répləkit]

다시 re 접게 plic 하다 ate

복제하다, 재현하다

The technician tried to replicate the system error to find the cause.

기술자는 원인을 찾기 위해 시스템 오류를 재현하려 했다.

- duplicate, reproduce
- destroy, differ

461
reply
[riplái]

뒤로, 되 re 접다 ply

대답하다, 응답하다

Please reply to the customer's inquiry within two business days.

고객 문의에 영업일 기준 이틀 내로 응답해 주세요.

- respond, answer
- ignore, disregard

PART Ⅲ Action & Creation (행위와 창조)

text = woven, structure (짜인 것, 구조물)

text
[tekst]

짜인 것 text

본문, 문자

The revised postal regulation text, approved last month, will come into effect next quarter.
지난달 승인된 개정 우편 규정 본문은 다음 분기에 시행될 예정이다.

- wording, script
- subtext, implication

textile
[tékstail, tékstil]

짜는 것과 tex 관련한 ile

직물, 섬유

The export of high-quality textiles, which are carefully packaged to prevent moisture damage, is one of the main revenue sources for the port city.
습기 손상을 막기 위해 세심하게 포장된 고급 직물의 수출은 그 항구 도시의 주요 수입원 중 하나이다.

- fabric, cloth
- –

texture
[tékstʃər]

짜여진 text 것 ure

질감, 조직

The texture of the new security envelopes makes tampering more detectable.
새 보안 봉투의 질감은 위조 시도를 더 쉽게 감지할 수 있게 한다.

- feel, grain
- smoothness, uniformity

context
[kántekst, kɔ́ntekst]

함께 con 엮은 것 text

문맥, 상황

The meaning of the term can only be understood in its legal context.
그 용어의 의미는 법적 상황에서만 이해될 수 있다.

- circumstance, background
- isolation, disconnection

pretext
[príːtekst]

앞을 pre 짜다, 짓다 text

구실, 핑계

He used the pretext of lost documents to delay sending the letter.
그는 서류 분실을 핑계로 편지 발송을 미뤘다.

- excuse, justification, guise
- truth, reality

press = press (누르다)

467
compress
[kəmprés]

함께 놓고 com 누르다 press

압축하다

The file was compressed before being sent via email.
파일은 이메일로 보내기 전에 압축되었다.

- condense, shrink
- expand, enlarge

468
depress
[diprés]

아래로 de 누르다 press

우울하게 하다, 감소시키다

A drop in international parcel demand can depress postal revenue.
국제 소포 수요의 감소는 우편 수익을 줄일 수 있다.

- sadden, reduce
- cheer, boost

469
express
[iksprés]

밖에서 ex 누르다 press

신속한, 표현하다

They chose express delivery to ensure the package arrived the next day.
그들은 소포가 다음 날 도착하도록 특급 배송을 선택했다.

- rapid, convey
- slow, suppress

어근 탐구 '압착하다, 짜내다'로 발생되어 '말로 옮기다', '표현하다', '묘사하다'로 발전했다.

470
impress
[imprés]

안으로 im (감정을) 누르다 press

감명을 주다

Her dedication to customer service impressed both clients and colleagues.
고객 서비스에 대한 그녀의 헌신은 고객과 동료 모두에게 감명을 주었다.

- inspire, influence
- disappoint, discourage

471
oppress
[əprés]

반대로 op 누르다 press

억압하다

The regime oppressed citizens by limiting communication and press freedom.
그 정권은 통신과 언론의 자유를 제한해 시민들을 억압했다.

- persecute, subjugate
- liberate, free

472
pressure
[préʃər]

누르는 press 것, 상태 ure

압박, 압력

The pressure to meet holiday delivery deadlines was intense.
휴일 배송 마감을 맞추기 위한 압박이 심했다.

- stress, force
- relief, ease

473
repressed
[riprést]

뒤로 re 누르게 pres 된 ed

억눌린, 억제된 (repress의 과거형, 과거분사)

The manager's repressed frustration surfaced during the staff meeting.
그 관리자의 억눌린 좌절감이 회의 중에 드러났다.

- suppressed, restrained, held back
- expressed, released

474
suppress
[səprés]

아래로 sup 누르다 press

억압하다, 진압하다

The government decided to suppress the circulation of counterfeit stamps before they could spread further.
정부는 위조 우표가 더 퍼지기 전에 유통을 억압하기로 결정했다.

- restrain, stifle
- encourage, release

strain / strict = press, bind (누르다, 조이다)

475
district
[dístrikt]

따로 떼어 dis 단단히 잡아끌다 strict

지역, 지구

The district office oversees all local postal branches.
그 지역 사무소는 모든 지역 우편 지점을 감독한다.

- region, zone
- none

어근 탐구 '군주 또는 관리의 관할권이 미치는 영토'를 의미한다.

sect = to cut (자르다)

476
dissect
[disékt, daisékt]

잘라서 sect 떼어내다 dis

해부하다, 분석하다
The report dissected the causes of delayed international shipments.
보고서는 국제 배송 지연의 원인을 분석했다.
- analyze, examine
- combine, integrate

477
insect
[ínsekt]

안으로 in 자른 것 sect

곤충
Some tropical insects are known to damage stored mail in wooden crates.
일부 열대 곤충은 나무 상자에 보관된 우편물을 손상시키는 것으로 알려져 있다.
- bug, arthropod
- –

478
intersect
[ìntərsékt]

사이에서 inter 자르다 sect

교차하다
Two major delivery routes intersect at this postal hub.
두 개의 주요 배송 노선이 이 우편 허브에서 교차한다.
- cross, converge
- diverge, branch

479
intersection
[ìntərsékʃən]

사이가 inter 잘린 sect 것 ion

교차점, 교차로
The traffic was delayed near the intersection due to roadwork.
도로 공사로 인해 교차로 인근의 교통이 지연되었다.
- junction, crossing
- –

480
section
[sékʃən]

자른 sect 것 ion

구역, 부문
The insurance office has a special section for handling claims.
보험 사무소에는 청구 처리를 담당하는 특별 부서가 있다.
- division, segment
- whole, entirety

481
sector
[séktər]

자르게 하는 sect 사람, 결과 or

분야, 부문

The financial sector is adopting new technologies to improve security.
금융 부문은 보안을 강화하기 위해 새로운 기술을 도입하고 있다.

유 industry, field
반 −

tail = cut (자르다)

482
tailor
[téilər]

자르게 tail 한 것 or

맞추다, 조정하다

The training program was tailored to meet the needs of postal employees working in rural areas.
교육 프로그램은 농촌 지역에서 일하는 우편 직원의 요구에 맞게 조정되었다.

유 customize, adapt
반 standardize, generalize

483
de**tail**
[díːteil, ditéil]

완전히 de 조각내다, 자르다 tail

세부 사항, 상세히 설명하다

The contract outlined every detail of the new postal partnership agreement.
계약서는 새로운 우편 협력 계약의 모든 세부 사항을 명시했다.

유 particular, itemize
반 generalize, summarize

484
cur**tail**
[kəːrtéil]

짧게 cur 자르다 tail

축소하다, 줄이다

The budget cuts curtailed the number of available delivery routes.
예산 삭감으로 이용 가능한 배송 노선 수가 줄어들었다.

유 reduce, shorten
반 extend, expand

485
re**tail**
[ríːteil]

다시, 잘게 re 자르다 tail

소매, 소매하다

The store specializes in retail sales of electronic goods.
그 가게는 전자 제품 소매 판매를 전문으로 한다.

유 merchandising, selling
반 wholesale, bulk

cise = cut (자르다)

486

precise
[prisáis]

앞을 (앞에 남는 부분을) pre 자른 cise

정확한

The address must be written in a precise format for international shipping.
국제 배송을 위해 주소는 정확한 형식으로 작성되어야 한다.

- 유 exact, accurate
- 반 imprecise, vague

487

concise
[kənsáis]

함께 두고 con 자른 cise

간결한

Please keep your complaint letter concise and to the point.
불만 서한은 간결하고 요점만 담아 주세요.

- 유 brief, succinct
- 반 lengthy, wordy

PART IV Perception & Expression
(지각과 사고)

spec / spect / spic = look, observe (보다, 살피다)

488

aspect
[ǽspekt]

~쪽으로 a 바라보다 spect

측면, 양상

One critical aspect of postal management is ensuring timely delivery.
우편 관리의 중요한 측면 중 하나는 적시 배달을 보장하는 것이다.

유 facet, feature
반 whole, entirety

489

inspect
[inspékt]

안을 in 보다, 관찰하다 spect

점검하다, 검사하다

The safety officer will inspect the warehouse for fire hazards.
안전 담당자가 창고의 화재 위험 요소를 점검할 예정이다.

유 examine, scrutinize
반 overlook, ignore

490

inspector
[inspéktər]

안을 in 관찰하는 spect 사람 or

검사관, 감독관

The postal inspector visited the branch to review security measures.
우편 검사관이 보안 조치를 점검하기 위해 지점을 방문했다.

유 examiner, auditor
반 –

491

introspective
[ìntrəspéktiv]

안으로 intro 보게 spect 하는 ive

자기 성찰적인

She became more introspective after the incident.
그 사건 이후 그녀는 더 자기 성찰적으로 변했다.

유 reflective, inward-looking
반 unreflective, extroverted

492
perspect**ive**

[pəːrspéktiv]

~를 통해 **per** 보게 **spect** 하는 **ive**

관점, 시각

From a postal worker's perspective, digital mail can reduce physical workload.

우편 노동자의 관점에서 보면, 디지털 우편은 물리적 업무량을 줄일 수 있다.

🔁 viewpoint, outlook
🔀 –

493
perspic**acious**

[pəːrspəkéiʃəs]

관통해(꿰뚫어) **per** 보게 **spicaci** 하는 **ous**

통찰력 있는

The perspicacious analyst predicted the bank's failure due to flawed loan policies.

그 통찰력 있는 분석가는 잘못된 대출 정책으로 인한 은행의 실패를 예측했다.

🔁 insightful, shrewd, perceptive
🔀 oblivious, unaware

494
prospect

[prάspekt, prɔ́spekt]

앞을 **pro** 보다 **spect**

전망, 가능성

There is a good prospect for growth in international parcel services.

국제 소포 서비스 성장에 대한 전망이 좋다.

🔁 outlook, possibility
🔀 doubt, improbability

495
respect

[rispékt]

다시 **re** 보다 **spect**

존중하다, 존경

Employees must respect the privacy of customers.

직원들은 고객의 사생활을 존중해야 한다.

🔁 honor, value
🔀 disrespect, disregard

496
respect**ful**

[rispéktfəl]

다시 **re** 보는 일이 **spect** 가득한 **ful**

공손한, 정중한

The postal clerk remained respectful while explaining the delayed delivery to the customer.

우편 직원은 고객에게 배송 지연을 설명하는 동안 공손함을 유지했다.

🔁 polite, courteous
🔀 rude, disrespectful

497

retrospect 중요
[rétrəspèkt]

뒤를 retro 보는 것 spect

회상, 회고, 되돌아봄

In retrospect, the decision to upgrade the postal system was the right choice.
돌이켜 보면, 우편 시스템을 업그레이드한 결정은 옳은 선택이었다.

In retrospect, the postmaster regretted not updating the mailing system earlier.
돌아보면, 국장은 우편 시스템을 더 빨리 바꾸지 않은 걸 후회했다.

유 reflection, review, hindsight, recollection
반 foresight, anticipation

498

expect
[ikspékt]

밖을, 앞을 e(x) 보다 xpect

기대하다, 예상하다

We expect the new postal tracking system to improve delivery accuracy.
우리는 새로운 우편 추적 시스템이 배송 정확도를 향상시킬 것으로 기대한다.

유 anticipate, await
반 doubt, distrust

499

species
[spíːʃi(ː)z]

보이는 것, 개체 species

종(種)

Some bird species are protected under international postal regulations for shipments.
일부 조류 종은 국제 배송 규정에 따라 보호된다.

유 type, kind
반 –

어근 탐구 원시 어근 spek-는 '보다, 관찰하다'로, 처음에는 '외관, 구경거리, 개념'을 의미했고 점차 논리학에서는 '개체의 집합', 생물학에서는 '종'을 뜻하는 말로 발전했다.

500

specific
[spisífik]

보이게 speci 만드는 fic

구체적인, 특정한

The insurance policy covers specific risks such as fire and theft.
보험 약관은 화재와 도난과 같은 특정 위험을 보장한다.

유 particular, precise
반 general, vague

501
specify
[spésəfài]

보이게 speci 만들다 fy

명시하다
Applicants must specify the desired loan amount on the form.
신청자는 신청서에 원하는 대출 금액을 명시해야 한다.
- state, define
- omit, conceal

502
specious
[spíːʃəs]

겉으로 보이는 게 speci 많은 ous

겉만 번지르르한, 허울뿐인
The offer from the investment company sounded attractive but was ultimately specious.
그 투자 회사의 제안은 매력적으로 들렸지만 결국 허울뿐이었다.
- misleading, deceptive, false
- genuine, valid

503
specimen
[spésəmən]

보여주는 speci 것 men

견본, 표본
The postal museum displayed a rare specimen of a 19th-century stamp.
우편 박물관은 19세기 우표의 희귀 견본을 전시했다.
- sample, example
- –

504
spectacle
[spéktəkəl]

보는 specta 것, 결과 cle

장관, 구경거리
The fireworks over the harbor created a magnificent spectacle.
항구 위로 펼쳐진 불꽃놀이가 장관을 이루었다.
- display, show
- ordinariness, dullness

505
spectator
[spékteitər]

보는 spectat 사람 or

관객, 구경꾼
Spectators gathered to watch the unveiling of the new postal monument.
관객들은 새로운 우편 기념비 제막식을 보기 위해 모였다.
- observer, onlooker
- participant, player

506
spectrum
[spéktrəm]

보게 하는 spec 수단 trum

범위, 스펙트럼

The seminar covered a wide spectrum of topics, from postal logistics to digital services.
세미나는 우편 물류부터 디지털 서비스까지 폭넓은 주제를 다뤘다.

유 range, scope
반 limitation, restriction

507
speculate
[spékjəlèit]

보게(관찰하게) specul 만들다 ate

추측하다, 투기하다

Analysts speculate that the recent increase in postal rates may affect online retailers.
분석가들은 최근 우편 요금 인상이 온라인 소매업체에 영향을 줄 수 있다고 추측한다.

유 guess, hypothesize
반 prove, confirm

508
suspect
[səspékt]

아래에서(비밀스럽게) su 보다 spect

의심하다, 용의자

Investigators suspect that the sudden loss of parcels is linked to internal theft.
조사관들은 소포의 갑작스러운 분실이 내부 절도와 관련 있다고 의심한다.

유 doubt, accuse
반 trust, believe

509
respite
[réspit]

뒤를 re 보게 sp 하는 것 ite

일시적 중단, 휴식

The workers requested a brief respite during the postal audit.
직원들은 우편 감사 도중 잠시 휴식을 요청했다.

유 pause, break, relief
반 continuation, burden

어근 탐구 '되돌아본다'는 의미로 13세기에 형성된 단어로, '어떤 행동이나 숙고를 위한 유예 기간, 연기'를 뜻한데서 유래했다. respect의 이중어로도 쓰이며, 사형 집행 전 유예기간을 의미하기도 한다.

510
despise
[dispáiz]

낮게 de 보다 spise

경멸하다

He despised those who exploited postal services for fraudulent purposes.
그는 우편 서비스를 사기 목적으로 이용하는 사람들을 경멸했다.

유 scorn, disdain
반 admire, respect

vid / vis / view = see (보다, 보이다)

511
envious
[énviəs]

시야에 **vi** 들어와 **en** 있는 **ous**

부러워하는, 시기하는

She was envious of her colleague's promotion.
그녀는 동료의 승진을 부러워했다.

- jealous, covetous
- content, satisfied

512
envision
[invíʒən]

(마음)안에 **en** 보이는 것 **vision**

상상하다, 마음속에 그리다

The mayor envisions a modern postal hub in the city center.
시장은 도심에 현대적인 우편 허브를 상상하고 있다.

- imagine, foresee
- disregard, ignore

513
supervise
[súːpərvàiz]

위에서 **super** 보다 **vise**

감독하다

The branch manager must supervise the daily operations to ensure compliance with postal regulations.
지점장은 우편 규정을 준수하기 위해 일일 업무를 감독해야 한다.

- oversee, manage
- neglect, ignore

514
supervisor
[súːpərvàizər]

위에서 **super** 보는 **vis** 자 **or**

감독자, 상사

The supervisor approved the employee's request for additional training in insurance processing.
감독자는 보험 처리에 대한 추가 교육 요청을 승인했다.

- manager, overseer
- subordinate, worker

515
vision
[vɪʒən]

보는 vis 것 ion

시야, 비전

The new director's vision for a fully automated postal network gained wide support.

전면 자동화된 우편망에 대한 신임 국장의 비전이 폭넓은 지지를 받았다.

- 유 foresight, dream
- 반 blindness, shortsightedness

516
visit
[vɪzɪt]

보러 vis 가다 it

방문하다, 방문

Foreign delegates will visit the main postal hub to learn about its advanced logistics systems.

해외 대표단이 첨단 물류 시스템을 배우기 위해 주요 우편 허브를 방문할 예정이다.

- 유 call on, tour
- 반 depart, leave

517
vista
[vɪstə]

불만한 vis 것 ta

전망, 풍경

From the observation deck of the postal headquarters, visitors can enjoy a stunning vista that overlooks the entire city.

우편 본부 전망대에서 방문객들은 도시 전경을 내려다보는 멋진 풍경을 즐길 수 있다.

- 유 view, panorama
- 반 obstruction, blockage

518
visual
[vɪʒuəl]

시각에 visu 관한 al

시각의, 시각적인

The training manual includes visual aids that help new employees understand complex sorting procedures.

교육 매뉴얼에는 신입 직원들이 복잡한 분류 절차를 이해하는 데 도움이 되는 시각 자료가 포함되어 있다.

- 유 optical, graphic
- 반 auditory, verbal

519
invisible
[ɪnvɪzəbəl]

보이게 vis 할 수 ible 없는 in

보이지 않는

The security code is invisible to the naked eye.

보안 코드는 육안으로는 보이지 않는다.

- 유 unseen, hidden
- 반 visible, apparent

520
evident
[évidənt]

밖으로 e 보이게 vid 한 ent

명백한

It is evident that the policy needs revision.
그 정책은 개정이 필요하다는 것이 명백하다.

- obvious, clear
- unclear, doubtful

521
revise
[riváiz]

다시 re 보다 vise

수정하다, 개정하다

The insurance policy was revised to include new coverage options.
보험 약관이 새로운 보장 옵션을 포함하도록 개정되었다.

- amend, alter
- maintain, preserve

522
preview
[príːvjùː]

미리 pre 보다 view

미리 보기, 시사회

Customers can preview the new commemorative stamp designs online.
고객들은 새로운 기념 우표 디자인을 온라인에서 미리 볼 수 있다.

- show, sample
- review, recall

ops = sight (시야)

523
synopsis
[sinápsis, sinɔ́psis]

같이 syn 보는 것 opsis

개요, 요약

Before approving the funding, the board requested a synopsis of the postal infrastructure project.
자금 승인을 하기 전에, 이사회는 우편 인프라 프로젝트의 개요를 요청했다.

- summary, outline
- expansion, detail

dict / dic = say, declare (말하다, 공언하다)

524
ad**dict**
[ǽdikt]

~쪽으로만 **ad** 선언(말)하다 **dict**

중독자

The program aims to help drug addicts rebuild their lives.
이 프로그램은 약물 중독자들이 삶을 재건할 수 있도록 돕는 것을 목표로 한다.

유 dependent, abuser
반 abstainer, nonuser

525
contra**dict**
[kὰntrədíkt, kɔ̀ntrədíkt]

반대로 **contra** 말하다 **dict**

반박하다, 모순되다

His statement contradicts the evidence found in the shipment records.
그의 진술은 운송 기록에서 발견된 증거와 모순된다.

유 deny, oppose
반 confirm, support

526
dictate
[díkteit]

말하게 **dict** 하다 **ate**

명령하다, 받아쓰게 하다

The supervisor dictated the new handling procedures to all postal branch managers.
감독관은 모든 우편 지점 관리자에게 새로운 취급 절차를 지시했다.

유 command, order
반 request, suggest

527
dictionary
[díkʃənèri, díkʃənəri]

말 **diction**의 모음 **ary**

사전

The language department issued an updated postal terminology dictionary.
언어 부서는 개정된 우편 용어 사전을 발행했다.

유 lexicon, glossary
반 –

528
in**dict**
[indáit]

(법정) 안으로 **in** 말하다, 지시하다 **dict**

기소하다

You can't indict a whole nation.
한 나라 전체를 기소할 수는 없다.

유 charge, accuse
반 acquit, absolve

529
predict
[pridíkt]

미리 **pre** 말하다 **dict**

예측하다

Experts predict an increase in express delivery demand during holidays.
전문가들은 휴일 동안 특급 배송 수요가 증가할 것으로 예측한다.
- forecast, foresee
- doubt, mistrust

530
verdict
[vəˊːrdikt]

진실을 **ver** 말하다 **dict**

평결, 판단

The jury's verdict confirmed that the courier company was liable for the damaged goods.
배심원의 평결은 택배 회사가 손상된 상품에 대해 책임이 있음을 확인했다.
- judgment, decision
- accusation, charge

531
in**dic**ate
[índikèit]

안으로 **in** 가리키다, 말하게 **dic** 하다 **ate**

나타내다, 가리키다

The tracking system indicates the parcel is in customs.
추적 시스템은 소포가 세관에 있음을 나타낸다.
- show, signify
- conceal, obscure

fess = speak, tell (말하다)

532
con**fess**
[kənfés]

함께 **con** 인정하다, 말하다 **fess**

자백하다, 인정하다

He finally confessed to misplacing the registered mail.
그는 마침내 등기 우편을 분실한 사실을 자백했다.
- admit, acknowledge
- deny, conceal

533
pro**fess**
[prəfés]

앞에 나서서 **pro** 말하다 **fess**

공언하다, 직업으로 삼다

He professed his dedication to improving postal services.
그는 우편 서비스를 개선하겠다는 의지를 공언했다.
- declare, affirm
- deny, conceal

534

profession
[prəféʃən]

앞에 나서서(공개적으로) **pro** 말하는
fess 것, 행위 **ion**

직업, 전문직

She entered the teaching profession after years in the postal sector.
그녀는 우편 분야에서 오랜 세월을 보낸 뒤 교육 직종에 들어갔다.

- occupation, career
- unemployment, hobby

log / locu / loqu = say, speak, word (말하다)

535

logo
[lóːgou, lóːgə]

말(언어), 상징 **logo**

로고

The company updated its logo to reflect its modernized postal services.
회사는 현대화된 우편 서비스를 반영하기 위해 로고를 새로 만들었다.

- emblem, trademark
- –

어근탐구 '말'을 표현한 '그림'이라는 뜻의 logogram을 축약한 형태로 보인다.

536

obloquy
[ábləkwi, ɔ́bləkwi]

~에 반대하여 **ob** 말하는 것 **loquy**

악평, 오명

The politician's involvement in the insurance scandal left him in public obloquy.
그 정치인은 보험 스캔들에 연루되어 대중의 비난을 받았다.

- disgrace, shame, dishonor
- praise, acclaim

537

dialogue
[dáiəlɔːg, dáiəlɑg, dáiəlɔg]

건너서 **dia** 말하다 **logue**

대화

The dialogue between the postal union and management led to a fair agreement.
우편 노동조합과 경영진 간의 대화는 공정한 합의로 이어졌다.

- conversation, discussion
- monologue, silence

538
prologue
[próulɔːg, próulɑg, próulɔg]

먼저하는 pro 말 logue

서문, 전조

The prologue of the report outlines the history of the national postal system.
보고서의 서문은 국가 우편 시스템의 역사를 개괄한다.

🟦 introduction, preface
🟥 epilogue, conclusion

539
catalogue
[kǽtəlɔːg, kǽtəlɑg, kǽtəlɔg]

항목별로 나열한 cata 모음집 logue

목록, 카탈로그

The online catalogue listed all available postal products and services.
온라인 카탈로그에는 모든 우편 상품과 서비스가 나열되어 있었다.

🟦 list, directory
🟥 –

540
apologize
[əpɑ́lədʒàiz, əpɔ́lədʒàiz]

(비난으로부터) 떨어지는 apo 말을 log 하게 하다 ize

사과하다

The bank manager apologized for the inconvenience caused by the system error.
은행 지점장은 시스템 오류로 인한 불편에 대해 사과했다.

🟦 say sorry, express regret
🟥 blame, accuse

cite = summon (말하다, 소환하다)

541
cite
[sait]

불러내다 cite

인용하다, 언급하다

The report cited several examples of successful postal reforms.
보고서는 성공적인 우편 개혁 사례를 몇 가지 인용했다.

🟦 quote, mention
🟥 ignore, withhold

542
recite
[risáit]

다시 re (기억을)소환하다, 말하다 cite

암송하다, 낭독하다

The student had to recite the postal regulations from memory.
학생은 우편 규정을 암송해야 했다.

🟦 repeat, recount
🟥 withhold, conceal

543
excite
[iksáit]

외부로 ex 불러내다, 선동하다 cite

흥분시키다, 자극하다

The news of a new express delivery service excited many customers.
새로운 특급 배송 서비스 소식이 많은 고객을 흥분시켰다.

- stimulate, thrill
- bore, dull

544
incite
[insáit]

(마음)속을 in 자극하다 cite

선동하다, 자극하다

The speech incited workers to demand better conditions.
그 연설은 노동자들이 더 나은 조건을 요구하도록 선동했다.

- provoke, instigate
- calm, discourage

claim = cry out (외치다, 주장/요구하다)

545
claim
[kleim]

선언하다 claim

주장하다, 청구하다

He filed a claim for compensation after his insured parcel was damaged.
그는 보험에 가입된 소포가 파손된 후 배상을 청구했다.

- demand, assert
- deny, disclaim

546
declaimed
[dikléimd]

아래로 de 소리치다 claim

연설하다, 낭독하다 (declaim의 과거형, 과거분사)

The senator declaimed his opposition to the policy in front of the media.
그 상원의원은 언론 앞에서 해당 정책에 대한 반대를 연설했다.

- proclaim, recite
- whisper, mumble

어근 탐구 연단에 서서 아래쪽 청중을 향해 웅변을 하는 모습에서 유래했다.

547
exclaim
[ikskléim]

밖으로 **ex** 외치다 **claim**

외치다
She **exclaimed** in surprise when she saw the postage stamp collection.
그녀는 우표 수집품을 보고 놀라 외쳤다.
- 유 cry out, shout
- 반 whisper, murmur

548
proclaim
[proukléim, prəkléim]

앞에서 **pro** 외치다 **claim**

선언하다
The postmaster **proclaimed** the launch of the new postal code system.
우체국장은 새로운 우편번호 시스템의 시행을 선언했다.
- 유 announce, declare
- 반 conceal, suppress

549
reclaim
[rikléim]

~에 반하여, 다시 **re** 외치다 **claim**

되찾다, 반환을 요구하다
Customers can **reclaim** lost items by providing proof of ownership.
고객은 소유 증명을 하면 분실물을 되찾을 수 있다.
- 유 retrieve, recover
- 반 forfeit, surrender

clar = clear (분명히 하다)

550
clarify
[klǽrəfài]

맑게 **clari** 만들다 **fy**

명확히 하다
The clerk **clarified** the difference between priority and standard mail.
직원은 특급 우편과 일반 우편의 차이를 명확히 설명했다.
- 유 explain, elucidate
- 반 confuse, obscure

551
declare
[diklɛ́ər]

떨어져서 (명확히) **de** 분명히 하다 **clare**

선언하다, 신고하다
All international parcels must **declare** their contents at customs.
모든 국제 소포는 세관에서 내용을 신고해야 한다.
- 유 announce, proclaim
- 반 conceal, withhold

graph / gram = write, draw (쓰다, 그리다)

552
autobiography
[ɔ̀ːtəbaiάgrəfi, ɔ̀ːtəbaiɔ́grəfi]

스스로의 auto 생애 대해 bio 쓴 것 graphy

자서전

He published an autobiography detailing his years in the postal service.
그는 우편 서비스에서 보낸 세월을 담은 자서전을 출간했다.

🔁 memoir, life story
🔄 biography (by another)

553
autograph
[ɔ́ːtəgræf, ɔ́ːtəgrɑ̀ːf]

스스로 auto 쓴 것 graph

서명, 사인

The famous stamp designer gave his autograph to fans.
유명한 우표 디자이너가 팬들에게 사인을 해주었다.

🔁 signature, inscription
🔄 –

554
biography
[baiάgrəfi, biάgrəfi, biɔ́grəfi]

삶에 대해 bio 쓴 것 graphy

전기, 전기문

The library at the post office museum contains biographies of notable postal figures.
우체국 박물관 도서관에는 유명한 우편 인물들의 전기가 있다.

🔁 life story, memoir
🔄 fiction, fantasy

555
calligraphy
[kəlígrəfi]

아름답게 calli 쓰는 graph 것 y

서예, 달필

The certificate was decorated with elegant calligraphy.
그 증명서는 우아한 서예로 장식되었다.

🔁 handwriting, penmanship
🔄 –

556
grammar
[grǽmər]

글자의 gramm 기술 ar

문법

Good grammar is essential in writing professional business correspondence.
전문적인 비즈니스 서신을 작성할 때는 올바른 문법이 필수다.

🔁 syntax, language rules
🔄 –

557
hologram
[hóləgræm, hóuləgræm]

전체를 holo 그린 것 gram

홀로그램

The security label uses a hologram to prevent counterfeiting.
보안 라벨은 위조를 방지하기 위해 홀로그램을 사용한다.

🔁 3D image, projection
🔀 –

어근 탐구 1949년 데니스 가보르가 만든 용어로 '삼차원'을 뜻하며, 이 기술로 그는 1971년 노벨 물리학상을 수상했다.

scrib / script = write, record (쓰다, 기록하다)

558
ascribe
[əskráib]

~를 향해 as 글을 쓰다 scribe

~의 탓으로 돌리다

The delay was ascribed to technical issues in the sorting system.
지연은 분류 시스템의 기술적 문제 탓으로 돌려졌다.

🔁 attribute, assign
🔀 deny, disconnect

559
describe
[diskráib]

써 scribe 내려가다 de

묘사하다

The witness described the suspicious man who dropped the package.
목격자는 소포를 두고 간 수상한 남자를 묘사했다.

🔁 depict, portray
🔀 conceal, hide

560
prescribe
[priskráib]

앞에 pre 써두다 scribe

규정하다, 처방하다

Regulations prescribe the proper packaging for hazardous materials in transit.
규정은 운송 중 위험 물질의 적절한 포장을 명시하고 있다.

🔁 order, stipulate
🔀 suggest, recommend

561
sub**scrib**e
[səbskráib]

아래에 **sub** 쓰다 **scribe**

구독하다, 가입하다

Many customers subscribe to the postal service's premium delivery plan for faster shipping.

많은 고객이 더 빠른 배송을 위해 우편 서비스의 프리미엄 배송 요금제에 가입한다.

유 enroll, sign up
반 cancel, unsubscribe

562
tran**scrib**e
[trænskráib]

옮겨서 **trans** 적다 **cribe**

기록하다, 필사하다

The court transcribed the witness's testimony about the stolen mail.

법원은 도난당한 우편물에 대한 목격자의 증언을 기록했다.

유 write down, document
반 erase, delete

563
script
[skript]

쓴 것 **script**

대본, 필체

The script for the public service announcement was reviewed before recording.

공익 광고 대본은 녹음 전에 검토되었다.

유 manuscript, text
반 improvisation, ad-lib

564
tran**script**
[trænskript]

옮겨 **trans** 적은 것 **cript**

기록, 성적 증명서

The official transcript of the postal committee's meeting was released to the public.

우편 위원회 회의의 공식 기록이 대중에 공개되었다.

유 record, report
반 –

565
manu**script**
[mǽnjəskript]

손으로 **manu** 쓴 것 **script**

원고

The author sent his manuscript to the publisher by registered mail.

작가는 원고를 등기 우편으로 출판사에 보냈다.

유 document, text
반 –

566
nondescript
[nɑ̀:ndiskrípt]

묘사가 **descript** (써 **script** 내려간 것 **de**) 없는 **non**

뚜렷한 특징 없는

The suspect wore a nondescript jacket, making it hard to identify him.

용의자는 평범한 재킷을 입고 있어 신원이 파악되지 않았다.

유 unremarkable, ordinary, indistinct
반 distinctive, remarkable

mem / monu / mnest = remember (기억하다, 알다)

567
amnesty
[ǽmnəsti]

기억에서 **mnest** 없애는 **a** 것 **y**

특사, 사면하다

The government granted a tax amnesty to encourage citizens to declare assets.

정부는 시민들의 자산 신고를 유도하기 위해 세금 사면을 단행했다.

유 pardon, reprieve, forgiveness
반 punishment, penalty

568
memorable
[mémərəbəl]

기억을 **memor** 할 수 있는 **able**

기억할 만한

The launch of the commemorative stamp was a memorable event.

기념우표 발매는 기억할 만한 행사였다.

유 unforgettable, notable
반 forgettable, ordinary

569
memorize
[mémərὰiz]

기억하게 **memor** 만들다 **ize**

암기하다

Postal workers must memorize key regulations for safe delivery.

우편 직원들은 안전한 배송을 위해 주요 규정을 암기해야 한다.

유 learn by heart, commit to memory
반 forget, overlook

570
memory
[méməri]

기억하는 **memor** 상태 **y**

기억, 추억

The old postman shared his memory of delivering letters on horseback.

노년의 우편배달부는 말을 타고 편지를 배달하던 기억을 이야기했다.

유 recollection, remembrance
반 forgetfulness, amnesia

571
commemo**rate**
[kəmémərèit]

함께 가져와 com 기억나게 memor 하다 ate

기념하다

A special stamp was issued to commemorate the postal service's 120th anniversary.
우편 서비스 120주년을 기념하기 위해 기념우표가 발행되었다.

- 유 celebrate, honor
- 반 forget, neglect

572
immemo**rial**
[ìmimɔ́ːriəl]

기억에도 memori 없는 im (시절)의 al

태고의

The tradition has been passed down from time immemorial.
그 전통은 태고부터 전해 내려왔다.

- 유 ancient, age-old
- 반 recent, modern

573
monument
[mánjəmənt, mɔ́njəmənt]

기억나게 하는 monu 물건 ment

기념물

The monument honors the workers who built the national railway.
그 기념물은 국철을 건설한 노동자들을 기린다.

- 유 memorial, statue
- 반 neglect, destruction

574
monster
[mánstər, mɔ́nstər]

기형적인, 기억날만한 monst 자 er

괴물

The old legend speaks of a sea monster guarding the treasure.
오래된 전설은 보물을 지키는 바다 괴물에 대해 말한다.

- 유 beast, creature
- 반 human, angel

어근 탐구 고대인들은 비정상적인 형체나 조짐, 기후 따위를 부정적 신의 계시 또는 징후로 판단했다. monster의 어근이 mone-(기억나게 하다)인 이유도 여기에 있다. 이 단어는 점차 '혐오', '두려움', '끔찍한 것'들로 그 비유 정도가 더해지면서 오늘날 '괴물'이 되었다.

note = mark (표시하다, 기록하다)

575
notable
[nóutəbəl]

표시 **not**(a) 할 수 있는 **able**

주목할 만한
The post office made a notable improvement in delivery speed.
우체국은 배송 속도에서 주목할 만한 향상을 이루었다.
- 유 remarkable, significant
- 반 insignificant, unremarkable

576
note
[nout]

표시하다 **note**

메모, 기록하다
She left a note on the parcel for the courier.
그녀는 택배 기사에게 소포에 메모를 남겼다.
- 유 memo, record
- 반 ignore, overlook

577
de**not**e
[dinóut]

완전하게 **de** 표시하다, 주목하다 **note**

나타내다, 의미하다
The red stamp on the envelope denotes that the mail is urgent.
봉투에 찍힌 빨간 도장은 그 우편물이 긴급하다는 것을 의미한다.
- 유 indicate, signify, represent
- 반 conceal, obscure

578
notice
[nóutis]

알게 하는 **not**(i) 것 **ice**

알아차리다, 공지
Customers must notice the change in the postal rates before mailing.
고객들은 우편 요금을 발송 전에 변경된 사항을 알아야 한다.
- 유 observe, perceive
- 반 ignore, overlook

579
notify
[nóutəfài]

알게 **noti** 만들다 **fy**

통지하다
The postal service will notify customers of delayed deliveries by text.
우편 서비스는 지연 배송을 문자로 고객에게 통지할 것이다.
- 유 inform, announce
- 반 conceal, withhold

580
notion

[nóuʃən]

아는 것, 생각, 개념 **notion**

개념, 생각

The **notion** of free shipping attracted many customers.
무료 배송이라는 개념이 많은 고객을 끌어들였다.

- idea, concept
- fact, reality

sign = mark, sign (표시하다, 서명하다)

581
signal

[sígnəl]

표식, 상징 **sign** 에 관한 것 **al**

신호, 신호를 보내다

The green light **signaled** the delivery truck to proceed.
초록 불은 배송 트럭이 진행하라는 신호를 보냈다.

- indication, cue
- concealment, silence

582
signature

[sígnətʃər]

표식, 상징인 **signa** 것 **ture**

서명

Your **signature** is required to complete the insurance claim form.
보험 청구서를 완료하려면 서명이 필요하다.

- autograph, endorsement
- anonymity, unsigned

583
signify

[sígnəfài]

상징하게 **signi** 만들다 **fy**

의미하다, 나타내다

The delay in payment may **signify** financial difficulties for the client.
지불 지연은 고객의 재정적 어려움을 의미할 수 있다.

- indicate, denote
- conceal, obscure

584
as**sign**

[əsáin]

~에게 **as** 정하다 **sign**

할당하다, 배정하다

The supervisor **assigned** the new clerk to the parcel sorting section.
관리자는 신입 직원을 소포 분류 구역에 배정했다.

- allocate, designate
- remove, dismiss

585

design
[dizáin]

밖으로 de 표시하다 sign

설계하다, 디자인하다

The postal service plans to design a new stamp series featuring national landmarks.
우편 서비스는 국가 주요 명소를 담은 새로운 우표 시리즈를 설계할 계획이다.

- create, plan
- destroy, dismantle

어근 탐구 '(밖에서 보이게) 정하다, 고안하다'에서 발전하여 상황에 맞게 '의도하다', '그리다', '계획하다', '고안하다'로도 해석된다.

586

designate
[dézignèit]

밖으로 de 표시하게 sign 만들다 ate

지정하다, 지명하다

The government designated this building as the new regional postal headquarters.
정부는 이 건물을 새로운 지역 우편 본부로 지정했다.

- appoint, assign
- remove, dismiss

587

resign
[rizáin]

다시 re 서명하다 sign

사임하다

The postmaster decided to resign after 20 years of service.
국장은 20년 근무 후 사임하기로 결정했다.

- step down, quit
- remain, stay

어근 탐구 sign의 어근 signare는 '회계장부에 기록하다'였다. 서명을 하고 임금을 받으며 일을 하는 입장이 되었다가 다시(re) 서명한다(sign)는 것은 이제 입사할때와는 반대로 사임한다는 말이 된다.

trembl = shake from fear (두려움에 떨다)

588

tremble
[trémbəl]

떨림이 trem 계속되다 ble

떨다, 진동하다

She began to tremble as she opened the letter that contained the overdue tax notice.
연체된 세금 고지서가 들어 있는 편지를 열면서 그녀는 떨기 시작했다.

- shake, quiver
- steady, stabilize

589
tremendous
[triméndəs]

떨림울 **trem** 초래하는 **end** 성질의 **ous**

엄청난, 굉장한

The tremendous increase in online orders placed an unexpected strain on postal resources.
온라인 주문의 엄청난 증가는 우편 자원에 예상치 못한 부담을 주었다.

- enormous, immense
- tiny, insignificant

590
tremor
[trémər]

떨게 **trem** 하는 것 **or**

진동, 떨림

A minor tremor, which did not cause structural damage, was still enough to halt operations at the postal hub temporarily.
구조적 피해를 주지 않은 작은 진동이었지만, 우편 허브의 운영을 일시 중단시키기에 충분했다.

- quake, vibration
- stillness, stability

591
intrepid
[intrépəd]

떨지 **trepid** 않는 **in**

용감한

The intrepid explorer ventured into the jungle.
그 용감한 탐험가는 정글로 모험을 떠났다.

- fearless, daring
- timid, cowardly

592
tremulous
[trémjələs]

떨림이 **tremul** 가득한 **ous**

(손, 목소리 등이) 떨리는

She gave a tremulous reply when asked about the accident.
그녀는 사고에 대해 묻자 떨리는 목소리로 대답했다.

- shaky, quivering
- steady, confident

terr = fear (두려움, 공포)

593
terrify
[térəfài]

두렵게 terri 만들다 fy

무섭게 하다

The sudden collapse of the storage roof during a storm terrified the postal workers inside.

폭풍우 중에 보관소 지붕이 갑자기 붕괴되어 안에 있던 우편 직원들을 겁에 질리게 했다.

- frighten, scare
- reassure, comfort

594
terror
[térər]

두렵게 terr 하는 것 or

공포

The fire in the terminal caused panic and terror among passengers waiting for parcels.

터미널의 화재는 소포를 기다리던 승객들에게 공포와 혼란을 안겼다.

- fear, dread
- calm, peace

tim = fearful (두려움에 찬)

595
timorous
[tímərəs]

겁이 timor 많은 ous

소심한, 겁 많은

He gave a timorous response when asked about the missing documents.

분실된 서류에 대해 질문을 받자 그는 소심한 반응을 보였다.

- fearful, timid, shy
- bold, confident, daring

596
intimidate
[intímədèit]

안에 in 두려움을 timid 만들다 ate

위협하다

He tried to intimidate the witness.

그는 증인을 위협하려 했다.

- threaten, bully
- encourage, reassure

597

meticulous

[mətikjələs]

두려움, 소심함이 meticul 가득한 ous

꼼꼼한, 세심한

The insurance auditor checked every document with meticulous attention to detail.

보험 감사관은 모든 문서를 꼼꼼하게 확인했다.

- 윤 careful, thorough, precise
- 반 careless, sloppy

어근 탐구 두려움이 원인이 되어 지나치게 조심스러운 상태를 뜻한다.

phob = panic fear (공포증)

598

phobia

[fóubiə]

두려워하는 phob 증상 ia

공포증

He had a phobia of sending important documents by mail.

그는 중요한 문서를 우편으로 보내는 것에 대한 공포증이 있었다.

- 윤 fear, dread, aversion
- 반 courage, confidence

sent, sens, senc=to be, feel (존재하다, 느끼다)

599

absence

[ǽbsəns]

존재 (s)ence 하지 않는, 떨어져 나온 ab

부재, 결석

His frequent absence from work raised concerns among the management.

그의 잦은 결근은 경영진의 우려를 샀다.

- 윤 nonattendance, lack
- 반 presence, attendance

600

absent**ee**

[æ̀bsəntíː]

존재 하지 않는 absent 사람 ee

결근자, 부재자

The company revised its policy to address issues caused by chronic absentees.

회사는 상습 결근자 문제를 해결하기 위해 정책을 개정했다.

- 윤 truant, nonattender
- 반 attendee, participant

601
present
[prézənt]

바로 앞에 pre 존재하다 sent

제시하다, 현재의, 선물

You must present a valid ID to collect your registered letter.
등기 우편을 수령하려면 유효한 신분증을 제시해야 한다.

- show, give
- conceal, hide

602
repre**sent**
[rèprizént]

다시금, 계속 re 앞에 pr 존재하다 esent

대표하다, 나타내다

The lawyer will represent the postal union in the upcoming negotiations.
변호사는 다가오는 협상에서 우편 노동조합을 대표할 것이다.

- stand for, symbolize
- misrepresent, distort

603
repre**sent**ative
[rèprizéntətiv]

다시금, 계속 re 앞에 pr 존재하게
esentat 하는 (자) ive

대표자, 대리인

A customer service representative handled the complaint.
고객 서비스 담당자가 불만 사항을 처리했다.

- delegate, agent
- client, customer

604
con**sent**
[kənsént]

함께 con 느끼다 sent

동의하다, 동의

The manager obtained the customer's consent before opening the damaged parcel.
관리자는 파손된 소포를 열기 전에 고객의 동의를 받았다.

- agree, approve
- refuse, deny

605
sensation
[senséiʃən]

느끼게 sens 하는 것 ation

감각, 대사건

The announcement of the new postal service created a sensation among customers.
새로운 우편 서비스 발표는 고객들 사이에서 큰 화제가 되었다.

- feeling, stir
- numbness, indifference

606
sense
[sens]

느끼는 것 sense

감각, 판단력

The insurance agent's sense of responsibility earned her many loyal clients.

그 보험 설계사의 책임감은 많은 단골 고객을 만들었다.

- 유 perception, awareness
- 반 ignorance, misunderstanding

607
sensible
[sénsəbəl]

느낄 sens 수 있는 ible

분별 있는, 현명한

It was sensible to invest in a secure savings plan during uncertain economic times.

불확실한 경제 상황에서 안전한 저축 상품에 투자한 것은 현명한 결정이었다.

- 유 reasonable, prudent
- 반 foolish, irrational

608
sensory
[sénsəri]

감각에 sens 관한 ory

감각의

The perfume's sensory appeal made it a best-selling product.

그 향수의 감각적인 매력은 베스트셀러로 만드는 데 기여했다.

- 유 perceptual, tactile
- 반 –

609
sentence
[séntəns]

느끼게, 판단하게 하는 sent 것 ence

문장, 형벌

The judge gave the criminal a five-year prison sentence.

판사는 범인에게 5년형을 선고했다.

- 유 verdict, judgment
- 반 acquittal, discharge

610
sentiment
[séntəmənt]

느끼는 senti 것, 결과 ment

감정, 정서

Public sentiment favored stricter regulations for online banking security.

대중의 정서는 온라인 뱅킹 보안을 위한 더 강력한 규제를 선호했다.

- 유 feeling, attitude
- 반 indifference, apathy

611
resent
[rizént]

(고통이나 분노를) 다시 re 느끼다 sent

분개하다, 화를 내다

The staff began to resent the new policy that increased workload.
직원들은 업무량을 늘린 새 정책에 분개하기 시작했다.

유 dislike, begrudge
반 accept, welcome

pathos = feeling, suffering (감각, 고통, 괴로움)

612
pathos
[péiθɑs, péiθɔs]

고통의 감정 pathos

연민, 비애

The documentary on postal workers' hardships was filled with pathos.
우편 노동자의 고충을 다룬 다큐멘터리는 연민으로 가득했다.

유 poignancy, sadness
반 joy, cheer

613
pathetic
[pəθétik]

고통을 느끼게 pathet 하는 ic

한심한, 불쌍한

His excuse for losing the package was truly pathetic.
분실된 소포에 대한 그의 변명은 정말 한심했다.

유 pitiful, miserable, lamentable
반 admirable, impressive

614
pathological
[pæθəlɑ́dʒik, pæθəlɔ́dʒik]

고통을 patho 연구하는 것에 logic 관한 al

병적인, 이상한

His pathological obsession with mail tracking delayed team tasks.
그의 우편 추적에 대한 병적인 집착이 팀 업무를 지연시켰다.

유 abnormal, obsessive, compulsive
반 healthy, rational

615
patient
[péiʃənt]

고통을 견디는 pati 자 ent

환자, 인내심 있는

Postal clerks must be patient when dealing with elderly customers.
우체국 직원들은 고령 고객을 대할 때 인내심을 가져야 한다.

유 tolerant, enduring
반 impatient, irritable

616
em**pathy**
[émpəθi]

밖으로 드러난 em 느낌, 고통 pathy

공감

A good customer service representative shows empathy towards clients' complaints.
훌륭한 고객 서비스 직원은 고객의 불만에 공감한다.

🔁 compassion, understanding
🔄 indifference, apathy

617
anti**pathy** 중요
[æntipəθi]

대항하는 anti 감정 pathy

반감, 혐오

He felt a strong antipathy toward fraudulent insurance practices.
그는 사기성 보험 관행에 강한 반감을 느꼈다.

The employee expressed strong antipathy toward the proposed restructuring of the pension system.
그 직원은 제안된 연금 제도 개편안에 대해 강한 반감을 나타냈다.

🔁 hostility, aversion, dislike
🔄 sympathy, affection

618
a**path**y
[ǽpəθi]

느낌이 path 없는 a 것 y

무관심, 냉담

Voter apathy remains a challenge in local postal union elections.
유권자의 무관심은 지역 우편 노조 선거에서 여전히 과제이다.

🔁 indifference, unconcern, disinterest
🔄 interest, enthusiasm

619
sym**path**ize
[símpəθàiz]

동시에 sym 고통을 느끼게 path 하다 ize

공감하다, 동정하다

Many customers sympathize with postal workers who face long hours during peak seasons.
많은 고객이 성수기에 장시간 근무하는 우편 직원들에게 공감한다.

🔁 empathize, commiserate
🔄 disregard, ignore

620
sym**pathy**
[símpəθi]

동시에 sym 고통을 느끼는 path 것 y

동정, 공감

The community expressed deep sympathy for the families affected by the postal truck accident.
지역 사회는 우편 트럭 사고로 피해를 입은 가족들에게 깊은 동정을 표했다.

🔁 compassion, understanding
🔄 indifference, apathy

621
compatible 중요
[kəmpǽtəbəl]

함께 com 고통을 느낄 수 pati 있는 (i)ble

양립할 수 있는, 잘 맞는, 호환되는
This card reader is not compatible with foreign debit cards.
이 카드 단말기는 해외 직불카드와 호환되지 않는다.

The new tracking system is compatible with all major courier platforms.
새로운 추적 시스템은 주요 택배 플랫폼과 호환된다.

유 harmonious, well-matched, consistent, suitable
반 incompatible, conflicting, unsuitable

622
incompatible
[inkəmpǽtəbəl]

함께 com 고통, 연민을 느끼게 pat 할 수 ible 없는 in

양립할 수 없는
The formats are incompatible.
그 형식들은 양립할 수 없다.

유 conflicting, inconsistent
반 compatible, consistent

어근 탐구 어근 compassio-는 다른 사람의 고통이나 고난을 나누는 것을 의미한다.

passio = suffering (고통)

어근 탐구 어근 passio는 본래 '견디는 고통'을 의미하여, 10세기에 그리스도의 고난과 고통을 묘사한 말로 전해진다. 초기에는 신체적 고통만을 뜻하다가 점차 신체적 고통에 버금가는 정신적 고통, 즉 '격렬한 감정이나 욕망'까지 확장되었으며 이 지배적인 감정은 기쁨과 슬픔, 분노, 강한 애착 등 다양한 형태에 적용된다.

623
passion
[pǽʃən]

고통을 견디는 pass 행위 ion

열정
Her passion for improving postal services inspired her colleagues.
우편 서비스 개선에 대한 그녀의 열정이 동료들에게 영감을 주었다.

유 enthusiasm, fervor
반 apathy, indifference

624
passive
[pǽsiv]

고통을 pass(i) 받는, 느끼는 ive

수동적인
He took a passive role in the postal union meeting.
그는 우편 노조 회의에서 수동적인 역할을 했다.

유 inactive, submissive
반 active, assertive

625

compassion
[kəmpǽʃən]

함께 com 고통을 느끼는 pass 행위 ion

연민, 동정

The postal clerk showed compassion to an elderly customer struggling with forms.
우편 직원은 서류 작성에 어려움을 겪는 노인 고객에게 연민을 보였다.

- sympathy, pity
- indifference, cruelty

626

compassionate
[kəmpǽʃənit]

함께 com 고통을 느끼게 passion 하는 ate

동정심 있는, 인정 많은

The compassionate staff helped the elderly customer fill out her pension forms.
인정 많은 직원은 노인 고객이 연금 서류를 작성하도록 도와주었다.

- empathetic, kind
- cruel, indifferent

어근 탐구 간혹 -ate로 끝나는 단어가 동사가 아니라 형용사인 경우가 있는데, 이는 형용사에 동사 어미를 붙여 사용했던 고대 영어의 흔적이다.

tort=twist (비틀다)

627

torment
[tɔ́ːrment]

비트는 tor 행위 ment

고통, 고통을 주다

The long delays in processing insurance claims tormented the policyholders who depended on the payouts.
보험금 지급에 의존하는 가입자들은 처리 지연으로 고통을 받았다.

- agony, distress
- comfort, relief

628

tortuous
[tɔ́ːrtʃuəs]

꼬인것이 tortu 가득한 ous

구불구불한, 복잡한

The new policy went through a tortuous approval process before being finalized.
새로운 정책은 확정되기 전 복잡한 승인 절차를 거쳤다.

- winding, complex, convoluted
- straightforward, simple, direct

629
torture
[tɔ́ːrtʃər]

비트는 tort 것 ure

고문, 고통

Waiting for critical medical documents that were delayed in the mail was pure torture for the patient.
우편에서 지연된 중요한 의료 서류를 기다리는 것은 환자에게 순전한 고통이었다.

- torment, agony
- comfort, ease

630
retort
[ritɔ́ːrt]

다시 re 비틀다 tort

반박하다, 말대꾸하다

The supervisor retorted sharply when questioned about the delay.
감독관은 지연 사유를 추궁받자 날카롭게 반박했다.

The lawyer quickly retorted that the accusation was baseless.
변호사는 그 혐의가 근거 없다고 재빨리 반박했다.

- reply, respond, counter, rebut
- concede, agree

winc, wr = turn aside (비틀어 돌다)

631
wince
[wins]

비틀거리다 wince

움찔하다, 주저하다

He took the cruel blow without a wince or a cry.
그는 울거나 움찔거림 없이 잔혹한 타격을 받았다.

- flinch, recoil
- confront, endure

632
wrest
[rest]

비틀다, 비틀어 잡아당기다 wrest

비틀어 빼앗다, 탈취하다

Their attempt to wrest control of the company was thwarted by the Colonel and his three supporters on the board.
그들이 회사를 장악하려는 시도는 대령과 이사진 세 명의 지지자들에 의해 저지되었다.

- seize, snatch
- surrender, yield

PART V Reason & Knowledge
(이성과 지식)

gno = know (알다)

633
ignore
[ignɔ́ːr]

아니 i 알다 gnore (=알지 않다)

무시하다

The manager chose to ignore the rumors and focus on work.
관리자는 소문을 무시하고 업무에 집중하기로 했다.

- 유 disregard, overlook
- 반 notice, acknowledge

634
recognize
[rékəgnàiz]

다시 re 함께 co 인지하게 gn 하다 ize

인식하다, 인정하다

The system can recognize barcodes on damaged packages.
그 시스템은 손상된 소포의 바코드도 인식할 수 있다.

- 유 identify, acknowledge
- 반 ignore, overlook

635
cognition
[kagníʃən, kɔgníʃən]

~를 co 알아가는 gni 것 tion

인지, 인식

Cognition plays a key role in how customers understand postal service instructions.
인지는 고객이 우편 서비스 안내를 이해하는 데 중요한 역할을 한다.

- 유 perception, awareness
- 반 ignorance, misunderstanding

636
cognizant
[kágnəzənt, kɔ́gnəzənt]

~를 co 알고 있는 gniz 상태의 ant

인식하고 있는, 알고 있는

The inspector was cognizant of the risks involved in international shipping.
조사관은 국제 배송에 따르는 위험을 인식하고 있었다.

- 유 aware, conscious
- 반 unaware, oblivious

637
diagnose
[dáiəgnòus]

(증상과 질병)사이에서 dia 알다 gnose

진단하다

Technicians diagnosed the sorting machine's malfunction within an hour.
기술자들은 한 시간 안에 분류기의 고장을 진단했다.

- identify, determine
- misdiagnose, overlook

638
prognostication
[prɑgnɑ̀stikéiʃn, prɔgnɔ̀stikéiʃn]

미리 pro 알게 gno 하는 stic 것 ation

예측, 예언

His prognostication about delivery delays during the holidays turned out true.
휴일 동안의 배송 지연에 대한 그의 예언은 사실로 드러났다.

- prediction, forecast, prophecy
- hindsight, ignorance

639
notorious
[noutɔ́ːriəs]

알려짐으로 notori 가득한 ous (*나쁜 특성으로 주목받는 것)

악명 높은

That courier company became notorious for losing parcels.
그 택배 회사는 소포를 잃어버리는 것으로 악명이 높아졌다.

- infamous, disreputable
- reputable, respected

640
connoisseur
[kɑ̀nəsə́ːr, kɑ̀nəsúər, kɔ̀nəsə́ːr]

완전히 con 아는 noiss 사람 eur (*noi-는 gno의 변형)

감식가, 전문가

(일반) He's a true connoisseur of vintage stamps and rare envelopes.
그는 빈티지 우표와 희귀 봉투의 진정한 감식가이다.

- expert, aficionado
- amateur, ignoramus

disc = to learn (배우다, 깨닫다)

641
disciple
[disáipəl]

배우는 disci 자 ple

제자, 추종자

The renowned financial advisor attracted many disciples at the investment seminar.
그 유명한 재무 상담사는 투자 세미나에서 많은 추종자들을 모았다.

- 유 follower, adherent, devotee
- 반 opponent, critics

어근 탐구 disciple의 어근 discip(배우다)를 해체하면 di(s)(떨어져서)와 cip(잡다, 이해하다)가 보인다.

642
discipline
[dísəplin]

배우는, 학습하는 discip 것 line

훈련, 규율

Strict discipline is required to ensure the security of classified postal documents.
기밀 우편 문서의 보안을 위해서는 엄격한 규율이 필요하다.

- 유 regulation, training
- 반 negligence, disorder

sci(o) = to know (알다)

어근 탐구 scientia(과학)는 라틴어 '알다'의 어근인 sci, scio에서 파생되었다. 본래 '잘라서 보다, 관찰하다'라는 뜻이었던 그리스어가 전해진 것이다. scientia는 영어의 science(과학)가 되었고 여기서 sci는 '아는 것'을 뜻하는 단어의 어근이 되었다.

643
science
[sáiəns]

알게 하는 sci 것 ence (지식)

과학

Advances in science have improved the efficiency of modern postal sorting machines.
과학의 발전은 현대 우편 분류기의 효율성을 향상시켰다.

- 유 knowledge, discipline
- 반 ignorance, superstition

644
conscience
[kánʃəns, kɔ́nʃəns]

함께 con 아는 것 science

양심, 도덕심

The insurance agent refused to approve the fraudulent claim because his conscience would not allow it.
보험 사무원은 양심상 사기성 청구를 승인할 수 없었다.

- morals, principles
- immorality, corruption

645
conscious
[kánʃəs, kɔ́nʃəs]

함께 con 알고 있는 scious

의식하는, 자각하는

She was fully conscious of the risks involved in overseas delivery.
그녀는 해외 배송에 수반되는 위험을 완전히 인식하고 있었다.

- aware, mindful
- unconscious, unaware

646
unconscionable
[ʌnkánʃənəbəl, ʌnkɔ́nʃənəbəl]

양심적일 conscion 수 able 없는 un

비양심적인

Charging seniors double for basic services is simply unconscionable.
노인들에게 기본 서비스 요금을 두 배로 부과하는 것은 단순히 비양심적이다.

- unethical, outrageous
- ethical, reasonable

647
unconscious
[ʌnkánʃəs, ʌnkɔ́nʃəs]

인지하지 consi 못하는 un 상태의 ous

무의식의, 의식을 잃은

The unconscious victim, who had been injured in the postal truck accident, was rushed to the hospital.
우편 트럭 사고로 부상당한 의식 불명 피해자는 병원으로 급히 이송되었다.

- insensible, unaware
- conscious, aware

어근 탐구 conscious(의식하는), conscience(양심)의 어근은 con(함께)과 scio-(알다)의 합성어로, '아는 것(=지식)과 함께 갖춰야 하는 덕목'을 뜻한다.

648
prescient
[préʃiənt]

미리 pre 아는 scient

선견지명이 있는

The manager's prescient warning about inflation helped the insurance firm adjust rates early.
그 매니저의 인플레이션 경고는 보험사가 조기에 요율을 조정하는 데 도움이 되었다.

- prophetic, foresighted, visionary
- shortsighted, unaware

solv = to loosen, untie (느슨하게 풀다)

649 solve
[sɑlv, sɔlv]

(엉긴 것을) 느슨하게 하다 solve

해결하다, 풀다, 용해하다

The technical team worked overnight to solve the system outage at the bank.

기술팀은 은행의 시스템 장애를 해결하기 위해 밤새 일했다.

- 유 resolve, fix
- 반 complicate, worsen

650 dissolve
[dizʌ́lv, dizɔ́lv]

멀리, 떨어뜨려 dis 풀어주다 solve

해산하다, 녹이다

The committee decided to dissolve after completing its final report.

위원회는 최종 보고서를 마친 후 해산하기로 결정했다.

- 유 disband, melt
- 반 establish, solidify

651 resolve
[rizʌ́lv, rizɔ́lv]

다시 re (엉긴 것을) 느슨하게 하다 solve

용해하다, 해결하다, 결심하다

They worked together to resolve the delivery dispute.

그들은 배송 분쟁을 해결하기 위해 함께 노력했다.

- 유 settle, decide
- 반 complicate, hesitate

mono = single, alone (하나, 홀로)

652 monolithic
[mɑ̀nəlíθik]

하나의 mono (큰) 돌 lith 인 ic

획일적인, 거대한

Critics argue that the banking system is too monolithic to allow innovation.

비평가들은 은행 시스템이 지나치게 획일적이라 혁신이 어렵다고 말한다.

- 유 uniform, rigid, massive
- 반 diverse, flexible

어근 탐구 단일 석재로 이뤄진 거대 거상, 건물 등을 뜻하는 단어로 발생되어 '한가지 통일성을 지닌 인물이나 사물'을 뜻하게 되었다.

653
monologue
[mάnəlɔ̀ːg, mάnəlὰg, mɔ́nəlɔ̀g]

혼자 mono 말하기 logue

독백

The actor delivered a powerful monologue that moved the audience.
그 배우는 관객을 감동시킨 강렬한 독백을 했다.

- 유 speech, soliloquy
- 반 dialogue, conversation

654
monotone
[mάnətòun, mɔ́nətòun]

한가지 mono 음 tone

단조로운 어조

His monotone made the lecture dull and uninteresting.
그의 단조로운 어조는 강의를 지루하고 재미없게 만들었다.

- 유 drone, flatness
- 반 intonation, variation

log = ratio, study (비례, 논리, 연구하다)

655
ana**log**ous
[ənǽləgəs]

비례에 logo 따르 ana 는 ous

유사한, 비슷한, 닮은

The relationship between the central bank and inflation control is analogous to that of a thermostat and room temperature.
중앙은행과 물가 조절의 관계는 온도 조절기와 실내 온도의 관계와 유사하다.

- 유 similar, comparable, akin
- 반 different, dissimilar

656
ana**log**y
[ənǽlədʒi]

비례에 logo 따르 ana 기 y

유사, 닮음, 비유

The manager used an analogy to explain the new insurance policy.
관리자는 새로운 보험 정책을 설명하기 위해 비유를 사용했다.

- 유 similarity, comparison
- 반 difference, dissimilarity

657
logic
[lάdʒik, lɔ́dʒik]

사고(思考, 궁리), 언어, 개념, 추리 logic

논리

The proposal lacked clear logic, making it hard to approve.
그 제안은 명확한 논리가 부족해 승인하기 어려웠다.

- 유 reasoning, rationale
- 반 absurdity, irrationality

658
illog**ical**
[ilάdʒikəl, ilɔ́dʒikəl]

비 il 논리에 logic 관한 al

비논리적인

His argument was illogical and unsupported by evidence.
그의 주장은 비논리적이고 증거가 뒷받침되지 않았다.

🔵 irrational, unreasonable
🔴 logical, rational

659
biolog**y**
[baiάlədʒi, baiɔ́lədʒi]

살아있는 것을 bio 연구하는 것 logy

생물학

He majored in biology before joining the environmental policy division.
그는 환경 정책 부서에 들어가기 전에 생물학을 전공했다.

🔵 life science, natural history
🔴 –

lect / leg / lig = collect, gather, choose (모으다, 선택하다)

660
colleag**ue**
[kάli:g, kɔ́li:g]

함께 col 모으도록 league 보내진 자

동료

Her colleague helped her process the backlog of registered mail.
그녀의 동료가 밀린 등기 우편 업무를 처리하는 것을 도왔다.

🔵 coworker, associate
🔴 rival, opponent

어근 탐구 라틴어 collega는 '사무실 동료, 파트너'를 의미한다.

661
collect
[kəlékt]

함께 col 모으다 lect

모으다, 수거하다

The courier will collect the package from your office this afternoon.
택배 기사가 오늘 오후에 사무실에서 소포를 수거할 것이다.

🔵 gather, accumulate
🔴 disperse, scatter

662
intellect
[íntəlèkt]

사이에서 intel 선택하기 lect

지성, 지적 능력

Her sharp intellect made her an excellent problem solver.
그녀의 날카로운 지성은 훌륭한 문제 해결가로 만들어주었다.

- intelligence, mind
- ignorance, stupidity

어근 탐구 '사이에서 골라낸다'는 예술, 기술, 지식 분야에서 선택해서 읽어낼 수 있는 '분별력'을 지녔다는 뜻으로, 정신의 가장 높은 지적 능력을 말한다.

663
neglect
[niglékt]

주워담지 lect 않다 neg

소홀히 하다, 방치하다

The company was fined for neglecting safety regulations.
그 회사는 안전 규정을 소홀히 한 이유로 벌금을 부과받았다.

- ignore, disregard
- attend, maintain

664
negligible
[néglidʒəbəl]

주워담지 lig 않을 neg 수 있는 ible

무시해도 될 정도의, 하찮은

The delay in mail delivery was negligible.
우편 배달의 지연은 무시할 정도였다.

The fee for mailing a postcard is negligible compared to parcel shipping.
엽서 발송 비용은 소포 배송에 비해 하찮은 수준이다.

- insignificant, trivial, minimal
- significant, considerable, substantial

665
recollect
[rèkəlékt]

다시 re 함께 col 모으다 lect

기억해 내다

I can't recollect the exact date the letter was sent.
편지를 보낸 정확한 날짜가 기억나지 않는다.

- remember, recall
- forget, disregard

666
select
[silékt]

따로 se 모으다 lect

선택하다

Customers can select their preferred delivery time when placing an online order.
고객은 온라인 주문 시 원하는 배송 시간을 선택할 수 있다.

- choose, pick
- reject, discard

PART V Reason & Knowledge (이성과 지식) 163

uni = one, unique (하나의, 독특한)

667

unicorn
[júːnikɔːrn]

하나의 uni 뿔 corn

유니콘(전설 속 동물), (가치 10억 달러 이상의) 스타트업

A fintech **unicorn** partnered with the national postal service to launch a new payment app.

한 핀테크 유니콘 기업이 국가 우편 서비스와 협력해 새로운 결제 앱을 출시했다.

유 –
반 –

668

uniform
[júːnəfɔːrm]

하나의, 통일된 uni 형태 form

제복, 균일한

Postal workers must wear a clean **uniform** while on duty to maintain a professional appearance.

우편 직원은 근무 중 단정한 제복을 착용해야 전문성을 유지할 수 있다.

유 attire, consistent
반 varied, diverse

669

union
[júːnjən]

하나인 uni 것 on

노동조합, 결합

The postal workers' **union** negotiated for better working hours and improved safety measures.

우편 노동조합은 더 나은 근무 시간과 향상된 안전 조치를 위해 협상했다.

유 association, federation
반 division, separation

670

unique
[juːníːk]

하나뿐인 uni 성질의 que

독특한, 유일한

The commemorative stamp features a **unique** design inspired by the country's cultural heritage.

기념우표는 국가의 문화유산에서 영감을 받은 독특한 디자인을 담고 있다.

유 one-of-a-kind, distinctive
반 common, ordinary

sol = alone (하나인, 혼자인)

671
solitary

[sάlitèri, sɔ́litəri]

혼자인 solit 상태의, 관하여 ary

혼자의, 고독한

The solitary postal worker sorted mail in the quiet office at night.
고독한 우편 직원이 밤의 조용한 사무실에서 우편물을 분류했다.

- lone, isolated
- social, gregarious

672
solitude

[sάlitjùːd, sɔ́litjùːd]

혼자인 solit 상태 ude

고독, 외로움

He enjoyed the solitude of the rural post office on weekends.
그는 주말마다 시골 우체국의 고독함을 즐겼다.

- seclusion, privacy
- company, crowd

673
de**sol**ate

[désəlit]

완전히 de 혼자가 sol 되다 ate

황량한, 쓸쓸한

The once-busy rural post office now stands desolate after years of declining population.
한때 붐볐던 시골 우체국은 인구 감소로 지금은 황량하게 서 있다.

- barren, bleak
- fertile, lively

singul = one, single (하나인)

674
singular

[síŋgjələr]

단 하나에 singul 관한 ar

독특한, 유일한

The singular case of the misdelivered government bond sparked a full investigation.
잘못 배달된 국채 사건은 유일무이한 사례로 전면 조사로 이어졌다.

- unique, extraordinary, exceptional
- common, ordinary

bi- = twice, double, two (두 개, 두 번)

675
biannual
[baiǽnjuəl]

해 annu가 두번 bi 인 al

연 2회의

The postal service conducts a biannual safety inspection.
우편 서비스는 연 2회의 안전 점검을 실시한다.

🟰 semiannual, twice-yearly
🔄 annual, once-yearly

어근 탐구 biannual은 보통 '연 2회=1년에 두 번'으로 사용하나 드물게 '2년에 한번'인 biennial(격년의, 2년생의, 비엔날레)과 동시 되기도 한다. 잦은 일은 아니므로 문맥에 맞춰 그 뜻을 유추할 수 있다.

676
biennial
[baiéniəl]

두 개의 bi 해의 annial

2년에 한 번의

The biennial postal technology fair attracts international exhibitors.
2년마다 열리는 우편 기술 박람회에는 국제 전시업체들이 참여한다.

🟰 every two years, biennium
🔄 annual, yearly

677
bicentennial
[bàisenténəri, bàiséntənèri, bàisentíːnəri]

두 개의 bi 백 cent 년 enni 의 al

200주년의

The bicentennial celebration of the national postal service was widely attended.
국가 우편 서비스 200주년 기념행사에 많은 사람들이 참석했다.

🟰 bicentenary, 200th anniversary
🔄 –

678
bilateral
[bailǽtərəl]

두 개의 bi 면의 lateral

양측의, 쌍방의

The two countries signed a bilateral agreement on postal cooperation.
두 국가는 우편 협력에 관한 양측 합의서에 서명했다.

🟰 mutual, reciprocal
🔄 unilateral, one-sided

679
bilingual

[bailiŋgwəl]

두 개의 **bi** 언어의 **lingual**

두 언어를 구사하는

The bilingual staff member assisted both local and international postal customers.

그 이중 언어 구사 직원은 국내외 우편 고객을 모두 도왔다.

- 유 multilingual, polyglot
- 반 monolingual, unilingual

680
bimonthly

[baimʌnθli]

두 개의 **bi** 달의 **monthly**

격월의, 한 달에 두 번의

The postal service issues a bimonthly newsletter to inform customers of updates.

우편 서비스는 고객들에게 소식을 알리기 위해 격월간 소식을 발행한다.

- 유 semimonthly, twice-monthly
- 반 annual, yearly

681
binary

[báinəri]

둘로 **bi** 된 **ary**

이진의, 두 부분으로 된

Postal tracking codes often use a binary system for data processing.

우편 추적 코드는 종종 데이터 처리를 위해 이진 시스템을 사용한다.

- 유 dual, double
- 반 singular, single

682
bipolar

[baipóulər]

두 개의 **bi** 극단의 **polar**

양극성의, 조울증의

The country's bipolar trade policy caused uncertainty in international shipping.

그 나라의 양극성 무역 정책은 국제 운송에 불확실성을 초래했다.

- 유 dual, twofold
- 반 singular, one-sided

multi = many, much (많은)

683
multifunctional
[mʌltifʌ́ŋkʃənəl]

여러개의 multi 기능 funct 의 al

다기능의

The new multifunctional printer can scan, copy, and fax documents.
새 다기능 프린터는 문서를 스캔, 복사, 팩스할 수 있다.

- versatile, all-purpose
- single-purpose, limited

684
multiple
[mʌ́ltəpəl]

여러 multi 개 인 ple

다수의

The postal company offers multiple delivery options for customers.
우편 회사는 고객을 위해 다양한 배송 옵션을 제공한다.

- numerous, various
- single, solitary

어근 탐구 -ple은 plus(~배, ~겹)의 변형이다.

685
multiply
[mʌ́ltəplài]

여러 multi 겹으로 pl 하다 y

곱하다, 증가시키다

The company aims to multiply its overseas branches within five years.
회사는 5년 안에 해외 지점을 늘릴 계획이다.

- increase, expand
- reduce, decrease

686
multitude
[mʌ́ltitjùːd]

(사람이) 많은 multi 상태 tude

다수, 군중

A multitude of parcels arrived after the holiday season.
휴가철 이후 다수의 소포가 도착했다.

- crowd, host
- handful, few

vari = alter, change (다르다, 바꾸다)

687
variety
[vəráiəti]

다양한 **vari** 것, 상태 **ety**

다양성, 종류

The post office offers a variety of shipping options to meet different customer needs.
우체국은 다양한 고객 요구에 맞춘 여러 배송 옵션을 제공한다.

- 유 diversity, assortment
- 반 uniformity, monotony

du / duo = two (둘)

688
dual
[djúːəl]

둘의 **dual**

이중의, 두 부분으로 된

He holds dual citizenship in Korea and Canada.
그는 한국과 캐나다의 이중 국적을 가지고 있다.

- 유 double, twofold
- 반 single, sole

689
dubious
[djúːbiəs]

두 개의 **du** (의심하는) 마음이 **bi** 있는 **ous**

의심스러운, 미심쩍은

The customer made a dubious claim about losing all the registered letters.
고객은 모든 등기우편을 분실했다는 의심스러운 주장을 했다.

- 유 doubtful, suspicious, questionable
- 반 certain, trustworthy

690
duplicate
[djúːpləkit]

두 개로 **du** 만들다 **plicate**

복사하다, 사본

Please duplicate this contract for all branch managers.
이 계약서를 모든 지점장에게 배포할 사본으로 복사해 주세요.

- 유 copy, replicate
- 반 original, unique

691

duplicity
[djuːplísəti]

둘로 du 만들어진 plic 것 ity

이중성, 표리부동

The agent's **duplicity** in handling both sides of the insurance claim was eventually discovered.

그 직원이 보험 청구 양측을 동시에 다루며 보인 이중성은 결국 들통났다.

- deceit, double-dealing, fraud
- honesty, sincerity

tri = three (셋, 세 개)

692

tribe
[traib]

씨족 tribe

부족, 종족

Some indigenous **tribes** maintain postal connections through weekly supply flights to remote areas.

일부 원주민 부족은 외딴 지역으로 가는 주간 보급 항공편을 통해 우편 연결을 유지한다.

- clan, ethnic group
- –

어근 탐구 tribe는 고대어로 '분할'인데 여기서 tri-는 '셋'을 나타내는 어근으로 보인다. 로마시대의 정치/민족적으로 분할된 세 개의 분파(삼분할)를 뜻한 데서 유래한 것으로 추정된다.

693

tricycle
[tráisikəl]

세계의 try 바퀴, 둥근 것 cycle

세발 자전거

The postal service introduced electric **tricycles** for eco-friendly deliveries in congested city areas.

우편 서비스는 혼잡한 도심 지역에서 친환경 배송을 위해 전기 세발자전거를 도입했다.

- three-wheeler
- bicycle, car

694

triple
[trípəl]

세 번 tri 겹치다 ple

세 배로 하다, 세 배의

The company plans to **triple** the number of sorting machines to handle peak-season demand.

회사는 성수기 수요를 처리하기 위해 분류기 수를 세 배로 늘릴 계획이다.

- treble, multiply
- reduce, halve

695

tripod
[tráipɑd, tráipɔd]

세 개의 **tri** 발 **pod**

삼각대
The surveyor set up a tripod to measure land boundaries for the new postal facility.
측량사는 새로운 우편 시설의 경계 측정을 위해 삼각대를 설치했다.

유 stand, support
반 −

696

trivial 중요
[tríviəl]

세 개의 **tri** 길 **vi** 에서 **al**

사소한, 하찮은
The manager reminded staff not to ignore seemingly trivial customer complaints, as they might indicate systemic issues.
관리자는 겉보기에 사소한 고객 불만이라도 시스템 문제를 나타낼 수 있으니 무시하지 말라고 직원들에게 상기시켰다.

We shouldn't ignore even the most trivial errors in a contract.
계약서 상에서 가장 사소한 실수조차도 무시해서는 안 된다.

유 insignificant, minor
반 important, significant, essential

어근 탐구 문자 그대로 '삼거리'를 뜻하며, 비유적으로 '공개된 장소'를 말한다. 공개된 곳에서는 비밀스럽거나 개인의 깊은 이야기는 하지 않기 때문에 '사소한, 하찮은'으로 정착되었다.

deca = ten (열, 십)

697

decade
[dékeid, dəkéid]

열개인 **dec** 단위 **ade**

10년간
The post office modernized its systems gradually over the last decade.
우체국은 지난 10년간 점진적으로 시스템을 현대화했다.

유 ten years, era (비슷한 기간적 표현)
반 moment, instant (반대 개념적 접근)

cent = hundred (백 개)

698
cent
[sent]

백의 cent

센트, 1/100달러

The postage rate increased by five cents last month.
지난달에 우편 요금이 5센트 인상되었다.

유 penny, coin
반 –

699
centennial
[ssenténiəl]

백 cent 년의 ennial

100주년

The city held a centennial celebration for its first post office.
도시는 첫 우체국 설립 100주년 기념식을 열었다.

유 hundredth anniversary, jubilee
반 –

700
century
[séntʃuri]

일백의 cent 상태 ury

세기, 100년

Postal services have evolved rapidly over the last century.
지난 한 세기 동안 우편 서비스는 빠르게 발전해 왔다.

유 hundred years, era
반 –

myriad = ten thousand (일 만)

701
myriad
[míriəd]

일 만의 myriad

무수히 많은, 수많은

There are myriad options for sending packages overseas.
해외 소포를 보낼 수 있는 방법은 무수히 많다.

유 countless, innumerable, infinite
반 limited, few

어근 탐구 고대 그리스인들에게 단일 숫자로 나타낼 수 있는 가장 큰 수는 '1만'이었으며, 이는 '풍부함'을 나타내는 meue, muri-에서 파생되었다. myriad는 숫자 '1만'뿐 아니라 상징적으로 '무수히 많은', '셀 수 없을 정도로 많은'것을 묘사할 때도 쓰인다.

milli / mille = thousand (천, 천 개)

702
milligram
[miligræm]

천 (천 개중의) milli 무게 gram

밀리그램

The medicine in the parcel contained only 50 milligrams of active ingredient.
소포 속 약에는 활성 성분이 50밀리그램만 들어 있었다.

유 –
반 –

703
million
[miljən]

천개의 million (천)

백만

Over one million parcels were delivered last month.
지난달에 백만 개가 넘는 소포가 배송되었다.

유 –
반 –

어근 탐구 우리는 '만'단위를 사용하지만 서양은 '천'단위를 기준으로 센다. '백만'에 해당하는 1,000,000은 '천 thousand' 단위 앞에 또 다시 '천 mille'라는 뜻으로 만들어졌다.

704
millionaire
[miljənέər]

천 단위인 million 사람, 모습, 태도 aire

백만장자

The millionaire donated a large sum to improve postal services in rural areas.
그 백만장자는 농촌 우편 서비스를 개선하기 위해 많은 돈을 기부했다.

유 tycoon, magnate
반 pauper, poor person

705
millisecond
[milisékənd]

천 개중의 milli (일) 초 second

밀리초

The scanning system processes data within a few milliseconds.
스캐닝 시스템은 몇 밀리초 안에 데이터를 처리한다.

유 –
반 –

kilo = thousand (천, 천 개)

706
kilogram
[kíləgræm]

천 개의 **kilo** 작은 무게 **gram**

킬로그램

The maximum weight for airmail is 20 **kilograms**.
항공 우편의 최대 무게는 20킬로그램이다.

유 kg, kilo
반 pound (다른 단위)

707
kilowatt
[kíləwɑ:t]

천 개의 **kilo** 와트 **watt**

킬로와트

The new sorting machine uses only 5 **kilowatts** of power.
새 분류기는 5킬로와트의 전력만 사용한다.

유 kW, power unit
반 watt (다른 단위)

어근 탐구 1882년, 전기 전력의 단위로 엔지니어 제임스 와트의 성을 따서 지었다.

numer = number (숫자)

708
numeral
[njú:mərəl]

숫자에 **numer** 관한 **al**

숫자

Postal codes often contain both **numerals** and letters.
우편번호에는 숫자와 문자가 모두 포함되는 경우가 많다.

유 digit, number
반 word, letter

709
numerous
[njú:mərəs]

수가 **numer** 많은 **ous**

다수의, 많은, 운율의

Numerous customers lined up to send packages before the holiday.
많은 고객들이 명절 전에 소포를 보내기 위해 줄을 섰다.

유 many, countless
반 few, scarce

710
enumerate
[injú:məreit]

밖으로, 밖에서 ● 숫자를 매기다
numerate

열거하다

The policy document enumerates the benefits of the insurance plan.
정책 문서는 보험 상품의 혜택을 열거하고 있다.

🔄 list, specify
🔁 generalize, overlook

711
innumerable
[injú:mərəbəl]

수를 셀 numer 수 able 없는 in

무수한

The museum houses innumerable artifacts from the ancient kingdom.
그 박물관에는 고대 왕국의 유물이 무수히 소장되어 있다.

🔄 countless, myriad
🔁 few, limited

count, conter=to count, add up (세다, 더하다)

712
countless
[káuntlis]

셀 수 count 없는 less

무수한

Countless letters are sorted at the central postal hub every night.
매일 밤 중앙 우편 허브에서 무수한 편지가 분류된다.

🔄 innumerable, endless
🔁 limited, few

713
account
[əkáunt]

~쪽으로 더하여 ac 세다 count

계좌, 설명/보고(서), 계산(서), 고객, 근거, 설명하다/이유를 밝히다(~for)

She opened a savings account at the bank last week.
그녀는 지난주에 은행에 저축 계좌를 개설했다.

🔄 record, statement
🔁 liability, debt

관련어 탐구 open(=start) an account (with/at) (은행에) 계좌를 개설하다, (~와) 거래를 시작하다
close an a account (with/at) (~에) 계좌를 해지/종결하다, 거래를 끊다
on all accounts (= on every account) 모든 점에서, 무슨일이 있어도
on no account (= not ~ on any account) 아무리 해도 ~않다, 결코 ~않다
on one's own account ~의 책임(비용)으로
stand (high) in a person's account 존경을 받다, 높이 평가되다.
take account of ~을 고려에 넣다, 참작하다; ...에 주의를 기울이다
take ~ into account ~를 고려해 보다, 참작하다.
turn (=put) to good/poor/bad account ~을 이용하다/하지 않다, ~을 전하여 복이/화가 되게 하다

714
accountant
[əkáuntənt]

계산 account 하는 사람 ant

회계사

The accountant reviewed the company's annual financial statements.
회계사는 회사의 연간 재무제표를 검토했다.

- auditor, bookkeeper
- debtor, client

putare = reckon (계산하다)

715
compute
[kəmpjúːt]

함께 두고 com 세다 pute

계산하다

The system computes shipping costs based on weight and distance.
시스템은 무게와 거리를 기준으로 배송비를 계산한다.

- calculate, reckon
- guess, estimate inaccurately

716
dispute
[dispjúːt]

따로떼서 dis 세아리다 pute

분쟁, 논쟁

A dispute arose between the delivery contractor and the post office over payment terms.
배송 계약자와 우체국 간에 지급 조건을 두고 분쟁이 발생했다.

- argument, conflict
- agreement, accord

717
reputation
[rèpjətéiʃən]

다시 re 생각하게 putat 하기 ion

명성

The courier service has a reputation for delivering on time.
그 택배 서비스는 제시간에 배송하는 것으로 명성이 있다.

- fame, standing
- disrepute, notoriety

718
reputed
[ripjúːtid]

다시 re 생각하게 put 된 ed

평판이 난, ~라고 알려진

She is reputed to be the most efficient claims processor in the region.
그녀는 지역에서 가장 효율적인 보험 청구 담당자로 알려져 있다.

- supposed, believed, alleged
- unknown, unrecognized

ratio = reckoning, calculation, reason (계산)

719

rate

[reit]

계산 **rate**

요금, 비율

The international mail rate increased by 5% this year.
국제 우편 요금이 올해 5% 인상되었다.

- fee, tariff
- gratuity, free

720

ratio

[réiʃou, réiʃiòu]

계산하기 **ratio**

비율

The ratio of express mail to regular mail has increased significantly.
특급 우편과 일반 우편의 비율이 크게 증가했다.

- proportion, percentage
- imbalance, disproportion

721

rational

[ræʃənl]

계산을 **ration** 하는 al

합리적인

It is rational to insure valuable packages before shipment.
귀중품을 배송 전에 보험에 드는 것은 합리적이다.

- logical, reasonable
- irrational, unreasonable

722

rationalize

[ræʃnəlaɪz]

계산을 하게 **rational** 하다 ize

합리화하다

She tried to rationalize why the mailroom lost her documents again.
그녀는 우편실이 왜 또 서류를 잃어버렸는지 합리화하려 했다.

- justify, explain away, excuse
- deny, ignore

part = devide (나누다)

723
apart
[əpάːrt]

따로 떨어진 **a** 조각 **part**

떨어져, 따로

The two offices are located miles apart.
두 사무실은 몇 마일 떨어져 있다.

- separately, aside
- together, close

724
apartment
[əpάːrtmənt]

따로 떨어진 **a** 조각(구역)인 **part** 것 **ment**

아파트

He rented an apartment near the central post office.
그는 중앙 우체국 근처에 아파트를 임대했다.

- flat, residence
- house, villa

725
partial
[pάːrʃəl]

한 조각 **part** 의 **al**

부분적인, 편파적인

The report gave only a partial view of the postal service's performance.
그 보고서는 우편 서비스 성과의 일부만을 보여줬다.

- incomplete, biased
- complete, impartial

726
particle
[pάːrtikl]

일부인 **parti** 것, 성향 **cle**

입자, 작은 조각

Every particle of dust was removed before sealing the postal package.
소포를 봉인하기 전에 먼지 입자 하나까지 제거했다.

- speck, grain
- mass, whole

727
partisan
[pάːrtəzən, pάːrtizæn]

한 부분인 **parti** 사람 **san** (=일원)

당파적인, 열렬한 지지자

The mayor's partisan support for the postal reform bill drew criticism.
시장의 우편 개혁 법안에 대한 당파적인 지지가 비판을 받았다.

- supporter, biased
- opponent, neutral

728
compartment
[kəmpɑ́ːrtmént, kὰmpɑ́ːrtmént]

인접한 com 부분으로 part 만든 것 ment

칸, 구획

The train's postal compartment was loaded with packages.
기차의 우편칸에는 소포가 가득 실렸다.

- section, division
- whole, entirety

729
impartial
[impɑ́ːrʃəl]

편향되지 parti 아니 im 한 al

공정한

The mediator remained impartial throughout the postal dispute negotiations.
중재인은 우편 분쟁 협상 내내 공정함을 유지했다.

- unbiased, neutral
- biased, prejudiced

ampl = large (큰, 상당한)

730
amplify
[ǽmpləfài]

크게 ampli 만들다 fy

확대하다, 증폭하다, 상세히 설명(부연)하다

The speaker used a microphone to amplify his voice during the meeting.
연사는 회의 중 자신의 목소리를 증폭하기 위해 마이크를 사용했다.

- increase, magnify
- reduce, diminish

augm = enlarge (확대하다)

731
augmented
[ɔːgméntid]

더 증가 augment 된 ed

증가된, 증강된

The agency augmented its digital services to meet the growing demand for online banking.
기관은 온라인 뱅킹 수요 증가에 대응하기 위해 디지털 서비스를 확대했다.

- increased, expanded, enhanced
- reduced, diminished, decreased

cumul = to heap (쌓다, 축적하다)

732
cumulative
[kjúːmjəlèitiv, kjúːmjələtiv]

쌓게 **cumulat** 하는 **ive**

누적되는, 점증적인

The **cumulative** effect of late deliveries impacted customer satisfaction.
반복된 배송 지연의 누적된 효과는 고객 만족도에 영향을 미쳤다.

- 유 accumulated, aggregated
- 반 singular, isolated

latus = broad (너비, 폭)

733
di**lat**e
[dailéit, diléit]

떨어져 **di** 확장하다 **late**

넓히다, 팽창하다

The packaging material will **dilate** slightly when exposed to heat.
포장 재료는 열에 노출되면 약간 팽창한다.

- 유 expand, widen
- 반 contract, shrink

734
latitude
[lǽtətjùːd]

폭, 너비 **lati** 정도, 상태 **tude**

위도, 자유

The shipping route passes through ports at different **latitudes**.
운송 경로는 서로 다른 위도의 항구들을 지난다.

- 유 parallel, freedom
- 반 longitude, restriction

longus = long (긴)

735 longevity
[lɑndʒévəti, lɔndʒévəti]

긴 long 나이의 gev 상태 ity

장수, 지속 기간

The longevity of this postal institution is due to strong customer trust.
이 우편 기관의 장수는 고객들의 두터운 신뢰 덕분이다.

Regular exercise contributes to longevity.
규칙적인 운동은 장수에 기여한다.

- durability, endurance, lifespan
- brevity, shortness

736 longitude
[lάndʒətjùːd, lɔ́ndʒətjùːd]

(세로로) 긴 longi 상태, 정도 tude

경도

Navigators use longitude and latitude to plan shipping routes.
항해사들은 경도와 위도를 사용해 운송 경로를 계획한다.

- meridian, coordinate
- latitude

어근 탐구 경도 longitude의 반대말은 latitude로, '가로로 긴, 너비, 폭'을 뜻하는 latus가 어근이다.

737 prolong
[proulɔ́ːŋ, proulάŋ]

앞으로 pro 길게하다 long

연장하다

The meeting was prolonged due to extended discussions on funding.
회의는 자금 논의가 길어져 연장되었다.

- extend, lengthen
- shorten, curtail

gros / gross = thick, large (굵은, 큰)

738 engrossed
[engróust]

크게 gross 만들게 en 된 ed

몰두한, 열중한 (engross의 과거형, 과거분사)

She was so engrossed in updating the postal database that she didn't hear the phone ring.
그녀는 우편 데이터베이스를 업데이트하는 데 몰두하느라 전화벨 소리도 듣지 못했다.

- absorbed, immersed, preoccupied
- distracted, uninterested

largus = large (큰)

739
largess
[lɑːrdʒés, láːrdʒis]

넉넉하고 관대함 **largess**

아낌없는 선물, 후함

He donated with characteristic largess.
그는 특유의 후함으로 기부했다.

- generosity, bounty
- stinginess, meanness

maximus = great (큰, 광대한, 대단한)

740
maximize
[mǽksəmàiz]

가장 크게 **mixim** 만들다 **ize**

극대화하다

We must maximize efficiency in our postal operations to meet customer demands.
고객 요구를 충족하기 위해 우편 업무의 효율성을 극대화해야 한다.

- increase, optimize
- minimize, reduce

megalo = great, exaggerate (광대한, 과장하다)

741
megalomania
[mègəlouméiniə]

크게 하는 **megalo** 병증 **mania**

과대망상, 과도한 권력욕

The CEO's megalomania drove the company to launch risky expansions overseas.
그 CEO의 과대망상은 회사를 위험한 해외 확장으로 몰고 갔다.

- delusions of grandeur, obsession, arrogance
- humility, modesty

magnus = great (큰, 광대한)

742
magnificent
[mǽgnəfəsənt]

크게 magni 만들게 fic 하는 ent

장엄한, 훌륭한

The city's main post office is a magnificent example of early 20th-century architecture.
그 도시의 중앙 우체국은 20세기 초 건축의 장엄한 예시이다.

- splendid, grand
- modest, ordinary

743
magnify
[mǽgnəfài]

크게 magni 만들다 fy

확대하다, 과장하다

The inspector used a glass to magnify the fine print on the postal contract.
검사관은 우편 계약서의 작은 글씨를 확대하기 위해 돋보기를 사용했다.

- enlarge, exaggerate
- reduce, diminish

744
magnitude
[mǽgnətjùːd]

큰 magni 형태 tude

규모, 중요성

The magnitude of the delivery delay caused serious customer complaints.
배송 지연의 규모가 커서 심각한 고객 불만이 발생했다.

- size, extent
- insignificance, triviality

mini = small (작은)

745
miniature
[mínɪətʃər, mínɪətʃùər]

가장 작은 minit 것, 물건 ure

소형의, 축소 모형

The postal museum displayed a miniature model of a mail train.
우편 박물관은 우편 열차의 축소 모형을 전시했다.

- tiny, small-scale
- large, full-scale

746
minimal
[mínəməl]

가장 작은 것과 mini 관련된 al

최소의

The postal service made minimal changes to the delivery schedule.
우편 서비스는 배송 일정에 최소한의 변경만을 했다.

🔁 least, negligible
🔃 maximum, considerable

747
minimum
[mínəməm]

가장 작은 minim 것 um

최소한

There is a minimum weight required for international parcels.
국제 소포에는 최소 중량 기준이 있다.

🔁 least, smallest
🔃 maximum, largest

748
diminish
[dimíniʃ]

완전히 de 작게 만들다 minish

줄이다, 감소하다

The number of international shipments diminished due to higher customs fees.
국제 배송 건수는 높은 관세 때문에 줄었다.

🔁 decrease, lessen
🔃 increase, enlarge

749
minor
[máinər]

더 작은 minor

사소한, 미성년자

The package had a minor scratch but was otherwise intact.
소포에 약간의 흠집이 있었지만 나머지는 온전했다.

🔁 insignificant, slight
🔃 major, significant

> **어근 탐구** '작은'을 뜻하는 어근 mei-의 라틴어 비교급으로, '덜한', '더 작은', '더 낮은' 의미에서 발전해 '더 어린(미성년)', '덜 중요한(사소한)'으로도 쓰이게 되었다.

750
minute
[minit]

작은 minute

미세한, 극히 작은

The technician noticed a minute crack in the sorting machine.
기술자는 분류기에서 극히 작은 균열을 발견했다.

🔁 tiny, microscopic
🔃 huge, massive

751

di**min**utive
[dimínətiv]

완전히 di 작게 minu 한 tive

아주 작은, 자그마한

Despite his diminutive size, the postal inspector had a commanding presence.
그의 체구는 자그마했지만, 우편 검사관으로서의 위엄은 대단했다.

- 유 tiny, petite, compact
- 반 enormous, gigantic

micro = small ((매우) 작은)

752

microbiology
[máikroubaiάlədʒi,
máikroubaiɔ́lədʒi]

작은 micro 생물을 bio 연구하는 것 logy

미생물학

He studied microbiology to work in postal package sanitation control.
그는 우편물 위생 관리 업무를 위해 미생물학을 공부했다.

- 유 –
- 반 –

parcula = small (작은)

753

parcel
[pάːrsəl]

작은 부분 parcel

소포

The clerk weighed the parcel before printing the shipping label.
직원은 배송 라벨을 출력하기 전에 소포 무게를 쟀다.

- 유 package, bundle
- 반 unpackaged item

littl(e) = small (작은)

754
belittle
[bilítl]

작게 little 만들다 be

과소평가하다, 깎아내리다

It's not right to belittle someone's role just because it's behind the scenes.
단지 뒤에서 일한다고 해서 누군가의 역할을 깎아내리는 건 옳지 않다.

- disparage, undervalue
- praise, admire

metr, mens, meas = measure, meter (재다, 측정하다)

755
measure
[méʒər]

재다, 측정하다 measure

측정하다, 조치

The postal inspector will measure the package to calculate the shipping fee.
우편 검사관이 배송 요금을 계산하기 위해 소포의 크기를 측정할 것이다.

- gauge, assess
- guess, neglect

756
diameter
[daiǽmitər]

가로질러 dia 측정한 것 meter

지름

The technician measured the diameter of the postal tube to ensure it met shipping regulations.
기술자는 발송 규정에 맞는지 확인하기 위해 우편 통의 지름을 측정했다.

- width, breadth
- radius, circumference

757
symmetry
[símətri]

동시에 sym 측정 metr 하기 y

대칭

The symmetry in the building's architecture reflects the balanced principles of its design.
건축물의 대칭성은 설계의 균형 잡힌 원칙을 반영한다.

- balance, proportion
- asymmetry, imbalance

758
dimension
[diménʃən, daiménʃən]

떨어져 di 측정한 것 mension

치수, 차원

Please check the parcel's dimensions before printing the postage label.
우편 라벨을 출력하기 전에 소포의 치수를 확인하세요.

- measurement, size
- none

759
immense
[iméns]

측정할 수도 mense 없는 im

거대한

The new distribution center occupies an immense area on the outskirts of the city.
새 물류 센터는 도시 외곽에 거대한 면적을 차지하고 있다.

- enormous, vast
- tiny, small

760
barometer 중요
[bərǽmitər, bərɔ́mitər]

무게(압력) baro를 재는 자 meter

기압계, 지표, 척도

The volume of holiday mail is a barometer of postal workload.
명절 우편 물량은 우편 업무량의 지표다.

Customer satisfaction is a key barometer of service quality.
고객 만족도는 서비스 품질의 중요한 척도이다.

- indicator, gauge
- –

par = equal (동등하다)

761
parity
[pǽrəti]

같은 par 상태 ity

동등, 동률, 등가

The postal workers' union demanded wage parity with other public sectors.
우편 노동조합은 다른 공공 부문과의 임금 동등성을 요구했다.

- equality, equivalence
- disparity, inequality

762

disparage
[dispǽridʒ]

계급, 동등함을 par 떨어뜨리게 dis 하다 age

깎아내리다, 얕보다

The new insurance policy was unfairly disparaged by competitors.
그 새로운 보험 정책은 경쟁자들에 의해 부당하게 깎아내려졌다.

🔵 belittle, denigrate, deprecate
🔴 praise, commend

763

disparity
[dispǽrəti]

동등하지 par 않은 dis 것 ity

격차

There is a growing disparity in delivery speed between urban and rural areas.
도심과 농촌 지역 간의 배송 속도 격차가 커지고 있다.

🔵 inequality, imbalance
🔴 equality, parity

764

disparate
[dispərit, dispǽrit]

숙달된 parage 것과 다른 dis

이질적인, 전혀 다른

The postal union consisted of disparate groups with conflicting interests.
그 우편 노동조합은 이해관계가 서로 충돌하는 이질적인 그룹들로 구성되어 있었다.

🔵 different, dissimilar, diverse
🔴 similar, homogeneous

765

compare
[kəmpéər]

함께 com 동등하게 두다 pare

비교하다

Customers often compare delivery times before choosing a courier service.
고객들은 택배 서비스를 선택하기 전에 배송 시간을 비교하곤 한다.

🔵 contrast, evaluate
🔴 differentiate, ignore

equ = equal (똑같다)

766

adequate
[ǽdikwət]

~에 ad 평평(=공평)하게 equ 하다 ate

충분한, 적절한

The funds are adequate to cover the initial project costs.
그 자금은 초기 프로젝트 비용을 충당하기에 충분하다.

🔵 sufficient, satisfactory
🔴 insufficient, inadequate

767
equalize
[íːkwəlàiz]

동등하게 equal 만들다 ize

평등하게 하다, 균등화하다
The government aims to equalize access to financial services in rural areas.
정부는 농촌 지역의 금융 서비스 접근을 평등하게 하려 한다.
- 유 balance, standardize
- 반 differentiate, distort

768
equation
[i(ː)kwéiʒən, i(ː)kwéiʃən]

동등하게 equat 하는 것 ion

방정식, 균형
Finding a solution to the budget crisis is a complex equation.
예산 위기를 해결하는 것은 복잡한 방정식이다.
- 유 formula, calculation
- 반 guess, estimation

769
equitable
[ékwətəbəl]

동등하게 equit 할 수 있는 able

공정한, 공평한
The policy ensures equitable treatment of all insurance claimants.
그 정책은 모든 보험 청구인에게 공정한 대우를 보장한다.
- 유 fair, impartial
- 반 unfair, biased

770
equity
[ékwəti]

동등한 equ 상태 ity

자기 자본, 공정성
The company increased its equity by issuing new shares.
회사는 신주 발행으로 자기 자본을 늘렸다.
- 유 ownership, fairness
- 반 debt, inequality

어근 탐구 '동등함=공정함, 공평함'이 법률 용어로는 '형평성', 금융용어로는 '자기 자본'을 의미하게 되었다.

771
equivalent
[ikwívələnt]

동일한 equi 가치의 valent

동등한, 상당하는
The compensation given was equivalent to six months' salary.
지급된 보상은 6개월치 월급에 상당했다.
- 유 equal, comparable
- 반 different, unequal

772
inadequate
[inædikwit]

~쪽으로 ad 같지 equ 않게 in 한 ate

부적절한, 불충분한

The packaging was inadequate for protecting the fragile contents.
그 포장은 깨지기 쉬운 내용물을 보호하기에 부적절했다.
- insufficient, unsuitable
- adequate, sufficient

773
inequality
[inikwɑ́ləti, inikwɔ́ləti]

똑같지 equal 않은 in 것 ity

불평등

Efforts were made to reduce inequality in rural postal services.
농촌 우편 서비스의 불평등을 줄이기 위한 노력이 이루어졌다.
- disparity, imbalance
- equality, fairness

774
iniquity
[inikwəti]

똑같지 iqu 않게 in 함 ity

부당함, 사악함

The dictator's rule was marked by iniquity.
그 독재자의 통치는 부당함으로 가득했다.
- wickedness, injustice
- virtue, morality

pani / peer = bread, companion ((식사를 같이 하는) 동료)

775
accompany
[əkʌ́mpəni]

~에서 ac 함께 com 식사를 하는 pan 것 y (=같은 방향으로 가는 사람)

동반하다

He will accompany the inspector on the site visit tomorrow.
그는 내일 현장 점검에 검사관을 동반할 것이다.
- join, escort
- leave, abandon

776
peer
[piər]

동등한 pe 사람 er (동일한 연령대나 사회 집단의 일원)

동료, 응시하다

She sought advice from a peer who had more postal experience.
그녀는 우편 업무 경험이 더 많은 동료에게 조언을 구했다.
- colleague, equal
- superior, inferior

greg / grex = herd, flock (무리, 떼)

777
egregious
[igríːdʒəs, igríːdʒiəs]

무리의 gregi 밖에 e 있는 ous

지독한, 터무니없는

The postal office was fined for its egregious mishandling of insured parcels.
그 우체국은 보험이 적용된 소포를 지독하게 잘못 처리한 일로 벌금을 부과받았다.

- outrageous, shocking, appalling
- minor, insignificant

어근 탐구 본래 '무리에서 눈에 띄는=예외적인, 특별한, 뛰어난'으로 사용했으나 현재는 보통 부정적인 의미로 사용하는 편이다.

778
gregariousness
[grigɛ́əriəsnəs]

무리짓는 gregari 성질의 ous 것 ness

사교성

An ingrained gregariousness made him popular among colleagues.
타고난 사교성 덕분에 그는 동료들 사이에서 인기가 많았다.

- sociability, outgoingness
- introversion, aloofness

779
segregate
[ségrigèit]

모임에서 greg 따로 떼어 se 만들다 ate

분리하다, 차별하다

The recycling facility segregates paper from plastic before processing.
재활용 시설은 처리 전에 종이와 플라스틱을 분리한다.

- separate, isolate
- combine, integrate

sym / syn = same, together (같다, 함께)

780
symbol
[símbəl]

똑같이, 함께(동시에) sym 던지다, 표시하다 bol

상징

The dove is widely recognized as a symbol of peace, often used in charity postal campaigns.
비둘기는 평화의 상징으로 널리 알려져 있으며, 자선 우편 캠페인에서 자주 사용된다.

- emblem, sign
- reality, object

781
symbolize

[símbəlàiz]

동시에 **sym** (의미를) 던지게 **bol** 하다 **ize**

상징하다

The new stamp design symbolizes unity among the nation's diverse regions.
새 우표 디자인은 국가의 다양한 지역 간의 단합을 상징한다.

- represent, denote
- obscure, misrepresent

782
symptomatic

[sìmptəmǽtik]

함께 **sym** 떨어지게 **ptoma** 하는 **tic**

~의 징후인

Frequent system errors were symptomatic of deeper issues in the claims processing software.
잦은 시스템 오류는 보험 청구 처리 소프트웨어의 심각한 문제를 시사했다.

- indicative, suggestive, representative
- unrelated, unconnected

783
synthetic

[sinθétik]

함께 **syn** 두게 **thet** 하는 **ic**

합성의, 인조의

The packaging material, made from synthetic fibers, was designed to be lightweight yet durable for long-distance shipping.
합성 섬유로 만들어진 포장재는 장거리 배송에 가볍고도 내구성 있게 설계되었다.

- artificial, man-made
- natural, organic

784
system

[sístəm]

함께 **sy** 세운 것 **stem**

시스템, 제도

It is the postal system that ensures even the most remote villages can receive essential documents.
가장 외진 마을조차 필수 서류를 받을 수 있도록 보장하는 것은 우편 시스템이다.

- network, framework
- chaos, disorder

785
simplicity

[simplísəti]

하나로 **sim** 겹치게 **plic** 함 **ity**

단순함

The simplicity of the new online banking system attracted many elderly customers.
새 온라인 뱅킹 시스템의 단순함은 많은 고령 고객을 끌어들였다.

- plainness, clarity
- complexity, intricacy

786
sim‌plify
[símpləfài]

하나로 sim 겹치게 pli 만들다 fy

단순화하다

The postal service simplified the registration process for international shipping.
우편 서비스는 국제 배송 등록 절차를 단순화했다.

- streamline, clarify
- complicate, confuse

787
sim‌ultaneous
[sàiməltéiniəs, sìməltéiniəs]

동시의 simul 성질이 tane 가득한 ous

동시에 일어나는

Simultaneous translation was provided during the international postal conference.
국제 우편 회의에서 동시 통역이 제공되었다.

- concurrent, synchronous
- successive, sequential

788
as‌sem‌bly
[əsémbli]

같은 sembl 쪽으로 as 모은 것 y

회의, 집회

The national assembly passed a bill to modernize postal infrastructure.
국회는 우편 인프라를 현대화하는 법안을 통과시켰다.

- gathering, meeting
- disbandment, dispersal

789
re‌sem‌ble
[rizémbəl]

다시, 계속 re 비슷하다, 같게 나타나다 semble

닮다

This commemorative stamp resembles the one issued 50 years ago.
이 기념우표는 50년 전에 발행된 것과 닮았다.

- look like, mirror
- differ, contrast

medi = middle (중간, 가운데)

790
immediate
[imíːdiət]

중간에 medi 아무것도 없게 im 하는 ate

즉각적인

The postal clerk took immediate action to resolve the customer's complaint.
우편 직원은 고객의 불만을 해결하기 위해 즉각적으로 조치를 취했다.

- instant, prompt
- delayed, postponed

791
median
[míːdiən]

가운데에 medi 있는 an

중앙값, 중간의

The median delivery time for express mail was less than two days.
특급 우편의 중앙 배송 시간은 이틀 미만이었다.

- midpoint, middle
- extreme, edge

792
mediate
[míːdièit]

중간으로 medi 만들다 ate

중재하다

The supervisor mediated the dispute between two postal clerks.
관리자는 두 우편 직원 간의 분쟁을 중재했다.

- arbitrate, negotiate
- provoke, inflame

793
medieval
[mìːdiíːvəl, mèdiíːvəl]

중간 medi 시대의 eval

중세의

The town's old post building looked like a medieval castle.
그 마을의 오래된 우체국 건물은 중세 성처럼 보였다.

- Middle Ages, antique
- modern, contemporary

794
medium
[míːdiəm]

가운데 med 장소 ium

매체, 중간의

Email has become a common medium for customer communication.
이메일은 고객 소통을 위한 일반적인 매체가 되었다.

- channel, means
- extreme

795

milieu
[miljə́ː, miljúː, míːljəː]

중간의 mi 장소 lieu

(사회적·문화적) 환경

The new postal policy must adapt to the digital milieu of the younger generation.

새로운 우편 정책은 젊은 세대의 디지털 환경에 적응해야 한다.

- environment, setting, surroundings
- isolation

centr = center (중간, 중심)

796

central
[séntrəl]

가운데 centr 의 al

중심의, 주요한

The central post office handles all incoming and outgoing international mail.

중앙 우체국은 모든 국제 우편물의 발송과 접수를 담당한다.

- main, primary
- peripheral, secondary

797

concentrate
[kánsəntrèit, kɔ́nsəntrèit]

중심으로 centr 가져오게(함께하게) con 하다 ate

집중하다

He tried to concentrate on filling out the customs declaration.

그는 세관 신고서를 작성하는 데 집중하려 했다.

- focus, direct
- distract, disperse

798

eccentric
[ikséntrik, ekséntrik]

중심에서 centric 벗어난 ex

괴짜인, 별난

The eccentric inventor designed a mailbox that talks to users.

괴짜 발명가는 사용자에게 말을 거는 우체통을 설계했다.

- odd, unconventional
- conventional, normal

mod / modul = measure, manner (방법, 조치)

799
mode
[moud]

방식, 양식 **mode**

방식, 방법

The company adopted a new mode of delivering parcels to improve efficiency.

회사는 효율성을 높이기 위해 소포 배송의 새로운 방식을 도입했다.

- method, manner
- disorder, disorganization

800
model
[mádl, mɔ́dl]

방식 **model**

모형, 모델

The architect presented a scale model of the new post office building.

건축가는 새 우체국 건물의 축소 모형을 제시했다.

- prototype, replica
- original, reality

801
moderate
[mádərət, mɔ́dərət]

적절하게 **moder** 만들다 **ate**

완화하다, 알맞은

The government took measures to moderate inflation.

정부는 인플레이션을 완화하기 위한 조치를 취했다.

- lessen, temper
- intensify, worsen

802
modest
[mádist, mɔ́dist]

적절한 방식 **mod** 의 상태 **est**

겸손한, 크지 않은

Despite his success, he remained modest about his achievements.

그는 성공에도 불구하고 자신의 업적에 대해 겸손했다.

- humble, unassuming
- arrogant, boastful

803
modify
[mádəfài, mɔ́dəfài]

적절하게 **modi** 만들다 **fy**

수정하다

The insurance policy was modified to include additional coverage.

보험 증권이 추가 보장을 포함하도록 수정되었다.

- alter, adjust
- maintain, preserve

804
modulate
[mάdʒəlèit, mɔ́dʒəlèit]

작은 척도에 **modul** 맞추다 **ate**

조절하다

The technician modulated the signal to improve communication clarity.
기술자는 통신 명료성을 높이기 위해 신호를 조절했다.

- regulate, adjust
- disrupt, distort

805
modified
[mάdəfàid, mɔ́dəfàid]

작은 척도로 **modi** 만들어 **fi** 진 **ed**

수정된, 변경된

The delivery schedule was modified to accommodate the increase in holiday parcels.
휴일 소포 증가에 맞춰 배송 일정이 조정되었다.

- altered, adjusted, revised
- original, unchanged

806
accommodate 중요
[əkάmədèit]

~에 **ac** 알맞게 **commod** 하다 **ate**

조절하다, 수용하다, 편의를 제공하다, 적응하다

1) The postal service adjusted its schedule to accommodate the holiday rush.
   우정 사업본부는 연휴 혼잡을 고려해 일정을 조정했다.

   - adapt, adjust, provide for
   - inconvenience, disregard, reject

2) The new postal facility can accommodate a larger volume of parcels.
   새로운 우편 시설은 더 많은 양의 소포를 수용할 수 있다.

   - house, lodge
   - exclude, reject

관련어 탐구 '공간, 시스템' 등이 수용하는 것은 accommodate를, '(사람, 교통수단이 사람 또는 물건을 운반)'하는 것은 carry가 적절하다.

807
commodity
[kəmάdəti, kəmɔ́dəti]

가지고 **com** 적합하게 **mod** 하는 것 **ity**

상품, 원자재

Postal insurance can cover the value of a shipped commodity.
우편 보험은 배송된 상품의 가치를 보장할 수 있다.

- product, merchandise
- service, intangible

808
commodious
[kəmóudiəs]

가지고 있으면 **com** 적절히 측정 또는 조치 **modi** 되는 **ous**

널찍한, 편리한

The new mail center featured a commodious layout with wide sorting areas.
새 우편 센터는 넓은 분류 공간을 갖춘 널찍한 구조였다.

- spacious, roomy
- cramped, confined

co / con / com / cor = with, together (함께)

809
coed
[kóuéd]

함께 **co** 교육하는 **ed**

남녀 공학의

The coed training program prepared both men and women for postal service roles.
남녀 공학 교육 과정은 남성과 여성 모두를 우편 업무에 대비시켰다.

- mixed, combined
- single-sex, segregated

810
coerce
[kouə́:rs]

함께두고 **co** 억제하다 **erce**

강요하다, 강제로 시키다

The client was coerced into signing the settlement agreement.
그 고객은 합의서에 강제로 서명하게 되었다.

- force, compel
- persuade, encourage

811
cohesion
[kouhí:ʒən]

함께 **co** 붙어있는 **hes** 상태 **ion**

결속, 응집력

Team cohesion is essential for efficient mail sorting operations.
팀 결속력은 효율적인 우편 분류 작업에 필수적이다.

- unity, solidarity
- division, separation

812
combat
[kάmbæt, kʌ́mbæt]

함께 com 싸우다 bat

싸우다, 방지하다

Measures were taken to combat mail fraud in international shipments.
국제 배송에서 우편 사기를 방지하기 위한 조치가 취해졌다.

- 유 fight, oppose
- 반 support, encourage

813
combine
[kəmbáin]

한꺼번에 com 둘이상 연결하다 bine

결합하다

The system combines digital tracking with traditional delivery methods.
그 시스템은 디지털 추적과 전통적인 배송 방식을 결합한다.

- 유 merge, unite
- 반 separate, divide

814
comely
[kʌ́mli]

사랑스럽고 화려한 comely

매력적인, 보기 좋은

She wore a comely uniform that matched the post office's formal image.
그녀는 우체국의 단정한 이미지를 잘 살린 매력적인 유니폼을 입었다.

- 유 attractive, pleasant-looking
- 반 unattractive, plain

815
command
[kəmǽnd, kəmάːnd]

함께하는 자에게 com 신탁하다 mand

명령하다, 지휘하다

The postmaster commands a team responsible for express delivery services.
우체국장은 특급 우편 서비스를 담당하는 팀을 지휘한다.

- 유 order, direct
- 반 obey, follow

816
compete
[kəmpíːt]

함께 com 추구하다, 공격하다 pete

경쟁하다

Several courier companies compete for international shipping contracts.
여러 택배 회사가 국제 배송 계약을 두고 경쟁한다.

- 유 contend, vie
- 반 cooperate, assist

817
competence
[kάmpətəns, kɔ́mpətəns]

함께 com 추구하게 하는 pet 상태 ence

능숙함, 역량

Her **competence** in managing postal accounts impressed her supervisors.
그녀의 우편 회계 관리 능숙함은 상사를 감명시켰다.

- capability, proficiency
- incompetence, inability

818
concoct
[kankάkt, kənkάkt, kənkɔ́kt]

함께 con 끓이다, 요리하다 coct

꾸며내다, 지어내다

The witness **concocted** an excuse to avoid testifying in court.
그 증인은 법정 증언을 피하기 위해 변명을 지어냈다.

- fabricate, invent
- reveal, tell the truth

819
concrete
[kάnkriːt, kάŋkriːt, kankriːt, kɔ́ŋkriːt]

같이 두고 con 두꺼워진 crete (*'응축'을 의미)

구체적인, 콘크리트

The manager requested **concrete** examples to support the proposal.
관리자는 제안을 뒷받침할 구체적인 예시를 요청했다.

- tangible, specific
- abstract, vague

820
condense
[kəndéns]

함께 con 밀집하다 dense

압축하다, 요약하다

The report was **condensed** into a two-page summary for the board.
보고서는 이사회용 두 페이지 요약본으로 압축되었다.

- compress, abbreviate
- expand, elaborate

821
conflagration
[kὰnfləgréiʃən, kɔ̀nfləgréiʃən]

전부 함께 con 태워버리는 flagrat 행동 ion

큰 화재, (비유) 대충돌

The economic **conflagration** following the default spread across several sectors.
채무불이행 이후 발생한 경제적 대충돌은 여러 산업에 확산되었다.

- blaze, conflict
- peace, calm

822
congratulate
[kəngrǽtʃəlèit]

함께 con 기뻐하다, 동의하다 gratulate

축하하다

The manager congratulated the postal team on achieving record delivery speed this month.
관리자는 이번 달 기록적인 배송 속도를 달성한 우편팀을 축하했다.

- commend, praise
- criticize, blame

823
conjugal
[kándʒəgəl, kɔ́ndʒəgəl]

함께 con 결합하는 jugal

부부의, 혼인의

(일반) The prisoner was allowed a conjugal visit with his spouse.
그 죄수는 배우자와의 부부 접견을 허용받았다.

- marital, matrimonial
- single, celibate

824
conjunction
[kəndʒʌ́ŋkʃən]

함께 con 결합하는 junct 상태 ion

결합, 접속사

The bank launched a savings program in conjunction with a national insurance campaign.
은행은 국가 보험 캠페인과 결합하여 저축 프로그램을 시작했다.

- combination, union
- separation, division

825
connect
[kənékt]

함께 con 묶다 nect

연결하다

The postal service connects rural areas to major cities through an expanded delivery network.
우편 서비스는 확장된 배송망을 통해 농촌 지역과 주요 도시를 연결한다.

- link, join
- disconnect, detach

826
connubial
[kənjúːbiəl]

함께 con 결혼한 nubial

결혼의, 부부의

(일반) They enjoyed connubial bliss during their honeymoon in Switzerland.
그들은 스위스 신혼여행 동안 부부로서의 행복을 만끽했다.

- marital, wedded
- divorced, unmarried

827
contribute
[kəntríbjuːt]

함께 con 할당하다 tribute

기여하다

Several factors contribute to delays in overseas shipments.
여러 요인이 해외 발송 지연에 기여한다.

- donate, add
- hinder, detract

828
convince
[kənvíns]

가지고 con 정복하다 vince (*논증이나 증거로 상대를 굴복시키는 상황에서 유래)

납득시키다, 설득하다

She convinced the client to use insured shipping for valuable items.
그녀는 귀중품에 대해 보험이 적용된 배송을 이용하도록 고객을 설득했다.

- persuade, assure
- dissuade, discourage

829
correspond
[kɔ̀ːrəspánd, kàrəspánd, kɔ̀rəspɔ́nd]

함께, 서로 cor 답변하다 respond

부합하다, 서신을 주고받다

The tracking number should correspond to the package in the system.
추적 번호는 시스템의 소포와 일치해야 한다.

- match, coincide
- differ, disagree

830
corroborate
[kərábərèit, kərɔ́bərèit]

모아서 cor 강하게 bor 만들다 ate

입증하다, 확증하다

The supervisor asked another clerk to corroborate the details of the lost parcel report.
상사는 분실 소포 신고서의 내용을 입증해줄 다른 직원을 요청했다.

- confirm, verify
- deny, contradict

with = with (함께)

831
withdraw
[wiðdrɔ́ː, wiθdrɔ́ː]

뒤로, 잡아서 **with** 끝어내다 **draw**

인출하다, 철회하다

Customers can withdraw funds from their postal savings account at any branch nationwide.
고객은 전국 어느 지점에서든 우편 저축 계좌에서 자금을 인출할 수 있다.

- remove, retract
- deposit, advance

832
withhold
[wiðhóuld, wiθhóuld]

뒤로, 잡아서 **with** 갖고 있다 **hold**

보류하다, 억누르다

The insurance company decided to withhold payment until the damage assessment was complete.
보험 회사는 피해 평가가 완료될 때까지 지급을 보류하기로 했다.

- retain, suppress
- release, provide

inter = between (사이에)

833
intermediate
[intərmíːdiət]

사이의 **inter** 가운데 **medi** 성질의 **ate**

중간의, 중급의

This course is designed for intermediate-level English learners.
이 과정은 중급 수준의 영어 학습자를 위해 설계되었다.

- middle, median
- advanced, elementary

834
international
[intərnǽʃənəl]

국가 **nation** 사이 **inter** 의 **al**

국제적인

The post office offers various international shipping options.
우체국은 다양한 국제 배송 옵션을 제공한다.

- global, worldwide
- domestic, local

835
internecine
[intərníːsin, intərníːsain]

서로 inter 죽이는 necine

서로 죽이는, 치명적인

The internecine conflict weakened the organization.
내부 갈등이 조직을 약화시켰다.

- 유 internal, civil
- 반 external, cooperative

836
interpersonal
[intərpə́ːrsənəl]

사람 person 사이 inter 의 al

대인 관계의

Good interpersonal skills are essential for customer service roles.
고객 서비스 직무에는 좋은 대인 관계 능력이 필수다.

- 유 social, communicative
- 반 unsociable, antisocial

837
interpret
[intə́ːrprit]

사이에서 inter 팔다(가치를 전달하다) pret

해석하다, 통역하다

The manager interpreted the new policy for the employees.
관리자가 직원들에게 새 정책을 해석해 주었다.

- 유 explain, translate
- 반 misunderstand, confuse

838
interbreed
[intərbríːd]

서로, 사이에 inter 알을 품다, 번식하다 breed

교배하다

Some bird species can interbreed despite belonging to different genera.
일부 새 종은 속이 달라도 교배할 수 있다.

- 유 crossbreed, hybridize
- 반 separate, isolate

839
interfere
[intərfíər]

사이에 inter 구멍을 뚫다 fere

방해하다, 간섭하다

Do not interfere with the postal sorting process.
우편 분류 과정을 방해하지 마라.

- 유 hinder, obstruct
- 반 assist, facilitate

840
interloper
[íntərlòupər]

중간에 inter 뛰어드는 자 loper

침입자, 남의 일에 끼어드는 사람

The locals saw the newcomers as interlopers.
지역 주민들은 새로 온 사람들을 침입자로 보았다.

유 intruder, trespasser
반 native, resident

어근 탐구 육지사람들이 선원들을 '바다의 떠돌이'정도로 비하하며 하던 표현에서 유래했다.

841
interrupt
[ìntərʌ́pt]

사이를 inter 끊다 rupt

방해하다, 중단시키다

The delivery was interrupted due to heavy snow.
폭설로 인해 배송이 중단되었다.

유 disrupt, halt
반 continue, sustain

842
interrogate
[intérəgèit]

사이에서 inter 묻게 rog 하다 ate

심문하다

The police interrogated the suspect for hours.
경찰은 용의자를 수시간 동안 심문했다.

유 question, examine
반 answer, respond

843
interval
[íntərvəl]

말뚝이나 벽 val 사이 inter

간격, 휴지기, 격차

There is a 30-minute interval between postal truck arrivals.
우편 차량 도착 사이에는 30분 간격이 있다.

유 gap, break
반 continuity, stretch

844
interviewee
[ìntərvjuːíː]

사이에서 inter 보이는 view 사람 ee

면접 대상자

The interviewee answered questions confidently about his experience in logistics.
면접 대상자는 물류 분야 경력에 대해 자신 있게 대답했다.

유 candidate, applicant
반 interviewer

845

interwind
[intərwáind]

서로 inter 감다 wind

서로 얽히다, 엮이다

The histories of the two postal companies are deeply interwind.
두 우편 회사의 역사는 깊이 얽혀 있다.

🔄 intertwine, interlace
🔁 separate, untangle

littera = middle school, letter

어근 탐구 언어나 역사, 지리, 과학 등의 교양과 문학을 가르쳤던 중학교 litterarum은 '교양 문화'를 뜻하는 어근 lettera-를 파생시켰다. 여기서 lit-는 '글자'를 나타내는 어근으로 활용된다.

846

literacy
[litərəsi]

읽고 쓰는 liter 것 acy

읽고 쓰는 능력

The postal service offers programs to improve financial literacy among citizens.
우편 서비스는 시민들의 금융 문해력을 향상시키는 프로그램을 제공한다.

🔄 education, learning
🔁 illiteracy, ignorance

847

literal
[litərəl]

글자 liter 의 al

문자 그대로의

The literal translation of the phrase doesn't convey its real meaning.
그 구절의 문자 그대로의 번역은 실제 의미를 전달하지 못한다.

🔄 exact, verbatim
🔁 figurative, metaphorical

848

literary
[litərèri, litərəri]

글자에 liter 관한 ary

문학의

She is working on a literary project about the history of postal stamps.
그녀는 우표 역사에 관한 문학 프로젝트를 진행하고 있다.

🔄 bookish, cultured
🔁 illiterate, uneducated

849
literature

[lítərətʃər, lítərətʃùər]

글자의 **litera** 집합 **ture**

문학, 문헌

The library contains a vast collection of literature on global postal systems.

그 도서관은 세계 우편 시스템에 관한 방대한 문헌을 보유하고 있다.

- writings, publications
- ignorance, illiteracy

850
literate

[lítərit]

읽고 쓰기를 **liter** 하다 **ate**

읽고 쓸 수 있는

All postal employees must be literate to handle official documentation.

모든 우편 직원들은 공식 문서를 처리하기 위해 문해력이 있어야 한다.

- educated, knowledgeable
- illiterate, ignorant

851
obliter**ate**

[əblítərèit]

글자를 **liter** 만드는(쓰는) **ate** 것의 반대 **ob**

없애다, 지우다

The flood obliterated the markings on the old financial records.

홍수로 인해 오래된 금융 기록의 표식이 지워졌다.

- erase, destroy, wipe out
- preserve, retain

852
illiter**ate**

[ilítərit]

문자를, 문학을 **literate** 모르는 **il**

문맹의

The campaign aims to reduce the number of illiterate adults.

그 캠페인은 문맹 성인의 수를 줄이는 것을 목표로 한다.

- uneducated, untaught
- literate, educated

853
illegible

[ilédʒəbəl]

읽을 **leg** 능력이 **ible** 없는 **il**

읽기 어려운, 명료하지 않은

The address was illegible due to water damage on the envelope.

봉투의 주소가 물에 젖어 읽기 어려웠다.

- unreadable, obscure
- legible, clear

854
lecture
[léktʃər]

읽는 lect 것 ure

강의, 강연하다

The university hosted a lecture on the history of international postal systems.
대학은 국제 우편 제도의 역사에 관한 강의를 개최했다.

- speech, presentation
- silence, hush

어근 탐구 14세기에 이르러 '문학', '책을 통해 배우는 것'으로 정의되었으며 15세기에 교회에서 (성경을) '소리내어 읽기', '주제에 대해 연설하기'뜻이 더해지며 '강연'으로 굳혀졌다.

855
libel
[láibəl]

작은 책, 문서 libel

명예훼손(문서로)

The newspaper was sued for libel.
그 신문사는 명예훼손으로 고소당했다.

- defamation, slander
- praise, compliment

어근 탐구 '공식 진술이나 글'을 뜻하는 libel은 13세기 법적 '고소, 청구, 소환장', '서면 보고'를 뜻하는 말로 시작되어 타인의 가치(명예)를 훼손할 수 있는 모든 종류의 서면 진술 또는 발표를 의미하게 되었다.

856
legend
[lédʒənd]

읽어야 할 것들 legend

전설, 범례

The old post office building is a local legend for its unique architecture.
오래된 우체국 건물은 독특한 건축으로 지역 전설이 되었다.

- myth, tale
- fact, truth

어근 탐구 고대 수도원과 아침기도 시간에 읽혔던 이야기, 특히 성인들의 삶에 관한 전설을 말하는 단어로 14세기에 처음 기록되어 점차 '비역사적이거나 신화적인 이야기', '비문' 등으로 확장되었다.

857
lesson
[lésn]

읽기 lesson

수업, 교훈

The delay served as a lesson on the importance of accurate address labels.
지연 사건은 정확한 주소 라벨의 중요성에 대한 교훈이 되었다.

- class, instruction
- ignorance, neglect

어근 탐구 13세기 '(성경을) 소리내서 읽는 것' 또는 '학생이 배워야 할 것'을 뜻하는 말로 시작되어 '무언가를 배울 수 있는 사건'으로 확장되었다.

PART VI Body & Life
(신체와 생명)

bio = life (생명)

858
antibio**tic**
[æntibaiɑ́tik, æntibaiɔ́tik]

생명(미생물)에 bio 반대하는 anti 것의 ic

항생제

The doctor prescribed antibiotics to treat the infection.
의사는 감염 치료를 위해 항생제를 처방했다.

유 antimicrobial, antibacterial
반 –

859
biodiversity
[bàioudivə́ːrsəti, bàioudaivə́ːrsəti]

생물이 bio 다양함 diversity

생물 다양성

The preservation of forests is crucial to maintaining biodiversity.
숲의 보존은 생물 다양성을 유지하는 데 중요하다.

유 variety of life, ecological diversity
반 monoculture, uniformity

860
biologist
[baiɑ́lədʒist, baiɔ́lədʒist]

살아있는 것을 bio 연구하는 log 사람 ist

생물학자

The biologist conducted research on the impact of urbanization on local wildlife.
그 생물학자는 도시화가 지역 야생 생물에 미치는 영향을 연구했다.

유 life scientist, ecologist
반 –

861
biosphere
[báiəsfiər]

생명으로 이뤄진 bio 영역 sphere

생물권

The biosphere is essential for sustaining all forms of life.
생물권은 모든 생명 형태를 유지하는 데 필수적이다.

유 ecosystem, environment
반 –

body = structure (구조, 몸체)

862
antibody
[ǽntibʌ̀di, ǽntibɔ̀di]

몸체에 body 대항하는 anti

항체

The vaccine stimulates the body to produce antibodies.
백신은 신체가 항체를 생성하도록 자극한다.

- 윤 immunizer, immune protein
- 반 pathogen, virus

corp = body (몸체)

863
corporate
[kɔ́ːrpərit]

하나의 몸, 집단으로 corpor 만든 ate

법인의, 기업의

The corporate policy requires all parcels to be scanned before dispatch.
기업 정책은 모든 소포를 발송 전에 스캔하도록 요구한다.

- 윤 business, commercial
- 반 individual, personal

864
corps
[kɔːrz]

한 몸 corps

단체, 부대

The medical corps was dispatched to provide aid after the disaster.
재난 후 의료 부대가 지원을 위해 파견되었다.

- 윤 unit, squad
- 반 individual, civilian

어근 탐구 나폴레옹 시대의 야전군단 (지휘관 아래 한 몸처럼 움직이는 부대)을 뜻하는 말에서 유래했다.

865
corpse
[kɔːrps]

몸체 corpse

시체

The police found a corpse near the abandoned railway station.
경찰은 버려진 기차역 근처에서 시체를 발견했다.

- 윤 body, remains
- 반 living person, survivor

866
corpulent
[kɔ́ːrpjələnt]

몸이 corp 가득 찬 ulent

뚱뚱한, 비대한

(일반) The corpulent cat struggled to fit through the narrow door.
뚱뚱한 고양이는 좁은 문을 간신히 지나갔다.

- overweight, obese
- slim, lean

viv / vit / vi = life (생명력, 활기)

867
vital
[váitl]

생명 vit 의 al

필수적인, 생명의

It is vital that all banking transactions be verified before processing to prevent fraud.
사기를 방지하기 위해 모든 은행 거래는 처리 전에 반드시 검증되어야 한다.

- essential, crucial
- trivial, unimportant

868
vitamin
[váitəmin, vítəmin]

생명을 주는 vit 아민 amin

비타민

Postal workers on long rural routes are encouraged to take vitamin supplements to maintain their health.
장거리 농촌 배달 경로에 있는 우편 직원들은 건강 유지를 위해 비타민 보충제를 섭취하는 것이 권장된다.

- supplement, nutrient
- –

어근 탐구 '아민 amin'은 암모니아(NH₃)의 수소 원자가 하나 이상 탄화수소기로 치환된 유기화합물이며, 암모니아 ammonia에 화합물 접미사 ine을 결합한 것이다.

869
re**vit**alize
[riːváitəlaiz]

다시 re 생명을 vital 주다 ize

활력을 불어넣다, 재활성화하다

The city plans to revitalize the old postal district to attract more businesses.
도시는 더 많은 상점을 유치하기 위해 오래된 우편 구역을 재활성화할 계획이다.

- rejuvenate, renew
- weaken, exhaust

870

revive
[riváiv]

다시 re 살다 vive

되살리다, 회복시키다

The bank introduced new loan programs to revive the local economy.
은행은 지역 경제를 되살리기 위해 새로운 대출 프로그램을 도입했다.

- restore, resuscitate
- destroy, suppress

871

survive
[sərváiv]

위에, 넘어서 sur 살다 vive

살아남다, 생존하다

Only a few small delivery firms survived the intense competition with the national postal service.
소수의 소형 배송업체만이 국영 우편 서비스와의 치열한 경쟁에서 살아남았다.

- endure, persist
- perish, fail

872

vivacious
[vivéiʃəs, vaivéiʃəs]

생명력이 vivaci 가득한 ous

활발한, 생기 넘치는

Her vivacious personality made her popular among her colleagues.
그녀의 활발한 성격은 동료들 사이에서 인기를 얻게 했다.

- lively, spirited
- dull, lifeless

873

vivid
[vívid]

살아있는, 생기가 viv 있는 id

생생한, 선명한

The speaker gave a vivid account of how the postal system evolved over the last century.
연사는 지난 세기 동안 우편 시스템이 어떻게 발전했는지에 대해 생생히 설명했다.

- graphic, striking
- dull, vague

874

viable
[váiəbəl]

살아갈 vi 수 있는 able

실행 가능한, 실현 가능한

That insurance policy is no longer viable under the new regulations.
그 보험 상품은 새 규정하에서는 더 이상 실행 가능하지 않다.

- workable, feasible
- impractical, impossible

875

vibrant
[váibrənt]

빠르게 움직이는 vibrant

활기찬, 생생한

The stamp exhibition created a vibrant atmosphere that attracted thousands of visitors.
우표 전시회는 수천 명의 방문객을 끌어들이는 활기찬 분위기를 만들었다.

- lively, dynamic
- dull, lifeless

nutrire = nourish (영양을 주다)

876

nurse
[nəːrs]

영양을 주는 자 nurse

간호사, 간호하다

The nurse sent important medical documents via express mail.
간호사는 중요한 의료 문서를 특급 우편으로 보냈다.

- caregiver, attendant
- patient, neglect

어근 탐구 '젖먹이에게 젖(영양 nutri-을 먹이는 여성'을 뜻하는 데서 출발해 '연약하거나 보호가 필요한 자를 돌보는 여성'을 뜻하는 말로 굳혀졌다.

877

nurtured
[nə́ːrtʃərd]

영양을 nurtur 받은 ed

양육된, 키워진 (nurture의 과거형, 과거분사)

The postal academy nurtured a generation of skilled civil servants.
우정 연수원은 숙련된 공무원 세대를 양성했다.

- fostered, cultivated, developed
- neglected, stifled

878

nutrient
[njúːtriənt]

영양을 주게 nutri 하는 ent

영양소

Fresh fruits are rich in essential nutrients.
신선한 과일에는 필수 영양소가 풍부하다.

- nourishment, vitamin
- toxin, poison

PART VI Body & Life (신체와 생명)

879
nutrition
[njuːtriʃən]

영양을 주는 nutrit 행위 ion

영양

Proper nutrition is important for maintaining health.
적절한 영양은 건강 유지에 중요하다.

유 nourishment, diet
반 malnutrition, starvation

880
nutritive
[njúːtrətiv]

영양과 nutrit 관련한 ive

영양의, 영양을 공급하는

The school nurse recommended meals rich in nutritive value for the students' overall health.
양호 교사는 학생들의 전반적인 건강을 위해 영양가 있는 식사를 권장했다.

유 nutritious, nourishing
반 nonnutritive, unhealthy

881
nourish
[nəːriʃ, nʌriʃ]

먹이는 nour 특성의 ish

영양을 공급하다, 기르다

Farmers nourish crops to supply fresh produce to local markets.
농부들은 지역 시장에 신선한 농산물을 공급하기 위해 작물을 기른다.

유 feed, sustain
반 starve, neglect

gyn / gene- = give birth, beget (낳다, 초래하다)

어근 탐구 기원과 발생을 나타내는 어근 gene은 여성을 나타내는 고대 그리스어 gyne에서 유래했다. 여성은 출산을 했으므로 어근 gen–은 모두 '탄생'과 '발생' 또는 '기원'에 관한 것이다. 학술적 용어로의 '여성'은 그리스어 어근인 gyn–을 그대로 사용한다.

882
gender
[dʒéndər]

출산, 생식, 종류 gender

성별

The survey included questions about age and gender for demographic analysis.
설문에는 인구 통계 분석을 위해 나이와 성별에 관한 질문이 포함되었다.

유 sex, category
반 –

883

general
[dʒénərəl]

종, 태어난 모두와 gener관계있는 al

일반적인, 전반적인

The general opinion among customers was positive about the new banking app.
고객들 사이에서 새로운 은행 앱에 대한 전반적인 의견은 긍정적이었다.

- overall, common
- specific, particular

884

generate
[dʒénərèit]

생산하게 gener 만들다 ate

발생시키다, 만들어내다

The new policy is expected to generate more customer interest.
새로운 정책은 고객의 관심을 더 많이 끌 것으로 예상된다.

- produce, create
- destroy, suppress

885

generous
[dʒénərəs]

날때부터 gener 가득한 ous

관대한, 후한

The generous donation funded the construction of a new community center.
후한 기부금이 새로운 커뮤니티 센터 건립을 가능하게 했다.

- charitable, benevolent
- stingy, selfish

어근 탐구 '(날 때부터) 고귀한 혈통', '귀족다운 마음', '베푸는 여유'를 뜻하는 의미로 만들어졌다.

886

genetic
[dʒənétik]

출생(기원)에 genet 관한 ic

유전의, 유전적인

Genetic research has advanced rapidly in the past decade.
지난 10년간 유전 연구가 급속히 발전했다.

- hereditary, biological
- acquired, learned

PART VI Body & Life (신체와 생명)

887

genius

[dʒíːnjəs, dʒíːniəs]

날때부터 가진 **geni** 남성형 어미 **us**

천재

The inventor was a genius in designing efficient sorting machines.
그 발명가는 효율적인 분류기를 설계하는 데 천재였다.

🔗 mastermind, prodigy
🔀 fool, amateur

어근 탐구 로마인은 모든 사람을 태어날 때부터 지켜봐 주는 그 땅(부족)의 수호신이 있다고 믿었다. 보통 한 동네가 한 씨족으로 구성되므로 수호신이 남성의 모습이었고, 그 수호신이 부족민을 '안내하고 다스리는 도덕적 역할'을 행했으므로 genius는 '타고난 지혜나 재능을 가진 뛰어난 자' 또는 '부족민을 이끌 수 있는 도덕적인 자'를 의미하게 되었다.

888

genuine

[dʒénjuin]

(날때부터) 타고난 **genu** 성질의 **ine**

진짜의, 진실한

The manager expressed genuine concern about the staff's workload.
관리자는 직원들의 업무량에 대해 진심으로 걱정했다.

🔗 authentic, sincere
🔀 fake, insincere

889

genocide

[dʒénəsàid]

종을 **geno** 죽이다 **cide**

대량 학살

Accounts of the destruction of masses of people recall that genocide is an ancient practice.
대규모 인명 살상은 대량 학살이 오래된 행위임을 떠올리게 한다.

🔗 mass murder, slaughter
🔀 protection, preservation

890

genre

[ʒɑ́ːnrə]

종류 **genre**

장르, 유형

There is a certain difference between a work called a romance and the genre known as the novel.
'로맨스'라 불리는 작품과 '소설'이라 알려진 장르는 차이가 있다.

🔗 category, type
🔀 unclassifiable

891
ingenious
[indʒíːnjəs]

(어머니의 뱃속)안에서부터 in 타고나는
geni 성질의 ous

기발한, 독창적인

She devised an ingenious method to reduce package sorting time.
그녀는 소포 분류 시간을 줄이는 기발한 방법을 고안했다.

- clever, inventive
- unimaginative, dull

892
congenial
[kəndʒíːnjəl]

같은 con 혈통 geni 의 al

마음이 맞는, 친화적인

Her congenial attitude helped put nervous customers at ease during account setup.
그녀의 친절한 태도는 계좌 개설에 긴장한 고객들을 편안하게 만들었다.

- friendly, agreeable
- unfriendly, disagreeable

893
germane
[dʒəːrméin]

같은 데(부모)에서 나온 germ 관계 ane

밀접한 관련이 있는

It is not germane to consider the nature and extent of violence shown.
폭력의 성격과 정도를 고려하는 것은 밀접한 관련이 없다.

- relevant, pertinent
- irrelevant, inappropriate

894
homogeneous
[hòumədʒíːniəs, hùmədʒíːniəs]

같은 homo 종 gene 의 ous

동종의, 상동의, 동질적인

Ancient Egypt was far from a homogeneous civilization.
고대 이집트 문명은 결코 동질적이지 않았다.

- uniform, alike
- heterogeneous, diverse

895
heterogeneous
[hètərədʒíːniəs, hètərədʒíːniəs]

다른 hetero 종 gene 의 ous

이질적인

The family is heterogeneous enough to make quite a good party in itself.
그 가족은 자체로 꽤 흥미로운 모임을 만들 만큼 이질적이다.

- diverse, varied
- homogeneous, uniform

896

indigenous 중요

[indídʒənəs]

(영토) 안에서 indi 태어난 genous

토착의, 원산의, 자생의, 고유한

The group works to preserve indigenous languages.
그 단체는 토착 언어를 보존하기 위해 노력한다.

The region is known for its indigenous crafts and traditions.
그 지역은 토착 공예품과 전통으로 유명하다.

유 native, aboriginal, original
반 foreign, alien

897

progeny

[prάdʒəni, prɔ́dʒəni]

앞으로 (세상 밖으로) pro 탄생한 gen 것 y

자손, 결과물

The postal service is a progeny of centuries of communication development.
우편 서비스는 수세기 동안의 통신 발전의 결과물이다.

유 offspring, descendant, outcome
반 ancestor, origin

898

octogenarian

[ὰktədʒənέəriən, ɔ̀ktədʒənέəriən]

8개 octo 시대의 gen 사람 arian (*한 세대=10년, 8 세대=80년)

80대인 사람

The octogenarian customer visited the post office every week to collect his pension.
80대인 고객은 연금을 수령하기 위해 매주 우체국을 방문했다.

유 elderly person, senior citizen
반 youth, adolescent

899

hydrogen

[háidrədʒən]

물로 hydro 만든 gen

수소

Hydrogen fuel cells are being explored as a clean energy source.
수소 연료전지는 청정 에너지원으로 연구되고 있다.

유 –
반 –

nat- / nai = be born (태어나다)

> **어근 탐구** 생명의 탄생을 의미하는 라틴어 natus는 인조적인 힘이 가해지지 않은 '천연의 것', '태어난 그대로의 것', '자연의 존재', '생명의 원리', '본질'을 뜻한다. 한 생명체가 타고난 성향, 고유한 특성, 본질, 우주의 질서를 의미하는 단어로 사용한다.

900

naive
[nɑːíːv]

태어난 그대로 **naive**

순진한, 세상 물정 모르는

It's naive to assume that all insurance claims are filed honestly.
모든 보험 청구가 정직하게 접수된다고 생각하는 것은 순진한 일이다.

- innocent, gullible, trusting
- skeptical, worldly

901

nascent
[næsənt, néisənt]

탄생하게 **nasc** 된 **ent**

초기의, 새로 생겨난

The nascent digital banking industry is already transforming consumer behavior.
새롭게 등장한 디지털 은행 산업이 이미 소비자 행동을 바꾸고 있다.

- emerging, budding, developing
- established, declining

902

national
[næʃənəl]

출생, 종족 **nation** 의 **al**

국가의, 국민의

The government announced a national plan to modernize the postal service across all regions.
정부는 모든 지역의 우편 서비스를 현대화하기 위한 국가 계획을 발표했다.

- state, public
- local, private

903

nationhood
[néiʃənhùd]

국가인 **nation** 상태, 조건 **hood**

국가의 지위, 독립국임

The celebration marked the 50th anniversary of the country's nationhood.
그 축하 행사는 그 나라의 건국 50주년을 기념했다.

- statehood, sovereignty
- colonial, dependency

904
native
[néitiv]

타고난, 유전적인 native (*라틴어 형용사 natif가 영어로 변한 모양)

출생지의, 원주민의, 토착의, 원산지의

She sent postcards to her native town from abroad.
그녀는 해외에서 고향 마을로 엽서를 보냈다.

- indigenous, local
- foreign, immigrant

905
natural
[nætʃərəl]

자연 natur 의 al

자연의, 타고난

The postal service introduced eco-friendly packaging made from natural materials.
우편 서비스는 천연 재료로 만든 친환경 포장을 도입했다.

- innate, organic
- artificial, synthetic

906
innate
[inéit]

안에서 in 태어난 nate

타고난, 선천적인

He has an innate ability to lead.
그는 타고난 리더십 능력을 가지고 있다.

- inborn, natural
- learned, acquired

907
renaissance
[rènəsáːns, rènəzáːns, rinéisəns]

다시 re 태어나는 naiss 것 ance

부흥, 르네상스

There has been a renaissance of interest in handwritten letters.
손편지에 대한 관심이 다시 부흥하고 있다.

- revival, rebirth
- decline, deterioration

---

born = bear, produce, carry (낳다, (세상에) 전달하다)

어근 탐구 고대 영어, 게르만어, 노르드어, 고딕어 등에서 공통적으로 발견되는 어근 bera–는 '(아기를) 운반하다', '출산 하다', '견디다' 등 임신과 출산에 관련된 단어였다. 이 단어는 중세 영어의 bare를 거쳐 현대 영어의 bear가 되었다.

908
inborn
[inbɔ́ːrn]

안에 in 태어난, 낳은 born

타고난

She has an inborn talent for organizing large events.
그녀는 대규모 행사를 조직하는 타고난 재능을 가지고 있다.

- 유 innate, natural
- 반 acquired, learned

909
abortive
[əbɔ́ːrtiv]

태어나지 bort 못하게 a 된 ive
(abort=fail)

실패한, 무산된, 결실 없는, 유산의, 부전성의

The merger plan between the two insurance firms was ultimately abortive.
두 보험사 간의 합병 계획은 결국 무산되었다.

- 유 failed, unsuccessful, fruitless
- 반 successful, effective

manu / man / main = hand (손, 조작)

910
maintain
[meintéin, məntéin]

손으로 main 붙잡다 tain

유지하다, 주장하다

The postal service works hard to maintain timely deliveries despite challenges.
우편 서비스는 어려움에도 불구하고 제때 배송을 유지하기 위해 노력한다.

- 유 preserve, sustain
- 반 neglect, abandon

911
mandate 중요
[mǽndeit]

손에 man 맡기다 date

명령, 위임, 권한

The new leader's mandate is to reform the education system.
새 지도자의 명령은 교육 제도를 개혁하는 것이다.

The new postal regulations came into effect under a government mandate.
새로운 우편 규정은 정부 명령에 따라 시행되었다.

- 유 order, directive, command
- 반 suggestion, request

912
maneuver
[mənúːvər]

손으로 man 작동하다 uever

책략, 기동 시키다

The driver had to maneuver the postal truck through the narrow alley.
운전자는 좁은 골목을 통과하기 위해 우편 트럭을 기동해야 했다.

- 유 move, manipulate
- 반 mismanage, mishandle

어근 탐구 '손으로(세심하게) 작업하다'는 병력에 대한 '기동', '조작', 또는 '기발한 작전', '기민하고 능숙한 움직임' 등을 의미하게 되었다.

913
manifest 중요
[mǽnəfèst]

손에 mani 잡히는 fest

명백한, 나타내다

His nervousness was manifest in his trembling hands.
그의 긴장감은 떨리는 손에서 명백히 드러났다.

The delay was manifest in the growing number of customer complaints.
고객 불만이 늘어나는 것이 지연이 명백하다는 것을 보여줬다.

- 유 obvious, evident, display
- 반 hidden, unclear, conceal

914
manipulate
[mənípjəlèit]

손으로 mani 다루게 pul 하다 ate

조종하다, 다루다

The technician manipulated the sorting machine settings to improve efficiency.
기술자는 효율성을 높이기 위해 분류기의 설정을 조정했다.

- 유 control, handle
- 반 mismanage, bungle

915
manual
[mǽnjuəl]

손 manu 의 al

손으로 하는, 안내서

The manual sorting process takes longer than the automated system.
수작업 분류 과정은 자동화 시스템보다 시간이 더 걸린다.

- 유 hand-operated, guidebook
- 반 automatic, automated

916
manufacture
[mæ̀njəfǽktʃər]

손으로 manu 만들다, 만든 것 facture

제조하다, 제작하다, 제품

The company manufactures postal equipment for global markets.
그 회사는 전 세계 시장에 우편 장비를 제조한다.

- 유 produce, fabricate
- 반 destroy, dismantle

cap / capit = head (머리, 우두머리)

917
capita
[kǽpitə]

머릿수 capita

1인당 (per capita)

Postal usage per capita has decreased due to digital communication.

디지털 통신으로 인해 1인당 우편 사용량이 감소했다.

🔁 per person, each person
🔄 –

918
capital
[kǽpitl]

머리, 첫번째, 중요한 것 capit 에 관한 al

수도, 자본

Seoul is the capital of South Korea and the center of major postal operations.

서울은 대한민국의 수도이며 주요 우편 업무의 중심지이다.

🔁 metropolis, investment
🔄 rural area, debt

919
capitalize
[kǽpitəlàiz]

주요하게 capital 만들다 ize

대문자로 쓰다, 이용하다

The company plans to capitalize on the growing demand for express delivery.

회사는 급속 배송 수요 증가를 활용할 계획이다.

🔁 exploit, benefit from
🔄 neglect, waste

920
capitulate
[kəpítʃəlèit]

제목(조건) capit 하에 쓰다, 정리하다 ulate

항복하다, 굴복하다

The bank refused to capitulate to public pressure over the interest hike.

은행은 금리 인상에 대한 대중의 압력에 굴복하지 않았다.

🔁 surrender, yield
🔄 resist, fight

921
de**capit**ate
[dikǽpətèit]

머리를 capi 아래로 (떨어뜨리게) de 하다 ate

목을 자르다, (비유적으로) 제거하다

The agency hoped the arrest would decapitate the illegal smuggling ring.

당국은 그 체포가 불법 밀수 조직의 핵심을 제거하길 바랐다.

🔁 behead, eliminate
🔄 install, empower

922
captain
[kǽptin]

우두머리인 capt 사람 ain

선장, 대장

The captain of the cargo ship ensured all parcels were secured before departure.

화물선의 선장은 출항 전에 모든 소포가 안전하게 고정되었는지 확인했다.

유 commander, leader
반 crew member, subordinate

923
precipitate
[prisípətèit]

앞으로 pre 머리부터 cipit 가게하다, 떨어지다 ate

촉발하다, 갑작스러운

The customer's sudden complaint precipitated a full investigation of the delivery process.

고객의 갑작스러운 불만이 배송 절차에 대한 전면 조사를 촉발시켰다.

유 trigger, hasten, accelerate
반 delay, hinder

어근 탐구 다이버처럼 머리부터 떨어지는 형상을 의미하며 15세기에 타락한 악마들이 하늘에서 떨어지는 모양을 묘사한데서 유래했다. 갑작스럽게 서두르거나 높은 곳에서 떨어지는 행위를 표현한데서 발전하여 기상학에서는 눈, 비, 우박 등이 떨어지는 것을, 화학 분야에서는 침전물이 바닥에 떨어지는 것을 의미한다.

front / frons / for = forehead, before (앞에)

924
confront
[kənfrʌ́nt]

함께 con 이마를 대다, 마주 보다 front

직면하다, 맞서다

The postal service had to confront serious delays due to the new system rollout.

우편 서비스는 새로운 시스템 도입으로 인한 심각한 지연에 직면해야 했다.

유 face, challenge
반 avoid, evade

925
effrontery
[efrʌ́ntəri]

이마를 front 내미는 ef 것 ery

뻔뻔스러움, 철면피

The client had the effrontery to demand a refund for a clearly misused service.

그 고객은 분명 본인 과실로 사용한 서비스에 대해 환불을 요구하는 뻔뻔함을 보였다.

유 impudence, audacity, boldness
반 modesty, humility

926

forefront

[fɔ́ːrfrʌnt]

앞 중에서도 fore 앞(이마) front

선두, 최전선

The new technology placed the company at the forefront of the logistics industry.

새로운 기술이 회사를 물류 산업의 선두에 세웠다.

- 유 vanguard, cutting edge
- 반 rear, background

927

foreboding

[fɔːrbóudiŋ]

미리 fore 전달하는 boding

불길한 예감

There was a sense of foreboding when the financial report was delayed.

재무 보고서가 지연되자 불길한 예감이 들었다.

- 유 apprehension, dread, premonition
- 반 optimism, assurance

어근 탐구 '불길한 예감'이나 '예언'을 의미한데서 유래했다.

928

forefather

[fɔ́ːrfɑ̀ːðər]

이전의 fore 아버지 father (*'아버지의 아버지'=조상)

선조, 조상

Our forefathers laid the foundation for the modern postal system.

우리의 선조들은 현대 우편 시스템의 기초를 마련했다.

- 유 ancestor, predecessor
- 반 descendant, successor

929

former

[fɔ́ːrmər]

제일 먼저, 이른 former

이전의, 전임의

The former postmaster attended the anniversary ceremony.

전임 국장이 기념식에 참석했다.

- 유 previous, prior
- 반 current, present

930

forehead

[fɔ́(ː)rid, fɑ́rid, fɔ́ːrhèd]

머리의 head 앞쪽 fore

이마

The delivery driver wiped the sweat from his forehead after unloading all the packages.

배송 기사는 모든 소포를 내린 후 이마의 땀을 닦았다.

- 유 brow, temple
- 반 –

PART Ⅵ Body & Life (신체와 생명)

931
foreman
[fɔ́ːrmən]

앞에 선 fore 사람 man

감독, 현장 책임자

The foreman supervised the loading of parcels onto the truck.
감독은 트럭에 소포를 싣는 작업을 감독했다.

🔄 supervisor, overseer
🔀 worker, subordinate

932
foremost
[fɔ́ːrmòust]

가장 most 앞에, 먼저 fore

가장 중요한, 선두의

Safety is the foremost priority in postal operations.
안전은 우편 업무에서 가장 중요한 우선순위다.

🔄 leading, principal
🔀 minor, insignificant

933
foresee
[fɔːrsíː]

미리 fore 보다 see

예견하다

The manager could not foresee the sudden surge in parcel deliveries.
관리자는 소포 배송의 갑작스러운 급증을 예견하지 못했다.

🔄 anticipate, predict
🔀 ignore, overlook

934
foretell
[fɔːrtél]

미리 fore 말하다 tell

예언하다

No one can foretell the exact outcome of the negotiations.
아무도 협상의 정확한 결과를 예언할 수 없다.

🔄 prophesy, forecast
🔀 misinterpret, misconceive

ped(i) / pod = foot, motion (발, 이동)

935
podium
[póudiəm]

발이 있는 pod 장소 ium

연단

The postal union leader stood at the podium to address the workers.
우편 노동조합 대표가 연단에 서서 직원들에게 연설했다.

🔄 platform, stage
🔀 –

936
centipede
[séntəpìːd]

백개의 ceni 발 pede

지네
A large centipede crawled into the storage room of the rural post office.
큰 지네가 시골 우체국의 창고 안으로 기어 들어갔다.

- myriapod, insect
- –

937
expedient
[ikspíːdiənt]

발을 pedi 빼는 ex 상태 ent

편의주의적인, 임시방편의
Using digital receipts was an expedient solution to speed up processing in the insurance office.
보험 사무실에서는 처리 속도를 높이기 위해 전자 영수증을 임시방편으로 사용했다.

- convenient, pragmatic, advantageous
- inconvenient, ill-advised

어근 탐구 '발이 자유롭다'는 것은 방해가 없고 '편리한', 또는 '적합한' 상태를 말한다.

938
impede
[impíːd]

안으로 im 발을 잡다 pede

방해하다
Defense lawyers try to impede executions through legal maneuvers.
변호사들은 법적 절차로 집행을 방해하려 한다.

- hinder, obstruct
- facilitate, assist

939
pedal
[pédl]

발에 ped 관한 al

페달
The courier pressed hard on the bicycle pedal to meet the delivery deadline.
배달원은 배송 마감 시간을 맞추기 위해 자전거 페달을 힘껏 밟았다.

- treadle, foot lever
- –

940
pedestrian
[pədéstriən]

발로 ped 걷는 destr 사람 ian

보행자
Pedestrians waited as the postal truck crossed the intersection.
보행자들이 우편 트럭이 교차로를 지나는 동안 기다렸다.

- walker, foot traveler
- driver, rider

941
exped**ite**
[ékspədàit]

발이 **pedite** 빠져있다 **ex**

신속히 처리하다, 촉진하다

The postal center expedited the delivery of relief supplies to the flooded region.
우편센터는 침수 지역에 구호 물품을 신속히 전달했다.

- 유 accelerate, hasten, facilitate
- 반 delay, hinder

어근탐구 '장애물이 제거된 상태', 또는 '족쇄에서 해방된' 것을 의미하여 움직임이 빠르고 진행이 가속화 하는 것을 말한다.

942
exped**ition**
[èkspədíʃən]

밖으로 **ex** 발을 내딛기 **pedition** (=신속한 작전 또는 준비)

탐험, 원정

The research team organized an expedition to study climate effects in Antarctica.
연구팀은 남극에서 기후 영향을 연구하기 위한 탐험을 조직했다.

- 유 journey, exploration
- 반 retreat, delay

cor / card / cord = heart, mind (심장, 마음)

943
accord
[əkɔ́ːrd]

~를 향하여 **ac** 마음이 **cord** 간 것

합의, 일치하다

The two nations signed an accord to strengthen trade relations.
두 나라는 무역 관계를 강화하기 위한 협정을 체결했다.

- 유 agreement, harmony
- 반 conflict, disagreement

944
concord
[káŋkərd, kɔ́ŋkərd]

함께하는 **con** 마음 **cord**

화합, 일치

The union and management reached concord after lengthy negotiations.
노조와 경영진은 긴 협상 끝에 화합에 이르렀다.

- 유 harmony, agreement
- 반 discord, conflict

945
dis**cord**
[diskɔːrd]

(서로간에) 중심이 cord 떨어짐(맞지 않음) dis

불화, 불일치

There was growing discord between management and postal workers over wages.
임금을 두고 경영진과 우편 노동자들 사이에 불화가 커지고 있었다.

- conflict, disagreement
- harmony, accord

946
re**cord**
[rékərd, rékɔːrd]

심장에 cord 다시 re

기록, 기록하다

The postal office keeps a record of all registered mail.
우체국은 모든 등기 우편의 기록을 보관한다.

- register, document
- erase, delete

어근 탐구 고대인은 '기억'과 '생각'은 머리가 아니라 '심장'에서 온다고 생각했다. 때문에 '기록'은 '심장에 (다시 볼 수 있도록) 새긴다'는 의미로 record가 되었다.

947
core
[kɔːr]

심장, 중심 core

핵심, 중심

Efficient sorting is at the core of the postal service's success.
효율적인 분류가 우편 서비스 성공의 핵심이다.

- essence, center
- exterior, outside

948
courage
[kəːridʒ, kʌridʒ]

마음에 cour 있는 것, 관련 상태 age

용기

It takes courage to speak up about unfair workplace policies.
부당한 직장 정책에 대해 발언하는 데는 용기가 필요하다.

- bravery, valor
- cowardice, fear

949
en**cour**age
[enkəːridʒ, enkʌridʒ]

용기를 courage 마음속에 넣다 en

격려하다, 장려하다

The government launched a campaign to encourage online banking.
정부는 온라인 뱅킹을 장려하기 위한 캠페인을 시작했다.

- support, motivate
- discourage, hinder

950
quarry
[kwɔ́:ri, kwúri]

(사냥한 동물의) 가죽과 내장 quarry
(*cor의 철자 변형)

사냥감, 추적 대상

The detectives finally located their quarry in a remote cabin.
형사들은 결국 외딴 오두막에서 그들의 추적 대상을 찾아냈다.

🔵 prey, target, objective
🔴 predator, hunter

어근 탐구 14세기에 사냥 후 잡은 동물의 내장을 그 가죽위에 올려 사냥개에게 보상으로 주던 풍습에서 온 단어로, 어근 cuir(가죽)과 cor(심장)에서 철자 변형이 일어난 것이다. 처음에는 '전리품'만을 의미하다가 점차 '맹렬히 추구하는 대상'으로 발전했다.

audi = ear (귀, 소리를 듣다)

951
audible
[ɔ́:dəbl]

듣는 게 audi 가능한 (i)ble

들을 수 있는

The announcement about the delayed mail delivery was barely audible over the crowd noise.
지연된 우편 배달에 대한 안내 방송은 군중 소음에 거의 들리지 않았다.

🔵 perceivable, hearable
🔴 inaudible, imperceptible

952
audience
[ɔ́:diəns]

듣는 audi 상태 ence

청중, 관객

The audience applauded when the speaker discussed improvements in postal services.
연사가 우편 서비스 개선에 대해 이야기하자 청중이 박수를 보냈다.

🔵 spectators, listeners
🔴 speaker, performer

953
audition
[ɔ́:diʃən]

듣는 audi 행동 tion

오디션, 심사

She passed the audition for the role in a postal service commercial.
그녀는 우편 서비스 광고 배역 오디션에 합격했다.

🔵 tryout, screen test
🔴 rejection, dismissal

954
auditorium
[ɔ̀ːdi'tɜːriəm]

듣는 audit 장소 orium

강당, 대강의실
The training session for new postal recruits was held in the main auditorium.
신규 우편 직원 교육이 대강당에서 열렸다.
- hall, theater
- open field, outdoors

955
auditory
[ɔ́ːditɔ̀ːri, ɔ́ːditòuri]

듣는 audi 것과 관련한 ory

청각의
Auditory skills are essential for call center staff handling postal inquiries.
우편 문의를 처리하는 콜센터 직원에게 청각 능력은 필수적이다.
- aural, hearing-related
- visual, optical

anim = life, spirit, breath (생명, 영혼이 있는 것, 숨쉬다)

956
animate
[ǽnəmèit]

숨을 쉬게 하는, 살아있게 anima 하는 것 (a)tion

살리다, 생기를 불어넣다, 활력을 주다, 고무하다, 격려하다
The teacher's enthusiasm animated the entire classroom.
교사의 열정은 교실 전체에 생기를 불어넣었다.
- enliven, energize
- depress, deaden, inanimate

957
animism
[ǽnəmizəm]

살아 숨쉬는, 생명화하는 anim 체제, 사상 ism

물활론 (*물활론: 모든 것에 영혼이 깃들어 있다(=정령)는 신앙)
Some ancient cultures practiced animism, believing that all objects have a spirit.
일부 고대 문화는 모든 사물에 영혼이 있다고 믿으며 물활론을 실천했다.
- spiritualism, pantheism
- materialism, atheism

958
equanimity
[ìːkwənímətì, èkwənímətì]

평온한 equ 마음인 anim 상태 ity

침착, 평정

Even under pressure from angry policyholders, she maintained her equanimity.

화가 난 보험 가입자들의 압박 속에서도 그녀는 침착함을 유지했다.

- composure, calmness, serenity
- agitation, anxiety

959
inanimate
[inǽnəmit]

생명이 anim 없는 in 상태인 ate

무생물의, 생명 없는

The dog distinguished between live and inanimate bodies.

개는 살아 있는 몸과 무생물의 몸을 구별했다.

- lifeless, dead
- animate, living

960
magnanimous
[mægnǽnəməs]

큰 magn 마음 anim 의 ous

도량이 넓은, 관대한

She was magnanimous in victory, praising her defeated opponents.

그녀는 승리 후 패배한 상대를 칭찬하며 도량이 넓었다.

- generous, noble
- petty, mean

spirit = soul (영혼)

961
spirit
[spirit]

영혼, 기운 spirit

정신, 기운

The volunteers worked with a spirit of dedication during the charity postal event.

자원봉사자들은 자선 우편 행사에서 헌신적인 정신으로 일했다.

- morale, enthusiasm
- apathy, indifference

spir = breathe (숨쉬다)

962
aspirant
[ǽspərənt, əspáiərənt]

~쪽으로 a 숨쉬는 spir 사람 ant

열망하는 사람, 지원자

Many aspirants for the civil service exam attended weekend study sessions at the local post office.
많은 공무원 시험 준비생들이 지역 우체국 주말 스터디에 참석했다.

- applicant, candidate, hopeful
- dropout, quitter, disbeliever

963
aspire
[əspáiər]

~쪽으로 a 숨쉬다 spire

열망하다, 갈망하다

She aspires to lead the insurance division one day through hard work and dedication.
그녀는 노력과 헌신을 통해 언젠가는 보험 부서를 이끄는 것을 열망한다.

She aspires to become the head of the postal service division.
그녀는 우편 서비스 부서의 책임자가 되기를 열망한다.

- aim, strive, desire
- dismiss, disregard, detest, neglect

964
conspire
[kənspáiər]

함께 con 숨 쉬다 spire

공모하다

The two employees conspired to steal valuable postal items.
두 직원은 귀중한 우편물을 훔치기 위해 공모했다.

- plot, scheme
- oppose, defend

965
expire
[ikspáiər]

밖으로 ex (마지막)숨을 내쉬다 spire

만료되다

Your insurance policy will expire at the end of this month.
귀하의 보험 증권은 이달 말에 만료됩니다.

- terminate, lapse
- continue, start

966

inspire
[inspáiər]

안으로 in 숨을 불다 spire

영감을 주다

Her leadership inspired the team to complete the project ahead of schedule.
그녀의 리더십은 팀이 프로젝트를 예정보다 일찍 완료하도록 영감을 주었다.

- motivate, encourage
- discourage, dishearten

967

respiration
[rèspəréiʃən]

다시 re 숨을 쉬게 spir 하는 것 ation

호흡

Proper respiration is essential during strenuous physical activity.
격렬한 신체 활동 중에는 올바른 호흡이 필수적이다.

- breathing, inhalation
- suffocation, asphyxiation

tact / teg / tang = to touch, handle (만지다)

968

tact
[tækt]

감각 tact

요령, 재치

Handling a dissatisfied client requires tact, especially when discussing sensitive financial matters.
불만을 가진 고객을 다루는 일은 특히 민감한 금융 문제를 논의할 때 요령이 필요하다.

- diplomacy, discretion
- bluntness, insensitivity

969

tactile
[tǽktil, tǽktail]

닿는 감각에 tact 관한 ile

촉각의

The tactile surface of the envelope helps visually impaired customers identify important correspondence.
봉투의 촉각 표면은 시각장애 고객이 중요한 서신을 식별하는 데 도움을 준다.

- touchable, tangible
- intangible, imperceptible

970
tangible
[tǽndʒəbəl]

만질 tang 수 있는 ible

실질적인, 만질 수 있는

Customers appreciated the tangible improvements in the bank's mobile app interface.
고객들은 은행 모바일 앱에서 눈에 보이는 개선 사항에 만족했다.

- concrete, real
- intangible, abstract

971
integral
[íntigrəl]

(인위로)손대지 tegr 않게 in 한 in

온전한, 완전한, 빠뜨릴 수 없는(=필수의), 정수의, 적분의

Teamwork is an integral part of success.
팀워크는 성공의 필수적인 요소다.

- essential, fundamental
- optional, unnecessary

972
integrate
[íntəgrèit]

전체로 integr 만들다 ate (손대지 tegr 않게 in (온전하게, 전체로) 만들다 ate)

통합하다

The new software will integrate billing and delivery systems.
새 소프트웨어는 청구와 배송 시스템을 통합할 것이다.

- combine, merge
- separate, divide

973
integrity
[intégrəti]

(도덕적으로) 완전한 integr 상태 ity

청렴, 완전성

The inspector is known for his integrity and fairness.
그 검사관은 청렴성과 공정성으로 잘 알려져 있다.

- honesty, probity
- dishonesty, corruption

vox / voc / vok = voice (성대, 목소리를 내다)

vocal
[vóukəl]

목소리, 성대 voc 의 al

목소리의, 발언하는

The union became more vocal about demanding better safety measures after the accident.

사고 이후 노조는 더 나은 안전 조치를 요구하는 데 있어 더 적극적인 발언을 하게 되었다.

- outspoken, verbal
- silent, quiet

vocalize
[vóukəlìːz]

목소리를 vocal 내다 ize

발성하다, 말하다

The trainer encouraged new employees to vocalize their concerns during the orientation session.

교육 담당자는 오리엔테이션 시간에 신입 직원이 자신의 우려를 말하도록 격려했다.

- articulate, express
- suppress, withhold

vocabulary
[voukǽbjulèri, voukǽbjuləri]

목소리로 vo(c) 부르는 cabul 것 ary

어휘

Postal workers are trained in specialized vocabulary to handle international shipments accurately.

우편 직원들은 국제 배송을 정확하게 처리하기 위해 전문 어휘를 교육받는다.

- lexicon, terminology
- –

vocation
[voukéiʃən]

부름 받는 vocat 것 ion

직업, 천직

He considered postal service not just a job but a vocation that required dedication.

그는 우편 업무를 단순한 직장이 아닌 헌신을 요구하는 천직으로 여겼다.

- calling, profession
- hobby, pastime

978
ad**voc**ate
[ǽdvəkət, ǽdvəkit, ǽdvəkèit]

~에 ad 목소리를 내게 voc 하다 ate

지지자, 옹호자, 옹호하다, 변호하다

As a lawyer, she advocates for the rights of the elderly.
변호사로서 그녀는 노인들의 권리를 옹호한다.

Advocates for universal healthcare argue it reduces inequality.
보편적 건강 보험의 지지자들은 그것이 불평등을 줄인다고 주장한다.

유 supporter, champion(투사, 옹호자) / promote, recommend
반 opponent, critic / oppose, reject

979
e**vok**e
[ivóuk]

밖으로 e 불러내다 voke

불러일으키다, 환기시키다

The smell of old books evoked memories of her childhood.
오래된 책 냄새가 그녀의 어린 시절 기억을 불러일으켰다.

유 elicit, arouse
반 suppress, ignore

980
pro**vok**e
[prəvóuk]

앞으로 pro 불러내다 voke

유발하다, 도발하다

The announcement of higher postage rates provoked public criticism.
우편 요금 인상 발표가 대중의 비난을 유발했다.

유 incite, trigger
반 calm, pacify

981
re**vok**e
[rivóuk]

다시 re 말하다 voke

취소하다, 철회하다

The insurance company decided to revoke the policy due to fraudulent claims.
보험 회사는 사기성 청구로 인해 계약을 취소하기로 결정했다.

유 cancel, withdraw
반 approve, validate

PART VII Nature & Elements
(자연과 원소)

terr = earth (대지, 땅)

982
terrain
[təréin]

땅, 지면인 **terra** 것 **(a)in**

지형, 지대

Postal routes in mountainous terrain require vehicles with strong engines and reliable braking systems.

산악 지형의 우편 노선은 강력한 엔진과 안정적인 제동 장치를 갖춘 차량을 필요로 한다.

- 유 landscape, ground
- 반 sky, air

983
territory
[térətɔ̀ːri, térətəri]

땅이 뻗은 **territ** 곳 **ory**

영토, 영역

The courier company expanded its delivery territory to include remote islands previously excluded from service.

택배 회사는 이전에 서비스에서 제외되었던 외딴 섬을 배송 영역에 포함시켰다.

- 유 region, domain
- 반 foreign land, outside area

984
terrestrial
[təréstriəl]

땅에 **terr** 관련하고 **estri** 있는, 사는 **al**

육지의, 지구의

The satellite system improves communication between terrestrial postal stations and offshore offices.

위성 시스템은 육상 우편 지점과 해상 사무소 간의 통신을 개선한다.

- 유 earthly, land-based
- 반 extraterrestrial, celestial

985
extraterr**estrial**

[èkstrétəréstriəl]

지구의, 땅의 **terrestrial** 밖에 **extra**

외계의, 지구 밖의

Scientists are researching the possibility of extraterrestrial life.

과학자들은 외계 생명체의 가능성을 연구하고 있다.

- alien, otherworldly
- terrestrial, earthly

986
sub**terra**nean

[sʌbtəréiniən]

땅의 **terra** 아래에 **sub** 속한 **nean**

지하의, 숨겨진

The data center has a subterranean vault where financial backups are stored.

그 데이터 센터에는 재정 백업 파일이 보관된 지하 금고가 있다.

- underground, hidden
- surface, exposed

987
Medi**terra**nean

[mèdətəréiniən]

육지의 **terra** 중간 **medi** 즈음, ~에 속한 **nean**

지중해의

The postal service offers special shipping rates to Mediterranean countries.

우편 서비스는 지중해 연안 국가에 특별 요금을 제공한다.

- –
- –

aer = air (공기)

988
aerial

[ɛ́əriəl, eíiəriəl]

공기 **aeri** 의 **al**

공중의, 항공의

The aerial view of the city revealed its complex layout.

도시의 항공 사진은 복잡한 구조를 보여주었다.

- airborne, overhead
- ground, terrestrial

989
aerobic

[ɛəróubik]

공기 **aero**로 살게 **bi** 하는 **(i)c**

유산소의

She attends aerobic classes twice a week to improve her fitness.

그녀는 체력을 향상시키기 위해 주 2회 유산소 운동 수업에 참석한다.

- cardiovascular, endurance-based
- anaerobic

990

aero**dynamic**

[ɛəroudainǽmik]

공기로 **aero** 힘을 내는 **dynamic**

공기역학의

The new aircraft design is more aerodynamic, reducing fuel consumption.
새로운 항공기 설계는 공기역학적으로 더 효율적이어서 연료 소비를 줄인다.

유 streamlined, sleek
반 bulky, drag-inducing

991

aero**space**

[ɛərouspéis]

대기의 **aero** 영역 **space**

항공우주

The company specializes in aerospace technology for satellites and rockets.
그 회사는 위성과 로켓을 위한 항공우주 기술을 전문으로 한다.

유 aeronautics, astronautics
반 –

aqua = water (물)

992

aquarium

[əkwɛ́əriəm]

물이 **aqua(r)** 있는 곳 **ium**

수족관

The children enjoyed watching tropical fish at the aquarium.
아이들은 수족관에서 열대어를 구경하며 즐거워했다.

유 fish tank, marine exhibit
반 –

993

aquatic

[əkwǽtik, əkwɑ́tik, əkwɔ́tik]

물 **aqua(t)** 의 **ic**

물의, 수생의

Some aquatic plants are used to improve water quality.
일부 수생 식물은 수질 개선에 사용된다.

유 marine, water-dwelling
반 terrestrial, land-based

994

aquaculture

[ǽkwəkʌ̀ltʃər, ɑ́:kwəkʌ̀ltʃər]

수중 **aqua** 재배 **culture**

양식업

Aquaculture has become an important industry in coastal regions.
양식업은 해안 지역에서 중요한 산업이 되었다.

유 fish farming, mariculture
반 –

therm = heat (열)

995
thermometer
[θərmúmitər, θərmɔ́mitər]

열을 thermo 측정하는 것 meter

온도계

The storage facility is equipped with digital thermometers to ensure temperature-sensitive goods remain safe during transit.
보관 시설에는 온도 민감 상품이 운송 중 안전하게 보관되도록 디지털 온도계가 설치되어 있다.

유 temperature gauge
반 -

luc = light (열, 빛)

996
e**luc**idate
[ilú:sədèit]

밖에서, 밖으로 e 빛을 비추게, 밝게 lucid
하다 ate

설명하다, 해명하다

The postmaster held a briefing to elucidate the new delivery zoning policy.
우체국장은 새로운 배달 구역 정책에 대해 설명하기 위해 브리핑을 열었다.

유 clarify, explain, illuminate
반 confuse, obscure

candid = shine (빛나다, 비추다)

997
candid 공무
[kǽndid]

밝히는 candid

솔직한, 숨김없는

The postal inspector gave a candid assessment of the delivery issue.
우편 조사관은 배송 문제에 대해 솔직한 평가를 내렸다.

The manager was candid about the challenges facing the postal industry.
그 관리자는 우편 산업이 직면한 어려움에 대해 솔직했다.

유 honest, straightforward, frank,
반 deceitful, dishonest, guarded

998

candidate
[kǽndidèit, kǽndidit]

흰 옷을 입은 사람 또는 주변을 밝히게
candid 하다 ate

후보자, 지원자

The candidate for the postal service position had extensive customer service experience.
우편 서비스 직책의 후보자는 풍부한 고객 서비스 경험을 가지고 있었다.

🟰 applicant, nominee
🔄 –

grave = tomb (깊은 땅 속, 무덤)

999

grave
[greiv]

땅을 (깊게) 파는 grave

심각한, 중대한

The report warned of grave consequences if the policy is ignored.
보고서는 정책을 무시할 경우 심각한 결과가 초래될 것이라고 경고했다.

🟰 serious, severe
🔄 trivial, light

1000

gravity
[grǽvəti]

무거운 grav 것 ity

중력, 중대함

The engineer considered the effect of gravity when designing the sorting system.
엔지니어는 분류 시스템 설계 시 중력의 영향을 고려했다.

🟰 seriousness, weight
🔄 frivolity, levity

1001

grieve
[gri:v]

(마음을) 무겁게 griev 만들다 e

슬퍼하다

The community grieved the loss of a long-serving postmaster.
지역 사회는 오랫동안 근무한 우체국장의 죽음을 슬퍼했다.

🟰 mourn, lament
🔄 rejoice, celebrate

1002
engrave
[engréiv]

안으로 en 조각하다, 파다 grave

새기다, 조각하다

The trophy was engraved with the winner's name.
트로피에는 우승자의 이름이 새겨졌다.

- 유 etch, carve
- 반 erase, efface

tempor = time ((일시적) 시간)

1003
temporal
[témpərəl]

시간에 tempor 관한 al

시간의, 세속의

The report emphasized that temporal factors, such as seasonal demand, must be considered when planning delivery schedules.
보고서는 배송 일정을 계획할 때 계절 수요와 같은 시간적 요소를 고려해야 한다고 강조했다.

- 유 chronological, worldly
- 반 eternal, spiritual

1004
temporary
[témpərèri, témpərəri]

시간 tempor 의 ary

임시의

A temporary postal counter, set up during the renovation of the main branch, helped maintain customer service.
본점 개보수 동안 설치된 임시 우편 창구가 고객 서비스를 유지하는 데 도움이 되었다.

- 유 provisional, short-term
- 반 permanent, lasting

어근 탐구 '시간'은 영원하지 않고 계속 흘러가기 때문에 (영원과 대비되는) 짧은 시간(임시)를 뜻하게 되었다.

1005
contemporary
[kəntémpərèri, kəntémpərəri]

모아놓은 con 시간 tempor 의 ary

현대의, 동시대의

The contemporary design of the new post office attracted public interest.
새 우체국의 현대적인 디자인이 대중의 관심을 끌었다.

- 유 modern, current
- 반 old-fashioned, outdated

cycl = cycle (원, 주기)

1006
cycle
[sáikl]

원운동 cycle

순환, 주기

The delivery cycle for rural areas is longer than in urban areas.
농촌 지역의 배송 주기는 도시 지역보다 길다.

- rotation, sequence
- interruption, disorder

1007
cyclone
[sáikloun]

소용돌이 cyclone

사이클론, 폭풍

The cyclone caused delays in mail delivery across the coastal region.
사이클론이 해안 지역 전역의 우편 배달을 지연시켰다.

- hurricane, typhoon
- calm, stillness

1008
encyclopedia
[ensàikloupíːdiə]

(교양, 교육의) 원 cyclo 안으로 en 어린 이를 교육하는 것 pedia

백과사전

He consulted an encyclopedia to learn about postal history.
그는 우편 역사를 공부하기 위해 백과사전을 참고했다.

- reference book, compendium
- pamphlet, leaflet

1009
recycle
[riːsáikəl]

다시 re (바퀴처럼) 회전하다 cycle

재활용하다

The post office encourages customers to recycle packaging materials.
우체국은 고객에게 포장재를 재활용하도록 권장한다.

- reuse, reclaim
- waste, discard

1010
motorcycle
[móutərsaikl]

바퀴로 cycle 움직이는 자 motor

오토바이

He delivered the urgent documents by motorcycle to avoid traffic.
그는 교통 체증을 피하기 위해 오토바이로 긴급 문서를 전달했다.

- bike, motorbike
- –

circul = ring, circle

1011
circuit
[sə́ːrkit]

둥글게 circu 가는 것 it

순회, 회로
The postal inspector completed a circuit of all rural branches in the district.
우편 감시관은 해당 구역의 모든 시골 지점을 순회했다.
- route, loop
- –

1012
circuitous
[səːrkjúːitəs]

둥글게 circu 돌아 가는 it +형용사 접미어 ous

우회하는, 빙 돌아가는
The letter took a circuitous route due to customs inspection delays.
세관 검사 지연으로 편지는 빙 돌아가는 경로를 탔다.
- indirect, roundabout, meandering
- direct, straight

1013
circular
[sə́ːrkjələr]

둥근 고리모양에 circul 관한 ar

원형의, 회람
The company sent a circular to all branches announcing the policy change.
회사는 모든 지점에 정책 변경을 알리는 회람을 보냈다.
- round, bulletin
- square, direct

1014
circulate
[sə́ːrkjəlèit]

둥글게 circul 만들다 ate

순환하다, 유포하다
Rumors about changes in postal regulations began to circulate among employees.
우편 규정 변경에 대한 소문이 직원들 사이에서 퍼지기 시작했다.
- distribute, spread
- collect, suppress

1015
circus
[sə́ːrkəs]

둥근 공연장 또는 경기장 circus

서커스
A traveling circus sent promotional flyers via bulk mail.
이동 서커스단이 대량 우편으로 홍보 전단지를 보냈다.
- carnival, fair
- –

phys = nature (자연)

1016
physicist
[fízisist]

자연과학을 physic 직업으로 삼은 자 ist

물리학자

A physicist developed a faster scanning system for sorting postal packages.
한 물리학자가 우편 소포 분류를 위한 더 빠른 스캐닝 시스템을 개발했다.

유 scientist, researcher
반 -

chem = archemy (연금술)

1017
chemist
[kémist]

연금술을 하는 chem 하는 사람 ist

약사, 화학자

The chemist mailed a sample to a laboratory for testing.
약사는 실험을 위해 시료를 실험실로 발송했다.

유 pharmacist, scientist
반 -

어근 탐구 연금술에서 만능 용매나 정수를 찾는 행위에서 유래했다.

1018
biochemistry
[báioukémistri]

생명을 bio 다루는 화학, 연금술 chemistry

생화학

She studied biochemistry before working in the pharmaceutical division of an insurance company.
그녀는 보험사 제약 부서에서 일하기 전에 생화학을 전공했다.

유 biological chemistry, life chemistry
반 -

techn = skill (기술)

> **어근 탐구** 기술을 나타내는 또 다른 어근 techn-은 그리스어에서 유래되었는데 '기술을 써서 만든 것'을 의미한다. 처음에는 수공업에 사용되다가 점차 문명이 발전하며 그 범위가 넓어진 것이다.

1019
technician
[tekníʃən]

기술이 있는 **techni** 전문가 **cian**

기술자

A postal technician, who had specialized in automated sorting machines, repaired the malfunction within an hour.
자동 분류기에 특화된 우편 기술자는 한 시간 안에 고장을 수리했다.

- 유 specialist, engineer
- 반 amateur, novice

1020
technique
[tekníːk]

기술 **techn** 의 **ique** (*-ique는 -ic과 같다.)

기술, 방법

The bank adopted a new fraud detection technique that analyzes transaction patterns in real time.
은행은 거래 패턴을 실시간으로 분석하는 새로운 사기 탐지 기법을 채택했다.

- 유 method, approach
- 반 ignorance, inability

1021
technography
[teknɑ́grəfi, teknɔ́gəfi]

기술을 **techno** 쓴 **graph** 것 **y**

기술사, 과학사

Technography is used to document the operational details of postal automation systems.
기술 기록법은 우편 자동화 시스템의 운영 세부 사항을 기록하는 데 사용된다.

- 유 technical documentation
- 반 –

1022
technology 중요
[teknɑ́lədʒi, teknɔ́lədʒi]

기술을 **techno** 연구하는 **log** 것 **y**

기술

Advancements in technology have enabled same-day delivery services in major cities.
기술의 발전은 주요 도시에서 당일 배송 서비스를 가능하게 했다.

The post office adopted new scanning technology to speed up sorting.
우체국은 분류 속도를 높이기 위해 새로운 스캔 기술을 도입했다.

- 유 innovation, engineering
- 반 primitiveness, stagnation, tradition (비유적 반의어)

1023

biotechnology
[bàiəteknάlədʒi, bàiəteknɔ́lədʒi]

생명 bio 기술을 techno 연구하는 것 logy

생명공학

Biotechnology is being used to develop drought-resistant crops.
생명공학은 가뭄에 강한 작물을 개발하는 데 사용되고 있다.

🟰 biotech, genetic engineering
🔄 –

machin = engine; device (엔진, 장치)

1024

machinery
[məʃíːnəri]

기계, 장치 machin 류 ery

기계 장치

The postal sorting center installed new machinery to process packages faster.
우편물 분류 센터는 소포를 더 빨리 처리하기 위해 새로운 기계 장치를 설치했다.

🟰 equipment, apparatus
🔄 –

PART VIII Human & Society
(인간과 사회)

anthrop = human being (인류)

1025
anthropologist
[ænθrəpάlədʒist, ænθrəpɔ́lədʒist]

인간을 anthropo 연구하는 것 logy

인류학자
The anthropologist compared rural communication methods to understand the evolution of postal networks.
그 인류학자는 우편망의 발전을 이해하기 위해 농촌의 소통 방식을 비교했다.
- cultural scientist, ethnologist
- layperson

hum = earth (대지, 흙)

어근 탐구 음운 변화에 대한 정확한 기록은 없으나 여러 전설과 신화속에서 자연발생한 신과 대조적으로 흙으로 빚거나 흙에서 돋아난 자를 인간이라고 정의한다. 성경 속 최초의 인간인 아담adam도 '땅'을 의미하는 히브리어 adamah에서 온 것으로 보인다. 흙으로 빚어진 인간은 흙과 마찬가지로 신 앞에선 항상 '낮은' 존재이며, 따라서 '인간'과 '낮음'을 나타내는 많은 단어들이 hum-을 어근으로 한다.

1026
human
[[hjúːmən]

흙으로 빚어진 human

인간의, 인간
Making mistakes is part of being human.
실수를 하는 것은 인간의 일부다.
- person, individual
- machine, robot

1027
humanism
[hjúːmənizəm]

인간에 대한 **human** 사상 **ism**

인문주의, 인본주의

The school's curriculum emphasizes humanism and empathy.
그 학교의 교육과정은 인본주의와 공감을 강조한다.

유 humanitarianism, philanthropy
반 cynicism

1028
humanity
[hjuːmǽnəti]

인간 **human** 다운 것 **ity**

인류, 인간성

Acts of kindness restore one's faith in humanity.
친절한 행동은 인류에 대한 믿음을 회복시킨다.

유 mankind, compassion
반 inhumanity, cruelty

1029
humble
[hʌ́mbəl]

땅의 **hum** 성질인 **ble**

겸손한

Despite his achievements, he remained humble.
그는 많은 성취에도 불구하고 겸손함을 유지했다.

유 modest, unpretentious
반 arrogant, proud

1030
humiliate
[hjuːmílièit]

땅으로(땅처럼 낮게) **humili** 만들다 **ate**

굴욕감을 주다, 굴복시키다

The supervisor's unfair remarks in front of the staff served only to humiliate the employee.
상사의 부당한 발언은 직원에게 굴욕감을 줄 뿐이었다.

유 embarrass, demean
반 honor, praise

1031
humility 중요
[hjuːmíləti]

땅의 (땅처럼 낮은) **humil** 상태 **ity**

겸손

True leadership is rooted in humility and respect for others.
진정한 리더십은 겸손과 타인에 대한 존중에 뿌리를 둔다.

I chose arrogance over humility.
나는 겸손보다 오만을 선택했다.

유 modesty, meekness
반 arrogance, pride

civi = citizen, city (도시(국가)인, 시민)

어근탐구 로마의 '시민'이란 단순한 거주민이 아니라 도시 국가의 법적, 사회적 의무를 가진 자를 의미했는데, 특히 전투에 참여해 동료 시민을 구한 로마인에게 corona civica (참나무 잎으로 만든 화환)을 수여한데서 유래했다.

1032
civic
[sívik]

시민의 civic

시민의, 도시의

The civic center hosted a seminar on modern postal services.
시청사는 현대 우편 서비스에 관한 세미나를 개최했다.

- 윾 municipal, public
- 뜻 rural, private

1033
civil
[sívəl]

도시 거주자의 civil (*시민 질서를 지키는 사회의 일원을 의미)

시민의, 민간의

He filed a civil complaint regarding the mishandling of his registered mail.
그는 자신의 등기 우편 처리 문제로 민사 소송을 제기했다.

- 윾 secular, nonmilitary
- 뜻 military, criminal

1034
civilian
[sivíljən]

도시의 civil 사람 ian

민간인

Civilians were trained to handle emergency postal services during the war.
전시에는 민간인들이 비상 우편 업무를 처리하도록 훈련받았다.

- 윾 noncombatant, citizen
- 뜻 soldier, combatant

1035
civilization
[sìvəlizéiʃən]

시민으로 civil 만드는 iz 것 ation

문명

The development of the postal system marked a significant step in human civilization.
우편 시스템의 발달은 인류 문명에서 중요한 진보였다.

- 윾 culture, society
- 뜻 barbarism, savagery

1036
civilize
[sívəlàiz]

시민으로 civil 만들다 ize

문명화하다

Postal services helped civilize remote regions by connecting them to trade routes.
우편 서비스는 오지 지역을 무역로와 연결해 문명화하는 데 기여했다.

- educate, enlighten
- degrade, corrupt

1037
citizenship
[sítəzənʃip]

도시에 citi 거주하는 자의 zen 지위 ship

시민권

Proof of citizenship is required to apply for a postal savings account.
우편 저축 계좌를 개설하려면 시민권 증명이 필요하다.

- nationality, membership
- alienage, statelessness

demo = common people (보통 사람들)

1038
democracy
[dimάkrəsi, dimɔ́krəsi]

보통 사람이 demo 다스리는 것 cracy

민주주의

Democracy allows citizens to have a voice in shaping postal service policies.
민주주의는 국민이 우편 서비스 정책을 결정하는 데 의견을 낼 수 있게 한다.

- self-government, republic
- dictatorship, autocracy

1039
demography
[dimάgrəfi, diːmɔ́grəfi]

사람들을 demo 쓴 것 graphy

인구 통계학

Demography data helps postal services plan new branch locations.
인구 통계 자료는 우편 서비스가 새로운 지점을 계획하는 데 도움을 준다.

- population statistics, census data
- –

popul = people (사람들)

1040
popular
[pάpjələr, pɔ́pjələr]

사람들 popul 의, ~에 관한 ar

인기 있는

The new postal tracking app quickly became popular among customers.
새 우편 추적 앱은 고객들 사이에서 빠르게 인기를 끌었다.

- well-liked, favored
- unpopular, disliked

1041
populate
[pápjəlèit, pɔ́pjəlèit]

사람들로 popul 만들다 ate

거주하다, 채우다

The newly developed town was populated mostly by young families.
새로 개발된 도시는 대부분 젊은 가정들이 거주했다.

- inhabit, settle
- abandon, vacate

urb = city (도시)

1042
urban
[ə́ːrbən]

도시 urb 의 an

도시의

Urban postal routes, which often face traffic congestion, require careful planning to maintain timely delivery.
교통 혼잡이 잦은 도시 우편 노선은 제때 배송을 유지하기 위해 세심한 계획이 필요하다.

- metropolitan, city
- rural, suburban

1043
urbane
[əːrbéin]

도시에 urb 속하는, 관한 ane

세련된, 예의 바른

The urbane manager welcomed the clients with refined politeness.
세련된 매니저는 세련된 예의로 고객을 맞이했다.

- sophisticated, polished
- rude, boorish

1044
suburb
[sʌbəːrb]

도시의 urb 아래에 sub

교외, 근교

Many postal distribution centers are located in the suburb, where land costs are lower and access to highways is easier.
토지 비용이 낮고 고속도로 접근성이 좋은 교외 지역에 많은 우편 물류센터가 위치해 있다.

🟰 outskirts, residential area
🔄 city center, downtown

pub / public = adult, general/common people (보통의 성인)

1045
public
[pʌblik]

공공, 일반인 publ 의 ic

공공의, 대중의

The post office is a public service available to all citizens.
우체국은 모든 시민이 이용할 수 있는 공공 서비스다.

🟰 communal, open
🔄 private, restricted

1046
publish
[pʌbliʃ]

대중에게 publ 알리다, 만들다 ish

출판하다, 발표하다

The postal service will publish its annual performance report next month.
우편 서비스는 다음 달에 연간 실적 보고서를 발표할 예정이다.

🟰 release, issue
🔄 suppress, conceal

1047
republic
[ripʌblik]

국민의 public 사안, 일 re(s)

공화국

The stamps featured national symbols of the republic.
우표에는 그 공화국의 국가 상징이 그려져 있었다.

🟰 commonwealth, nation
🔄 monarchy, empire

pater, patr- =father (아버지, 아버지의)

1048
paternal
[pətə́ːrnl]

아버지 **patern** 의 al

아버지의, 부계의

He received a paternal watch as an inheritance.
그는 아버지의 시계를 유산으로 받았다.

- fatherly, patriarchal
- maternal, motherly

1049
patriarch
[péitriὰːrk]

아버지인 **patri** 다스리는 자 arch

가장, 족장, 원로, 가부장

The patriarch of the family business handled all negotiations with the postal bank.
그 가업의 가장은 우체국 은행과의 모든 협상을 담당했다.

- elder, leader, head
- matriarch, subordinate

1050
patriot
[péitriət, péitriὰt, pǽtriət]

아버지를 따르는 **patri** 상태 ot

애국자

The patriot dedicated his life to serving his country, even in postal duties.
그 애국자는 우편 업무를 포함해 평생을 조국 봉사에 헌신했다.

- nationalist, loyalist
- traitor, defector

1051
patron
[péitrən]

아버지와 같은 **patr** 자 on

후원자, 고객

The library's patron donated books on postal history.
그 도서관의 후원자가 우편 역사 책을 기부했다.

- supporter, sponsor
- critic, rival

1052
perpetrated
[pə́ːrpətrèitid]

완전히 per 아버지가 petr 된 ated

(범죄·과실 등을) **저지른** (perpetrate의 과거형, 과거분사)

The suspect perpetrated fraud using forged postal documents.
그 용의자는 위조된 우편 문서를 사용해 사기를 저질렀다.

- 유 committed, executed, carried out
- 반 prevented, refrained

어근 탐구 본래는 '완전한 수행, 행위'를 뜻하였으나 라틴어에서는 선악을 구분하지 않았고 15세기 법률에서 범죄행위를 언급하는 데 쓰이면서 부정적 의미인 '범죄를 저지른'이 되었다.

soci = companion, ally (동료, 연합)

1053
sociable
[sóuʃəbəl]

동료가 soci 될 수 있는 able

사교적인

Her sociable nature helped her quickly build strong client relationships.
그녀의 사교적인 성격은 빠르게 강한 고객 관계를 구축하는 데 도움이 되었다.

- 유 outgoing, friendly
- 반 unsociable, aloof

1054
social
[sóuʃəl]

동반, 사교 soci 의 al

사회의, 사교적인

The post office hosted a social event for retirees in the community.
우체국은 지역 은퇴자들을 위한 사교 행사를 주최했다.

- 유 communal, public
- 반 solitary, private

1055
sociology
[sòusiɑ́lədʒi, sòuʃiɑ́lədʒi, sòusiɔ́lədʒi]

사회를 socio 연구하는 log 것 y

사회학

He majored in sociology to study how communities respond to economic changes.
그는 공동체가 경제 변화에 어떻게 대응하는지 연구하기 위해 사회학을 전공했다.

- 유 social science, anthropology
- 반 –

1056
antisocial
[æntisóuʃəl]

사회적인 social 의 반대 anti

반사회적인

Antisocial behavior can lead to legal consequences.
반사회적 행동은 법적 처벌로 이어질 수 있다.

- hostile, unfriendly
- sociable, friendly

1057
associate
[əsóuʃièit]

~쪽으로 as 함께 soci 하다 ate

연관 짓다, 제휴하다

Many people associate the smell of ink with traditional mail.
많은 사람들은 잉크 냄새를 전통 우편과 연관 짓는다.

- connect, link
- separate, detach

commun = society, fellowship (사회, 동료)

1058
communal
[kəmjúːnəl, kúmjənəl, kɔ́mjənəl]

모든 사람, 일반인 commun 의 al

공동의, 공용의

Residents share a communal mailbox in the apartment complex.
주민들은 아파트 단지의 공동 우편함을 사용한다.

- shared, collective
- private, individual

1059
communicate
[kəmjúːnəkèit]

(의견 등을)공통으로 communic 만들다 ate

의사소통하다

Post offices use multiple channels to communicate updates to customers.
우체국은 고객에게 소식을 전달하기 위해 여러 채널을 사용한다.

- convey, transmit
- withhold, suppress

1060
community
[kəmjúːnəti]

(땅을) 공유하는 commun 상태 ity

공동체, 지역사회

The local community organized a charity event to support postal workers.
지역사회는 우편 직원들을 지원하기 위해 자선 행사를 열었다.

- society, population
- individual, isolation

1061
communism
[kámjənizəm, kɔ́mjənizəm]

집단 소유를 하는 commun 체제 ism

공산주의

During the Cold War, many countries debated the merits and flaws of communism.

냉전 기간 동안 많은 나라들이 공산주의의 장단점을 논의했다.

- 유 socialism, collectivism
- 반 capitalism, individualism

1062
anti**commu**nism
[æntikámjənizəm, æntikɔ́mjənizəm]

공산주의communism에 반대함 anti

반공주의

During the Cold War, anticommunism was a dominant political stance in many countries.

냉전 기간 동안 반공주의는 많은 나라에서 지배적인 정치 입장이었다.

- 유 anti-Marxism, anti-socialism
- 반 communism, socialism

iden = same (동일한)

1063
identical
[aidéntikəl, idéntikəl]

동일한 identi 상태의 cal

동일한

The signatures on both documents were identical.

두 문서의 서명은 동일했다.

- 유 same, indistinguishable
- 반 different, distinct

1064
identify
[aidéntəfài]

동일하게 identi 만들다 fy

확인하다, 식별하다

The technician was able to identify the cause of the system failure.

기술자는 시스템 장애의 원인을 식별할 수 있었다.

- 유 recognize, determine
- 반 misidentify, confuse

1065
identity
[aidéntəti]

동일한 ident 상태 ity

정체성, 신원

Proof of identity is required to open a bank account.
은행 계좌를 개설하려면 신원 증명이 필요하다.

🔁 individuality, persona
🔄 anonymity

ilc / ilk = same (같다)

1066
ilk
[ilk]

같은 종, 가족 ilk

같은, 종류, 가족

Promoted by Japanese businessmen and spokesmen of their ilk.
일본 사업가들과 그와 같은 부류의 대변인들이 홍보했다.

🔁 kind, type
🔄 individual, exception

habit = have, hold, possess (소유하다)

1067
habit
[hǽbit]

의복, 습관, 행동 habit

습관

Checking the mailbox every morning became a habit for the elderly resident.
매일 아침 우편함을 확인하는 것은 그 노인 거주자의 습관이 되었다.

🔁 custom, routine
🔄 irregularity, anomaly

1068
habitat
[hǽbətæt]

소유지, 거주지 habitat

서식지, 거주지

Billy begins to be happy about life only in an artificial but cozy habitat on another planet.
빌리는 다른 행성의 인공적이지만 아늑한 서식지에서만 삶에 행복을 느끼기 시작한다.

🔁 dwelling, environment
🔄 wasteland, uninhabitable area

어근 탐구 habitat은 동식물의 자생지를 의미하며 라틴어로 in inhabit(거주하다)를 영어로 변환한 것이다.

PART Ⅶ Human & Society (인간과 사회)

1069
habitual
[həbítʃuəl]

의복, 습관, 성향이 habitu 있는 al

습관적인

He is a habitual early riser who arrives at work before everyone else.
그는 누구보다 먼저 출근하는 습관적인 아침형 인간이다.

🔁 regular, consistent
🔄 occasional, infrequent

1070
inhib**it**
[inhíbit]

안에 in 잡아두다 hibit

억제하다, 방해하다

Strict regulations can inhibit the growth of small businesses.
엄격한 규제는 소규모 사업의 성장을 억제할 수 있다.

🔁 hinder, restrain
🔄 promote, encourage

1071
inhib**it**ion
[inhəbíʃən]

안에 in 잡아두는 hibit 행위 ion

억제, 자제

She overcame her inhibition about speaking in public.
그녀는 공개 연설에 대한 억제를 극복했다.

🔁 restraint, self-consciousness
🔄 freedom, ease

1072
exhib**it**
[igzíbit]

밖에 ex 잡아두다 hibit

전시하다, 나타내다

The museum will exhibit rare postal artifacts next month.
박물관은 다음 달에 희귀한 우편 유물을 전시할 예정이다.

🔁 display, present
🔄 conceal, hide

here = heir (상속)

1073
heredity
[hərédəti]

상속되는 hered 것 ity

유전

Eye color is largely determined by heredity.
눈 색깔은 주로 유전에 의해 결정된다.

🔁 inheritance, genetics
🔄 –

1074
heritage

[héritidʒ]

상속된 herit 조건이나 상태 age

유산, 전통

The museum preserves the cultural heritage of the region.
그 박물관은 지역의 문화유산을 보존하고 있다.

유 legacy, tradition
반 –

1075
in**her**ent 중요

[inhíərənt]

안에 in 달라붙어, 연결되어 her(e) 있는 ent

내재하는, 타고난, 고유의

Her inherent talent impressed everyone.
그녀의 타고난 재능은 모두를 감탄시켰다.

유 innate, intrinsic
반 acquired, extrinsic

The inherent risks of investing in foreign markets must be carefully considered.
해외 시장에 투자할 때의 내재적 위험은 신중히 고려되어야 한다.

1076
inco**her**ent

[inkouhíərənt, inkouhérənt]

함께 co 붙어, 연결되어 있지 herent 않은 in

두서없는, 일관성 없는

His speech was incoherent and hard to follow.
그의 연설은 두서없어 따라가기 힘들었다.

유 disjointed, unclear
반 coherent, logical

1077
in**her**it

[inhérit]

안으로 in 물려받다 herit

상속받다, 물려받다

She inherited her grandmother's house and all of its contents.
그녀는 할머니의 집과 모든 내용을 상속받았다.

유 receive, be left
반 donate, give away

1078
heir

[ɛər]

상속인, 후계자 heir

상속인

The heir inherited not only the property but also the family business.
그 상속인은 재산뿐 아니라 가업도 물려받았다.

유 successor, inheritor
반 predecessor, ancestor

hosp / host = guest, stranger (손님, 낯선 자)

1079
hospitable
[hάspitəbəl, hɔ́spitəbəl]

손님 접대가 hospit 가능한 able

환대하는

The villagers were hospitable to visitors despite the remote location.
외딴 지역임에도 불구하고 마을 사람들은 방문객을 환대했다.

유 welcoming, cordial
반 inhospitable, unfriendly

어근 탐구 '손님을 맞이하는 자, 주인'을 의미하는 host에서 파생되어 '손님의 집=여관'을 뜻하는 hospital은 '가난하거나 병약한 사람을 위한 자선 기관'이 되었다.

1080
hospital
[hάspitl, hɔ́spitl]

보호소 hospital

병원

He was taken to the hospital after the delivery truck accident.
그는 배송 트럭 사고 후 병원으로 이송되었다.

유 medical center, infirmary
반 –

1081
hostage
[hάstidʒ, hɔ́stidʒ]

인질인 host 상태 age

인질

The police successfully rescued the hostage without injury.
경찰은 인질을 부상 없이 무사히 구출했다.

유 captive, prisoner
반 captor

어근 탐구 손님을 맞이하는 '환대' 또는 '숙소'에서 점차 '임대료', '보증' 또는 '세입자'를 거쳐 '임대인이 보안으로 잡고 있는 세입자 또는 보안을 위해 잡혀있는 인질'을 의미하는 뜻으로 발전했다.)

1082
hostel
[hάstəl, hɔ́stəl]

숙소, 피난처 (*hospital의 변형)

호스텔, 숙박소

They stayed in a budget hostel during their trip.
그들은 여행 중 저렴한 호스텔에서 숙박했다.

유 inn, dormitory
반 hotel (in a luxury sense)

1083
hostile 중요
[hάstil, hόstail]

낯선 사람 host 에 대한 ile

적대적인

The manager faced a hostile response to the new policy changes.
관리자는 새로운 정책 변경에 대해 적대적인 반응을 마주했다.

He might commit some hostile act.
그는 어떤 적대적인 행동을 할지도 모른다.

- 유 antagonistic, unfriendly
- 반 friendly, amicable

site, side = dwell (정착하다, 거주하다)

1084
reside
[ri:sáid]

뒤에, 다시 re 앉다, 정착하다 side

거주하다

He used to reside in a small village before moving to the city.
그는 도시로 이사 오기 전 작은 마을에 거주했다.

- 유 live, dwell
- 반 leave, vacate

1085
preside
[prizáid]

(다른 사람보다) 앞에, 먼저 pre 앉다 side

주재하다

The mayor will preside over the opening ceremony of the new post office.
시장은 새 우체국 개관식을 주재할 예정이다.

- 유 chair, oversee
- 반 follow, attend

1086
site
[sait]

자리, 거주지 site

장소, 부지

They inspected the site where the new postal distribution center would be built.
그들은 새 우편물 분배 센터가 지어질 부지를 점검했어.

- 유 location, area, venue
- 반 nowhere, void

abid, abod = house (집)

1087
abode
[əbóud]

abide(머무르다) 의 명사형

거주지, 집

After retiring from the post office, she moved to a quiet abode near the mountains.
우체국에서 은퇴한 후 그녀는 산 근처의 조용한 집으로 이사했다.

- residence, dwelling, home
- workplace, office

1088
abide
(*abide-abode-abided)
[əbáid]

~쪽에서 ab 기다리다/거주하다 bide

참다, 견디다; 따르다, 감수하다; 지속하다, 체류하다

The employee could not abide the unfair treatment and eventually resigned.
그 직원은 부당한 대우를 견디지 못하고 결국 사직했다.

- tolerate, endure, comply
- disobey, reject

custom = practice (관습)

1089
accustomed
[əkʌ́stəmd]

~에 대한 ac 습관이나 관행 custom

익숙한 (accustom의 과거형, 과거분사)

He is accustomed to working under tight deadlines.
그는 촉박한 마감일 안에서 일하는 데 익숙하다.

- used to, familiar with
- unaccustomed, unfamiliar

cult / culti = care, labor (돌보다, (노력으로) 가꾸다)

1090
culture
[kʌ́ltʃər]

농업을 하는 cult 것 ure

문화

The exhibition showcases the history and culture of the postal service.
전시회는 우편 서비스의 역사와 문화를 보여준다.

- civilization, heritage
- barbarism, ignorance

어근 탐구 cult-는 '경작, 농업'의 뜻에서 '돌봄, 양육, 교육'으로 발전했다.

1091
cultivate
[kʌ́ltəvèit]

노동을 cultiv 하게하다 ate

경작하다, 기르다

The farmers cultivate organic crops for the local market.
농부들이 지역 시장을 위해 유기농 작물을 재배한다.

- grow, nurture
- neglect, abandon

1092
multi**cult**ural
[mʌltikʌ́ltʃərəl]

여러개의 multi 문화 culture 의 al

다문화의

The multicultural festival was sponsored by the local post office.
다문화 축제는 지역 우체국의 후원을 받았다.

- diverse, cosmopolitan
- monocultural, homogeneous

1093
agri**cult**ure
[ǽgrikʌ̀ltʃər]

들판을 agri 경작하기 culture

농업

Agri**cult**ure remains a vital part of the country's economy.
농업은 여전히 국가 경제의 중요한 부분이다.

- farming, cultivation
- industry, urbanization

phil = love (사랑하다)

1094
philosophy
[filásəfi, filɔ́səfi]

지혜를 soph 사랑하는 philo 것 y

철학

His **philosophy** on postal work emphasized accuracy and community service.
그의 우편 업무 철학은 정확성과 지역 사회 봉사를 강조했다.

유 ideology, belief
반 –

ego = self (자아)

1095
egocentric
[i:gouséntrik, èqouséntrik]

자기 ego 중심의 centric

자기중심적인

His **egocentric** attitude made teamwork difficult.
그의 자기중심적인 태도는 팀워크를 어렵게 만들었다.

유 self-centered, narcissistic
반 altruistic, selfless

1096
egotist
[i:goutist, égoutist]

자기 ego 말만t(talk) 하는 사람 ist

자기 중심적인 사람, 자만심이 강한 사람

The **egotist** constantly bragged about being the top-performing agent in the postal branch.
그 자만심 강한 직원은 자신이 우체국 지점 최고의 성과자라고 끊임없이 자랑했다.

유 braggart, narcissist, boaster
반 humble person, modest individual

self = own, personal (자기 자신)

1097
selfish
[sélfiʃ]

자기 자신의 self 특성이 있는 ish

이기적인

It is **selfish** to ignore the needs of other team members during a project.
프로젝트 진행 중에 다른 팀원의 필요를 무시하는 것은 이기적인 행동이다.

- egocentric, self-centered
- generous, altruistic

auto = self (스스로)

1098
autopilot
[ɔ́ːtoupàilət]

스스로 auto 조종하는 자 pilot

자동 조종 장치

The mail delivery drone flew on **autopilot** to its destination.
우편 배달 드론은 목적지까지 자동 조종으로 비행했다.

- self-steering, automatic control
- manual control

1099
automatic
[ɔ̀ːtəmǽtik]

스스로 auto 움직이거나 생각 mat 하는 ic

자동의

The **automatic** sorting machine sped up the mail delivery process.
자동 분류기가 우편 배달 과정을 가속시켰다.

- mechanized, self-operating
- manual, hand-operated

1100
automation
[ɔ̀ːtəméiʃən]

스스로 auto 움직이거나 생각 mat 하는 상태 ion

자동화

Automation in postal facilities has improved efficiency and reduced errors.
우편 시설의 자동화는 효율성을 높이고 오류를 줄였다.

- mechanization, robotics
- manual operation, handwork

1101
automaton
[ɔ́ːtəmətùn, ɔ́ːtəmətən]

스스로 auto 움직이거나 생각 mat 하는 자 on

자동인형처럼 행동하는 사람, 기계적인 사람

She processed hundreds of applications each day like an automaton, showing no emotion.
그녀는 감정 없이 하루 수백 건의 신청서를 마치 자동기계처럼 처리했다.

유 robot, drone, mechanism
반 thinker, individual

1102
automotive
[ɔ́ːtəmóutiv]

스스로 auto 움직이는 motive

자동차의

The postal service invested in new automotive technology for delivery vans.
우편 서비스는 배달 차량을 위한 새로운 자동차 기술에 투자했다.

유 vehicular, motorized
반 non-motorized

alter / altr = other, change (타인, 다르게 하다)

1103
alter
[ɔ́ːltər]

다르게 바꾸다 alter

변경하다, 바꾸다

The contract terms were altered to include new delivery conditions.
계약 조건이 새로운 배송 조건을 포함하도록 변경되었다.

유 modify, adjust
반 maintain, preserve

1104
alternate
[ɔ́ːltərnət]

다른 사람으로 바꾸게 alter 하다 ate

a. 번갈아 나오는, 대안의
n. 교체자, 대리인
v. 교체하다, 번갈아 나타나다 (ɔ́ːltərnèit, ǽːltərnèit)

The postal service will operate on alternate days during the strike.
우편 서비스는 파업 기간 동안 격일제로 운영될 것이다.

유 substitute, rotational
반 constant, continuous

1105
alternative
[ɔːltə́ːrnətiv, æltə́ːrnətiv]

다른 **alternat** 것 **ive**

대안, 대체

When the main system failed, an alternative method was implemented.
주 시스템이 고장 났을 때, 대체 방법이 시행되었다.

- 유 option, replacement
- 반 original, primary

1106
altruism
[ǽltru(ː)izəm]

타인(다른사람)에 대한 **altru** 실천, 교리, 체계 **ism**

이타주의

Volunteering at the post office stemmed from his deep sense of altruism.
그는 깊은 이타심에서 우체국 봉사를 자청했다.

- 유 selflessness, generosity, philanthropy
- 반 selfishness, egoism

cura / caus = care (돌보다)

1107
curator
[kjuəréitər]

돌보는 **curat** 사람 **or**

큐레이터, 전시 책임자

The curator organized a special display on international stamps.
큐레이터가 국제 우표에 관한 특별 전시를 준비했다.

- 유 custodian, keeper
- 반 visitor, spectator

1108
cure
[kjuər]

돌보다 **cure**

치료하다, 치료법

Researchers are working to find a cure for the rare disease.
연구원들이 희귀병의 치료법을 찾기 위해 노력하고 있다.

- 유 remedy, heal
- 반 worsen, harm

1109
curious
[kjúəriəs]

주의를 curi 요하는 ous

호기심 많은

The child was curious about how letters travel through the postal system.
아이는 편지가 우편 시스템을 통해 이동하는 방식에 호기심을 가졌다.

- inquisitive, interested
- indifferent, apathetic

어근 탐구 처음에는 '미묘한, 주의를 기울여야 하는'으로만 사용되다가 18세기 서점에서 '에로틱한, 포르노 그래픽한'의 완곡어로 사용되면서 '호기심을 자극하는'으로 쓰이게 되었다.

1110
accura**cy**
[ǽkjurəsi]

~에, ~쪽으로, ~를 ac 돌보게하는 cura 것 cy

정확성

The accuracy of the report was confirmed by multiple sources.
그 보고서의 정확성은 여러 출처에 의해 확인되었다.

- precision, exactness
- error, inaccuracy

1111
manicure
[mǽnəkjùər]

손을 mani 관리하다 cure

손톱 관리, 손톱을 손질 하다

She treated herself to a manicure after finishing a busy week at the post office.
그녀는 우체국에서 바쁜 한 주를 마치고 손톱 관리를 받았다.

- nail care, grooming
- –

1112
secure
[sikjúər]

근심, 조심에서 cure 옆으로 벗어난 se

확보하다, 안전하게 하다

The bank took additional measures to secure its online banking system.
은행은 온라인 뱅킹 시스템을 안전하게 하기 위해 추가 조치를 취했다.

- protect, safeguard
- endanger, compromise

1113
sinecure
[sáinikjùər, síniikjùər]

돌볼 것이 cure 없는 sine

한가한 직위, 명목상의 일자리

The board accused him of holding a sinecure in the regulatory agency.
이사회는 그가 규제 기관에서 한가한 직위를 유지하고 있다고 비난했어.

- easy job, cushy job
- demanding job, hard labor

1114
caution
[kɔ́:ʃən]

(미리) 살피는, 조심하는 **caut** 것 **ion**

주의, 경고

Postal workers were advised to exercise **caution** when handling fragile parcels.
우편 직원들은 깨지기 쉬운 소포를 다룰 때 주의를 기울이도록 안내받았다.

유 care, warning
반 negligence, recklessness

care = sorrow, care (애도, 걱정)

1115
careless
[kέərlis]

걱정이 **care** 없는 **less**

부주의한

A **careless** mistake in the address delayed the parcel delivery.
주소의 부주의한 실수가 소포 배송을 지연시켰다.

유 negligent, inattentive
반 careful, cautious

leg = rule (다스리다, 규칙)

1116
legal
[lí:gəl]

법에 **leg** 관한 **al**

합법적인, 법률의

The contract must follow all **legal** requirements for international shipping.
그 계약은 국제 배송의 모든 법적 요건을 따라야 한다.

유 lawful, legitimate
반 illegal, unlawful

1117
il**leg**al
[ilí:gəl]

합법의 **legal** 반대인 **il**

불법의

It is **illegal** to send counterfeit goods through the postal service.
위조 상품을 우편으로 보내는 것은 불법이다.

유 unlawful, illicit
반 legal, lawful

1118
legislate
[lédʒislèit]

법을 legis 가져오다 late

법률을 제정하다

The government decided to legislate new privacy protections for mail services.
정부는 우편 서비스의 새로운 개인정보 보호법을 제정하기로 했다.

- 유 enact, ordain
- 반 repeal, abolish

1119
legitimate
[lidʒitəmit]

합법으로 legitim 만든 ate

합법적인, 정당한

Only legitimate courier companies can handle international parcels.
합법적인 택배 회사만이 국제 소포를 취급할 수 있다.

- 유 legal, valid
- 반 illegitimate, invalid

1120
al**leg**ed
[əlédʒd]

법(원) leg 쪽으로 al- 보내진 ed

주장된, 혐의를 받는

The alleged fraud involved manipulation of postal fund accounts.
해당 사기 혐의는 우편 기금 계좌 조작과 관련이 있었다.

- 유 supposed, claimed, suspected
- 반 confirmed, proven

1121
privi**leg**e
[prívəlidʒ]

개인의 privi 법 lege

특권

It is a privilege to serve as the head of the national postal service.
국가 우편 서비스의 수장으로 봉사하는 것은 특권이다.

- 유 advantage, right
- 반 disadvantage, restriction

reg / rect = lead, rule, direct (다스리다, 규칙)

1122
a**b**ro**g**ate
[ǽbrəgèit]

통치 rog(=reg)로부터 멀리 벗어나게 ab 하다 ate

(법률·규정을) 폐지하다, 철폐하다, 취소하다, 파기하다

The new postal directive will abrogate outdated mailing regulations.
새로운 우편 지침은 낡은 우편 규정을 철폐할 예정이다.

- 유 abolish, repeal, revoke
- 반 enact, establish

1123
dereg**u**late
[dìːrégjulèit]

규칙, 직접 명령에서 **regul(a)** 떨어지게
de 하다 **ate**

규제를 완화하다
The government decided to deregulate certain postal delivery restrictions.
정부는 일부 우편 배송 제한 규제를 완화하기로 결정했다.
- 유 liberalize, relax
- 반 regulate, restrict

1124
regimen
[rédʒəmən, rédʒəmèn]

다스리는 **regi** 행위 **men**

식이요법, 규칙적인 생활 방식
Following a strict savings regimen helped him prepare for unexpected postal expenses.
엄격한 저축 습관은 갑작스러운 우편 비용에 대비하는 데 도움이 되었다.
- 유 routine, program, schedule
- 반 chaos, irregularity

어근 탐구 '지배, 규율'이란 뜻으로 1400년경 의학 분야에서 건강을 위해 환자에게 권하는 통제나 식이요법, 운동요법을 통칭하던 말에서 유래했다.

1125
region
[ríːdʒən]

다스리는 **reg** 곳 **ion**

지역, 지방
Postal rates vary depending on the delivery region.
우편 요금은 배송 지역에 따라 다르다.
- 유 area, district
- 반 center, core

1126
regular
[régjələr]

규칙에 **regul** 속하는 **ar**

정기적인, 규칙적인
He makes regular visits to the post office to send business documents.
그는 업무 서류를 보내기 위해 정기적으로 우체국을 방문한다.
- 유 routine, consistent
- 반 irregular, occasional

1127
regulate
[régjəlèit]

규칙으로 **regul** 만들다 **ate**

규제하다, 조절하다
The postal authority will regulate package sizes for standard shipping.
우편 당국은 표준 배송의 소포 크기를 규제할 예정이다.
- 유 control, manage
- 반 neglect, ignore

1128
realm
[relm]

권력이 뻗음 realm

영역, 범위

The realm of postal innovation now includes drone delivery.
우편 혁신의 영역에는 이제 드론 배송도 포함된다.

- domain, field, area
- void, absence

1129
correct
[kərékt]

가지고 cor 교정하다 rect

수정하다, 옳은

Please correct the address on the parcel before shipping.
발송 전에 소포의 주소를 수정해 주세요.

- amend, rectify
- falsify, worsen

1130
direct
[dirékt, dairékt]

떨어져서 di 지도하다 rect

지시하다, 직접적인

The head office will direct all regional branches to adopt the new digital tracking system.
본사는 모든 지역 지점에 새로운 디지털 추적 시스템을 도입하라고 지시할 것이다.

- instruct, guide
- mislead, divert

1131
direct**or**
[diréktər, dairéktər]

떨어져서 di 지도하는 rect 사람 or

이사, 책임자

The director of operations visited the central sorting facility for inspection.
운영 이사는 중앙 분류 시설을 점검하기 위해 방문했다.

- manager, chief
- subordinate, employee

1132
erect
[irékt]

밖으로 e 곧게 하다 rect

세우다, 건립하다

The city plans to erect a new postal distribution center near the airport.
시는 공항 인근에 새로운 우편 물류센터를 세울 계획이다.

- build, construct
- demolish, destroy

ju / jud / just = law, justice (법, 정의)

1133
judge
[dʒʌdʒ]

법을 ju 말하다 dge

판사, 판단하다
The judge ruled in favor of the postal worker in the labor dispute.
판사는 노동 분쟁에서 우편 노동자의 손을 들어주었다.
- magistrate, arbiter
- defendant, accuser

1134
jurisdiction
[dʒùərisdikʃən]

법을 juris 말하는 dict 것 ion

관할권
The case falls under federal jurisdiction.
그 사건은 연방 관할권에 속한다.
- authority, control
- powerlessness, subordination

1135
just
[dʒʌst]

올바름 just

공정한, 단지
It is only just to compensate customers for delayed deliveries.
지연된 배송에 대해 고객에게 보상하는 것이 공정하다.
- fair, rightful
- unjust, unfair

1136
justice
[dʒʌ́stis]

올곧음 justice

정의, 사법
The court ensured justice for victims of postal fraud.
법원은 우편 사기 피해자들에게 정의를 보장했다.
- fairness, law
- injustice, bias

1137
justify
[dʒʌ́stəfài]

옳게 justi 만들다 fy

정당화 하다
The company tried to justify the increase in postage rates.
회사는 우편 요금 인상을 정당화하려 했다.
- explain, defend
- condemn, blame

1138
injustice
[indʒʌstis]

정의롭지 justice 않음 in

부당함, 불공평

The union protested against the injustice in wage distribution.
노조는 임금 분배의 불공정성에 항의했다.

- 유 unfairness, inequity
- 반 justice, fairness

1139
injure
[indʒər]

원래상태가 jure 아니다 in

부상을 입히다

Three postal workers were injured in the warehouse accident.
세 명의 우편 직원이 물류창고 사고에서 부상을 입었다.

- 유 harm, wound
- 반 heal, cure

1140
abjure
[æbdʒúər, əbdʒúər]

맹세를 jure 저버리다 ab

(신념·권리 등을) 공식적으로 포기하다, 버리다

The former policyholder abjured his right to renew the contract due to financial hardship.
그 전 보험 가입자는 경제적 어려움으로 계약 갱신 권리를 공식적으로 포기했다.

- 유 renounce, reject, relinquish
- 반 embrace, claim

1141
prejudice
[prédʒədis]

미리 pre 판단하기 judice

편견, 선입관

The hiring manager assured the applicant that no prejudice would affect the decision.
채용 담당자는 어떤 편견도 채용 결정에 영향을 주지 않을 것이라고 지원자에게 확신시켰다.

- 유 bias, preconception
- 반 fairness, impartiality

crit = judge (판단하다)

1142
criterion
[kraitiəriən]

판단하게 하는 criter 것, 수단 ion

기준, 표준 (복수형: criteria)

One key criterion for approving claims is the customer's history of prior filings.
청구 승인 여부의 주요 기준 중 하나는 고객의 과거 청구 이력이다.

- standard, benchmark
- guess, conjecture

1143
critic
[kritik]

판단하는 자 critic

비평가, 비판자

The critic praised the new postal museum exhibition.
비평가가 새로운 우편 박물관 전시를 칭찬했다.

- reviewer, commentator
- supporter, admirer

1144
criticize
[krítisàiz]

판단하는 자가 critic 되다 ize

비판하다

The union leader criticized the new overtime policy.
노조 대표가 새로운 초과근무 정책을 비판했다.

- condemn, censure
- praise, commend

deem = judge

1145
deem
[diːm]

판단하다 deem

여기다, 간주하다

The claim was deemed invalid due to lack of documentation.
서류 부족으로 그 청구는 무효로 간주되었다.

- consider, regard
- doubt, ignore

norm / nom = arrangement (배열, 배치)

1146
abnormal
[æbnɔ́ːrməl]

정상 norm 에서 거리가 먼 ab

비정상적인, 변칙의

The technician detected an abnormal fluctuation in the temperature readings.
기술자는 온도 수치에서 비정상적인 변동을 감지했다.

🔁 irregular, unusual
🔄 normal, typical

1147
anomaly
[ənáməli, ənɔ́məli]

규칙적이거나 같지omaly 않은 an 것 y

이례적인 것, 예외

The sudden spike in foreign currency exchange requests was an anomaly in the usual postal savings trend.
외화 환전 요청의 갑작스러운 급증은 평소 우편 저축 추세에서 이례적인 현상이었다.

🔁 irregularity, abnormality, deviation
🔄 norm, regularity

1148
autonomy
[ɔːtánəmi, ɔːtɔ́nəmi]

스스로 auto 다스리는 nom 것 y

자율성, 자치권

Local postal branches have some autonomy in scheduling deliveries.
지방 우편 지점은 배달 일정을 조정하는 데 일정한 자율성을 가진다.

🔁 independence, self-governance
🔄 dependence, subordination

1149
economic
[iːkənámik, èkənámik, iːkənɔ́mik]

가정을 eco 관리하는 nomic

경제의, 경제적인, 절약의, 실리의

The new postal policy aims to improve economic efficiency in mail delivery.
새 우편 정책은 우편 배달의 경제 효율성을 높이는 것을 목표로 한다.

🔁 financial, fiscal
🔄 uneconomic, wasteful

1150
economist
[ikánəmist, ikɔ́nəmist]

집을관리하는 econom 사람 ist

경제학자

The economist predicted that postal rates might increase next year.
경제학자는 내년에 우편 요금이 오를 수 있다고 예측했다.

🔁 analyst, financial expert
🔄 –

odrin / ord = rank, series, arrangement (배열, 정리)

어근 탐구 '법'과 '법칙'에 관한 단어들의 특징은 '규칙, 배열, 정돈'의 뜻을 가진 어근에서 파생되었다는 것이다. '잘 배열된' 것은 그리스어 nomos(=arrangement)에서 파생되어 '정상적인 상태'를 의미하게 되었고 '하늘의 법칙을 만든 자'인 유피테르(그리스 신화 속 제우스)의 이름과 발음이 같은 iu-, ju-는 법(law)에 관한 단어들을 파생했다. 북유럽 신화에서 하늘을 만든 자인 오딘(ordin)의 이름도 '법칙, 배열'과 관련있다.

1151
ordinary
[ɔ́ːrdənèri, ɔ́ːdənri]

질서, 정돈 ordin 의 ary

평범한

It was an ordinary day at the post office until the power outage occurred.
정전이 발생하기 전까지는 우체국에서 평범한 하루였다.

- usual, common
- extraordinary, exceptional

1152
coordinate
[kouɔ́ːrdinèit, kouɔ́ːrdənèit]

함께 co 배열 ordin 하다 ate

조정하다, 협력하다

The logistics team will coordinate the shipment schedule with the customs office.
물류팀은 세관과 배송 일정을 조율할 것이다.

- organize, align
- confuse, mismatch

1153
subordinate
[səbɔ́ːrdinèit]

(주제)아래에 sub 배열하게 ordin 만들다

부하, 하위의 / 종속시키다

The branch manager delegated routine tasks to subordinate staff so he could focus on strategic planning.
지점장은 전략적 계획에 집중할 수 있도록 일상 업무를 하위 직원에게 위임했다.

- junior, assistant
- superior, chief

1154
extraordinary
[ikstrɔ́ːrdənèri, èkstrəɔ́ːrənèri]

공통적인 것의 ordinary 밖에, 너머에 extra

비범한, 특별한

The courier's extraordinary dedication ensured on-time delivery despite the storm.
택배원의 비범한 헌신은 폭풍에도 불구하고 제시간 배송을 가능하게 했다.

- exceptional, remarkable
- ordinary, common

1155
inordinate 중요
[inɔ́ːrdənət]

질서 있지 **ordin** 않게 **in** 만들어진 **ate** (= 질서를 벗어난, 절제되지 않은)

과도한, 지나친

The shipment was delayed due to inordinate paperwork.
과도한 서류 작업 때문에 배송이 지연되었다.

He took an inordinate amount of time to decide.
그는 결정을 내리는 데 지나치게 많은 시간을 썼다.

- excessive, disproportionate, undue
- moderate, reasonable

1156
order
[ɔ́ːrdər]

질서, 순서 **order**

주문, 질서, 명령

She placed an online order for commemorative stamps.
그녀는 기념우표를 온라인으로 주문했다.

- request, command
- disorder, chaos

1157
disorder
[disɔ́ːrdər]

정돈되지 **order** 않은 **dis**

무질서, 장애

A computer system disorder delayed all registered mail processing.
컴퓨터 시스템 장애로 모든 등기 우편 처리가 지연됐다.

- chaos, malfunction
- order, organization

loc = placing ((특정 위치에) 두는 것)

1158
local
[lóukəl]

장소 **loc** 의 **al**

지역의

The local post office held a charity event to support small businesses.
지역 우체국은 소상공인을 지원하기 위한 자선 행사를 열었다.

- regional, community
- global, international

1159
location
[loukéiʃən]

장소의 loca 상태 tion

위치
The new sorting facility is in a convenient location near the highway.
새 분류 시설은 고속도로 근처의 편리한 위치에 있다.

- 🟰 place, site
- 🔁 dislocation, displacement

1160
locomotion
[lòukəmóuʃən]

장소가 loco 움직이는 mot 것 ion

이동, 운동
Efficient locomotion of mail depends on well-organized transport systems.
우편의 효율적인 이동은 잘 조직된 운송 시스템에 달려 있다.

- 🟰 movement, travel
- 🔁 immobility, stagnation

1161
locomotive
[lòukəmóutiv]

장소를 loco 옮기는 mot 물건 ive

기관차
The postal service once used a special locomotive to carry mail across the country.
우편 서비스는 한때 전국에 우편물을 운송하기 위해 특별한 기관차를 사용했다.

- 🟰 engine, train
- 🔁 –

1162
dislocate
[dislóukeit]

자리에서 loc 벗어나게 dis 하다 ate

탈구시키다, 위치를 바꾸다
The courier dislocated his shoulder while lifting a heavy parcel.
택배 기사가 무거운 소포를 들다가 어깨를 탈구했다.

- 🟰 displace, disrupt
- 🔁 align, adjust

1163
relocate
[ri:lóukeit]

다시 re 장소에 loc 두다 ate

이전하다, 재배치하다
The company decided to relocate its main distribution center closer to the capital.
회사는 주요 물류 센터를 수도 근처로 이전하기로 했다.

- 🟰 move, transfer
- 🔁 remain, stay

1164
collocation
[kɑloukéiʃən]

함께 col 놓는 locat 것 ion

연어, 결합

The collocation "express delivery" is common in postal service advertisements.
"신속 배송"이라는 결합 표현은 우편 서비스 광고에서 흔히 쓰인다.

- combination, grouping
- separation, isolation

pose / posit = place (두다)

1165
pose
[pouz]

멈추다 pose

제기하다, 자세를 취하다

The inspector posed several questions about the missing registered mail.
조사관은 분실된 등기 우편에 대해 몇 가지 질문을 제기했다.

- present, raise
- answer, solve

1166
propose
[prəpóuz]

앞으로 pro 내놓다, 두다 pose

제안하다

The board will propose new measures to enhance customer service.
이사회는 고객 서비스를 향상시키기 위한 새로운 방안을 제안할 것이다.

- suggest, recommend
- oppose, reject

1167
purpose
[pá:rpəs]

앞으로 pur 세우다 pose

목적

The main purpose of the new tracking system is to reduce lost mail.
새로운 추적 시스템의 주요 목적은 분실 우편을 줄이는 것이다.

- aim, goal
- aimlessness, randomness

1168
oppose
[əpóuz]

반대로 op 두다 pose

반대하다

Some residents opposed the construction of a new post office in their area.
일부 주민들은 그들의 지역에 새 우체국 건립을 반대했다.

- resist, object to
- support, approve

1169
opposite
[ɑ́pəzit, ɑ́pəsit, ɔ́pəzit]

반대편에 op 놓여 pos 있는 ite

반대의, 맞은편의

The bank is located opposite the central post office.
은행은 중앙 우체국 맞은편에 위치해 있다.

- contrary, facing
- same, similar

1170
compose
[kəmpóuz]

같이 com 두다 pose

구성하다, 작곡하다

The committee is composed of representatives from each department.
위원회는 각 부서의 대표들로 구성되어 있다.

- constitute, form
- dismantle, disorganize

1171
component 중요
[kəmpóunənt]

같이 com 두는 것 ponent

구성 요소, 부품

The tracking system consists of several key components.
추적 시스템은 여러 주요 구성 요소로 이루어져 있다.

Each component of the sorting machine must be inspected monthly.
분류기기의 각 구성 요소는 매달 점검해야 한다.

- part, element
- whole, entirety

1172
compounded
[kəmpáundid, kʌ́mpaundid, kɔmpaundid]

함께 com 놓여진 pounded

악화된, 복합된 (compound의 과거형, 과거분사)

Delivery issues were compounded by software failures.
배송 문제는 소프트웨어 오류로 더 악화되었다.

- worsened, intensified
- eased, alleviated

어근 탐구 여러겹으로 겹치는 모습을 나타내는 말로, 문맥에 따라 '악화'를 나타내기도 함

1173
expose
[ikspóuz]

밖에 ex 두다 pose

드러내다, 노출시키다

The audit exposed several cases of financial misconduct.
감사는 여러 건의 재정 비행을 드러냈다.

- reveal, uncover
- hide, conceal

1174
impose
[impóuz]

안에 im 놓다 pose

부과하다, 강요하다

The government imposed stricter security checks on airmail.
정부는 항공 우편에 대해 더 엄격한 보안 검사를 부과했다.

유 enforce, inflict
반 remove, lift

1175
juxtapose
[dʒʌ́kstəpóuz]

옆에 juxta 두다 pose

나란히 놓다, 병치하다

The exhibition juxtaposed modern art with classical works.
전시는 현대미술과 고전 작품을 나란히 배치했다.

유 compare, contrast
반 separate, isolate

1176
repose
[ripóuz]

다시, 뒤로 re 멈추다 pose

휴식, 평안함

He found repose in organizing the daily mail.
그는 하루 우편을 정리하는 데서 평안을 느꼈다.

유 rest, relaxation, peace
반 agitation, unrest

1177
suppose
[səpóuz]

(주제)하에 sup (생각을) 두다 pose

가정하다, 생각하다

Let us suppose that the bank's security system fails; in that case, immediate contingency measures would be necessary.
은행의 보안 시스템이 실패한다고 가정해 보자. 그 경우 즉각적인 비상 조치가 필요할 것이다.

유 assume, presume
반 doubt, disbelieve

pri / proto = first, prime (첫번째로, 제일가는)

1178
primary
[práiməri, práiməri]

첫번째 prim 인 ary

주요한, 최초의

The primary goal of the postal reform is to improve delivery speed and reliability.
우편 개혁의 주요 목표는 배송 속도와 신뢰성을 향상하는 것이다.

- main, chief
- secondary, minor

1179
primate
[práimit, práimeit]

첫번째 prim 존재 ate

대주교, 영장류 (*주로 복수로 표현: primates)

The zoo recently welcomed a rare primate from Southeast Asia.
동물원은 최근 동남아시아에서 온 희귀 영장류를 맞이했다.

- ape, monkey
- –

1180
primitive
[prímətiv]

처음 primit 의 ive

원시의, 초기의

The primitive postal routes relied heavily on horse-drawn carriages.
초기의 우편 경로는 마차에 크게 의존했다.

- ancient, rudimentary
- modern, advanced

1181
principal
[prínsəpəl]

첫번째를 prin 가진 cip 자 al

주요한, 교장

The principal reason for the service delay was a technical malfunction.
서비스 지연의 주요 이유는 기술적 결함이었다.

- main, primary
- minor, secondary

1182
principle
[prínsəpl]

첫번째로 prin 갖는 cip 것, 개념 le

원칙, 신념

The company operates on the principle of customer-first service.
회사는 고객 우선 서비스라는 원칙에 따라 운영된다.

- rule, tenet
- exception, deviation

1183
protocol
[próutəkàl, próutəkɔ́ːl, próutəkɔ̀l]

첫장에 proto 붙인 것 col

절차, 규칙, 의전

Postal workers followed the protocol strictly during the hazardous material inspection.
우편 직원들은 위험물 점검 시 정해진 절차를 엄격히 따랐다.

- 유 procedure, code, etiquette
- 반 improvisation, disorder

어근 탐구 책이나 문서의 초안을 의미하여 '초안 또는 조약, 계약서의 원본' 또는 '공식 기록'을 뜻한다.

arch = first (첫번째인)

1184
archaic
[ɑːrkéiik]

첫번째 arche 형태 type

오래된, 고풍스러운

The software still used an archaic interface that reminded users of the 1990s.
그 소프트웨어는 사용자들에게 1990년대를 떠올리게 하는 오래된 인터페이스를 여전히 사용하고 있었다.

- 유 outdated, obsolete, antiquated
- 반 modern, updated, contemporary

1185
archetype
[ɑ́ːrkitàip]

첫번째 arche 형태 type

전형, 원형

The registered mail process is considered the archetype of secure postal services.
등기 우편 절차는 안전한 우편 서비스의 전형으로 여겨진다.

- 유 prototype, model
- 반 atypical example, deviation

1186
monarch
[mánərk, mɔ́nərk]

한 사람이 mon 다스리다 arch

군주

The monarch visited the capital to commemorate the national holiday.
군주는 국경일을 기념하기 위해 수도를 방문했다.

- 유 sovereign, ruler
- 반 subject, citizen

cra = rule (다스리다)

1187
aristocracy
[ӕrəstúkrəsi, ӕrəstɔ́krəsi]

가장 고귀한 aristo 권력 cracy

귀족 계급
During the colonial era, the aristocracy often controlled postal policies.
식민지 시대에 귀족 계급이 종종 우편 정책을 좌우했다.
- 유 nobility, elite
- 반 commoners, proletariat

1188
autocracy
[ɔ́ːtɑ́krəsi, ɔ́ːtɔ́krəsi]

자신이 auto 지배하는 것 cracy

독재 정치
In an autocracy, postal policies are dictated without public input.
독재 정치에서는 우편 정책이 국민의 의견 없이 결정된다.
- 유 dictatorship, tyranny
- 반 democracy, republic

1189
bureaucracy
[bjuərɑ́krəsi, bjuərɔ́krəsi]

책상 bureau 권력 cracy

관료제, 관료주의
Many customers complain about the slow bureaucracy in processing claims.
많은 고객이 청구 처리의 느린 관료주의를 불평한다.
- 유 administration, officialdom
- 반 efficiency, flexibility

1190
technocracy
[teknɑ́krəsi, teknɔ́krəsi]

기술이 techno 지배하는 것 cracy

기술 관료 정치
In a technocracy, which is governed by technical experts, efficiency is often prioritized over public opinion.
기술 관료 정치에서는 기술 전문가가 통치하며, 효율성이 종종 여론보다 우선시된다.
- 유 expert rule, technical governance
- 반 democracy, populism

1191
autocrat
[ɔ́ːtəkræt]

자신이 auto 지배하는 자 crat

독재자, 절대 군주
The autocrat controlled every aspect of communication, including the postal system.
그 독재자는 우편 시스템을 포함한 모든 통신 수단을 통제했다.
- 유 dictator, despot
- 반 democrat, egalitarian

camp = open field (개방지, 들판)

1192
campaign
[kæmpéin]

개방된 지역(camp)에서 벌이는 작전
campaign

캠페인, 운동

The postal service launched a campaign to promote eco-friendly packaging.
우편 서비스는 친환경 포장을 홍보하기 위한 캠페인을 시작했다.

유 drive, crusade
반 inaction, neglect

1193
campground
[kǽmpgraund]

개방지역의 camp 지표면 ground

야영장

They set up tents at a scenic campground near the lake.
그들은 호수 근처의 경치 좋은 야영장에 텐트를 설치했다.

유 campsite, camping area
반 –

1194
campus
[kǽmpəs]

평탄한 지면 campus

캠퍼스, 대학 구내

The university campus includes a modern postal branch for students.
대학 캠퍼스에는 학생들을 위한 현대식 우체국 지점이 있다.

유 school grounds, college premises
반 –

PART IX Morality & Value
(도덕과 가치)

moral = proper behavior (올바른 행동, 도덕)

1195
moralize
[mɔ́(ː)rəlàiz, mάrəlàiz]

도덕적으로 moral 만들다 ize

교훈을 주다, 훈계하다
The teacher moralized about honesty during the class discussion.
교사는 수업 토론 중에 정직함에 대해 훈계했다.

유 preach, lecture
반 mislead, corrupt

어근 탐구 로마의 평민출신 집정관 키케로가 그리스의 도덕ethikos(습관, 도덕, 윤리)을 로마에 도입하며 moralis로 번역(mores=관습, 풍속)한 데서 유래했다.

eth / ethic = science of moral (도덕적 지식, 윤리)

1196
ethics
[éθiks]

도덕적 관습 ethics

윤리, 도덕
Strong business ethics are essential for maintaining trust in financial institutions.
강력한 기업 윤리는 금융기관에 대한 신뢰 유지에 필수적이다.

유 morality, integrity, principles
반 corruption, dishonesty

cred = faith, belief (신뢰, 믿음)

1197
credible
[krédəbəl]

믿을 cred 수 있는 ible

믿을 수 있는

Only **credible** sources should be cited in official postal reports.
공식 우편 보고서에는 믿을 수 있는 출처만 인용해야 한다.
- reliable, trustworthy
- unreliable, doubtful

1198
credit
[krédit]

믿음 credit

신용, 공로

The success of the campaign is largely due to the marketing team's **credit**.
캠페인의 성공은 주로 마케팅 팀의 공로 덕분이다.
- recognition, trust
- blame, discredit

1199
credulous
[krédʒələs]

믿도록 cred 기울어진 ulous

잘 믿는, 속기 쉬운

The **credulous** customer believed the scammer's false delivery notice.
잘 속는 고객이 사기꾼의 거짓 배송 알림을 믿었다.
- gullible, naive
- skeptical, suspicious

1200
creed
[kriːd]

믿음 creed

신조, 신념

The organization operates according to a strict environmental **creed**.
그 조직은 엄격한 환경 신념에 따라 운영된다.
- belief, doctrine
- disbelief, atheism

1201
in**cred**ible
[inkrédəbəl]

믿을 cred 수 ible 없는 in

믿을 수 없는, 놀라운

The speed of the new sorting machine is **incredible**.
새 분류기의 속도는 믿을 수 없을 정도다.
- unbelievable, astonishing
- credible, ordinary

1202
incredulous
[inkrédʒələs]

믿음이 credul 가득하지 ous 않은 in

회의적인, 잘 안 믿는

He was incredulous about the news.
그는 그 소식을 잘 믿지 않았다.

- skeptical, doubtful
- gullible, trusting

fid = faith (신념, 신조)

1203
bona fide
[bóunə-fáidi, bóunə-fàid]

좋은 bona 신뢰 fide

진실된, 진짜의

It was confirmed as a bona fide postal contract.
그것은 진짜 우편 계약으로 확인되었다.

- genuine, legitimate
- bogus, fake

1204
confidant
[kɑ̀nfidǽnt, kɑ̀nfidɑ́ːnt, kɔ̀nfidǽnt]

함께 하며 con 신뢰하는 fid 사람 ant

(비밀을 터놓는) 믿을 만한 사람

She was his trusted confidant, the only one who knew about his resignation plan.
그녀는 그의 믿을 만한 친구였고, 사직 계획을 아는 유일한 사람이었다.

- close friend, trusted companion
- stranger, enemy

1205
defiance
[difáiəns]

믿음에 fi 반대하는 de 상태 ance

반항, 저항

In defiance of the new regulations, the company continued to ship prohibited items.
새 규정을 무시하고, 그 회사는 금지 품목의 배송을 계속했다.

- resistance, opposition
- compliance, obedience

sanct = law, decree ((교회)법령)

1206
sanctimonious
[sæŋktəmóuniəs]

거룩한 **sancti** 성질이 **moni** 가득한 **ous** (*비꼬거나 풍자적 의미로 발전한 부정적 단어)

위선적인

His sanctimonious remarks about efficiency ignored the actual struggles of mail carriers.
그의 효율성에 대한 위선적인 발언은 집배원의 현실을 외면했다.

- self-righteous, pious, hypocritical
- sincere, humble

1207
sanction
[sæŋkʃən]

법으로, 규정하는 **sanct** 행위 **ion**

승인, 제재

The change in policy was made with the sanction of the postal regulatory board.
그 정책 변경은 우편 규제 위원회의 승인을 받았다.

- approval, authorization, endorsement
- prohibition, denial

1208
sanctuary
[sæŋktʃuèri, sæŋktʃuəri]

신성한 **sanctu** 곳 **ary**

피난처, 안식처

The small town post office became a sanctuary for retirees seeking community.
그 소도시 우체국은 공동체를 찾는 은퇴자들의 안식처가 되었다.

- refuge, haven, shelter
- danger, threat

어근 탐구 예배를 위해 마련된 장소나 건물을 뜻하던 것으로, 중세 교회법에 의해 교회나 성전은 불가침영역이었으므로 (누구든지 교회 안에서는 체포받지 않음) '피난처'라는 의미가 추가 되었다.

testi = witness (증인)

1209
testify
[téstəfài]

증인이 **testi** 되다, 만들다 **fy**

증언하다

The postal inspector testified in court that the missing packages were part of a larger theft scheme.
우편 검사관은 분실된 소포가 더 큰 절도 계획의 일부였다고 법정에서 증언했다.

- bear witness, declare
- deny, refute

1210
testimony
[téstəmòuni, téstəməni]

증언을 **testi** 하는 행동 **mony**

증언, 증거

The courier's testimony, which contradicted the company's official statement, led to a reopening of the investigation.
회사의 공식 발표와 상충하는 배달원의 증언은 조사의 재개로 이어졌다.

- statement, evidence
- denial, silence

1211
at**test**
[ətést]

~에 대해 **at** 증언하다 **test**

증명하다, 입증하다

Numerous audit reports attest to the financial soundness of the postal savings bank.
수많은 감사 보고서가 우체국 예금은행의 재정 건전성을 입증하고 있다.

- confirm, verify, substantiate
- deny, contradict, refute

1212
con**test**
[kάntest, kɔ́ntest]

함께 **con** 증언하다, 논쟁하다 **test**

경쟁, 경쟁하다

The two courier companies are contesting the bid for the international delivery contract.
두 택배 회사가 국제 배송 계약을 두고 경쟁하고 있다.

- competition, challenge
- agreement, cooperation

1213
detest
[ditést]

낮춰서 de 말하다 test

혐오하다

She detests the idea of reducing essential postal services in rural areas.
그녀는 농촌 지역의 필수 우편 서비스를 줄이는 것에 대해 혐오감을 느낀다.

- loathe, hate
- love, enjoy

1214
protest
[prətést]

앞에서 pro 증언하다 test

항의하다, 시위하다

Employees gathered to protest changes in postal retirement benefits.
직원들은 우편 퇴직금 제도 변경에 항의하기 위해 모였다.

- object, oppose
- approve, support

bene = good (좋은)

1215
beneficent
[bənéfəsənt]

좋은일을 bene 행하는 fic +형용사 접미어 ent

선행을 베푸는

The beneficent donor funded the renovation of the old post office.
자선가는 오래된 우체국 개보수를 위해 기부했다.

- charitable, kind
- selfish, malevolent

1216
beneficial
[bènəfíʃəl]

좋게 bene 만드는 fic 데 관여한 al

유익한

The new automated sorting system is beneficial to postal efficiency.
새로운 자동 분류 시스템은 우편 효율성에 유익하다.

- advantageous, helpful
- harmful, detrimental

1217
benefit
[bénəfit]

좋게 bene 만든 것 fit

이익, 혜택

Customers benefit from extended postal service hours.
고객들은 연장된 우편 서비스 시간의 혜택을 본다.

- advantage, gain
- loss, disadvantage

1218

benevolence

[bənévələns]

좋게 하려는 **bene** 의지를 **vol** 지닌 상태 **ence**

자비심, 선의

Her **benevolence** toward struggling families made her well-respected in the community.

어려운 가정에 대한 그녀의 자비심은 지역 사회에서 존경을 받게 했다.

- kindness, generosity
- cruelty, malevolence

amor = love, affection (애정)

1219

amorous

[ǽmərəs]

사랑**amor** 스러운 **ous**

연애의, 사랑의, 요염한, 연모하는

He was known for writing **amorous** letters to his sweetheart overseas.

그는 해외에 있는 연인에게 연애편지를 자주 쓰는 것으로 유명했다.

- romantic, passionate, loving
- indifferent, cold

eu = good, well (좋은, 좋게)

1220

euphemism

[júːfəmizəm]

좋게 **eu** 말하는 **phem** 체계 **ism**

완곡어법

The company used a **euphemism** like "resource adjustment" instead of saying layoffs.

그 회사는 해고라는 말 대신 "인력 조정"이라는 완곡어법을 사용했다.

- understatement, indirect term, soft expression
- dysphemism, bluntness

favor = good will (선의, 선호)

1221

favorite
[féivərit]

지지, 편애 **favorite**

가장 좋아하는

This café is my favorite place to work on writing projects.
이 카페는 내가 글쓰기 프로젝트를 하는 데 가장 좋아하는 장소다.

- 유 preferred, beloved
- 반 disliked, unpopular

grati = pleasing, favor (기쁨, 호의, 은혜)

1222

grateful
[gréitfəl]

기쁨이 **grate** 가득한 **ful**

감사하는

The customer was grateful for the quick resolution of her claim.
고객은 청구 건이 신속히 해결된 것에 감사했다.

- 유 thankful, appreciative
- 반 ungrateful, thankless

1223

gratify
[grǽtəfài]

기쁘게 **grati** 만들다 **fy**

만족시키다

It gratifies the staff to see customers happy with the new service.
새로운 서비스에 만족하는 고객을 보는 것은 직원들에게 기쁨을 준다.

- 유 please, satisfy
- 반 displease, disappoint

1224

gratitude
[grǽtətjùːd]

호의, 감사가 **grati** 있는 것 **tude**

감사

He expressed his gratitude to the postal worker for going the extra mile.
그는 우편 직원이 한 걸음 더 노력해 준 것에 감사를 표했다.

- 유 thankfulness, appreciation
- 반 ingratitude, unthankfulness

1225
gratuity
[grətjúːəti]

은혜로운 grat 것 ity

팁, 사례금

What form of gratuity would compensate his informer's key bit of information?

그의 정보원에게 핵심 정보를 보상할 사례금은 어떤 형태여야 할까?

- 유 tip, bonus
- 반 deduction, fine

1226
in**grati**ate
[ingréiʃièit]

(마음) 속에 in 호의를 grati 만들다 ate

환심을 사다

He tried to ingratiate himself with the boss.

그는 상사의 환심을 사려고 노력했다.

- 유 flatter, court
- 반 alienate, offend

mis = wrong (잘못된, 나쁜)

1227
misbehave
[misbihéiv]

잘못 mis 가지고 have 있다 be
(*behave=행동하다)

버릇없이 굴다, 잘못 행동하다

The courier was warned after he misbehaved toward a customer.

배달원이 고객에게 무례하게 행동한 후 경고를 받았다.

- 유 misconduct, act up
- 반 behave, obey

1228
miscreant
[mískriənt]

나쁘게 mis 만들어진 cre 사람 ant

악한, 범죄자

The miscreant was arrested for forging postal money orders.

그 범죄자는 우편환 위조 혐의로 체포되었다.

- 유 villain, criminal, wrongdoer
- 반 hero, benefactor

1229
misdeed
[misdíːd]

나쁜 mis 행위 deed

비행, 범죄 행위

The inspector investigated the misdeed of tampering with parcels.
검사관은 소포를 훼손한 비행 사건을 조사했다.

유 wrongdoing, offense
반 good deed, virtue

1230
misdirect
[misdirékt, misdairékt]

잘못 mis 보내다 direct

잘못 보내다

The letter was misdirected to the wrong postal district.
그 편지는 잘못된 우편 구역으로 보내졌다.

유 misroute, misguide
반 direct, guide

1231
misinterpret
[misintə́ːrprit]

잘못 mis 해석하다 interpret

오해하다, 잘못 해석하다

The customer misinterpreted the tracking update as a delivery confirmation.
고객은 배송 추적 업데이트를 배송 완료로 잘못 해석했다.

유 misunderstand, misconstrue
반 understand, grasp

1232
mislead
[mislíːd]

잘못 mis 이끌다 lead

잘못 인도하다, 속이다

The unclear instructions misled the sender about customs rules.
불명확한 안내가 발송인에게 세관 규정을 잘못 알렸다.

유 deceive, misguide
반 guide, inform

1233
misplace
[mispléis]

잘못 mis 두다 place

잘못 두다, 잃어버리다

The clerk misplaced the parcel in the wrong storage area.
직원이 소포를 잘못된 보관 구역에 두었다.

유 lose, mislay
반 find, locate

1234
misspell

[misspél]

잘못 mis 쓰다 spell

철자를 잘못 쓰다

He **misspelled** the recipient's name, delaying the delivery.

그는 수취인의 이름 철자를 잘못 써서 배송이 지연됐다.

- 유 mistype, typo
- 반 spell correctly

1235
mistreat

[mistríːt]

잘못 mis 다루다 treat

학대하다, 부당하게 대하다

The company was fined for **mistreating** its delivery staff.

회사는 배송 직원을 부당하게 대우한 혐의로 벌금을 물었다.

- 유 abuse, maltreat
- 반 care for, treat well

fault = failure, lack (부족, 결핍, 실패)

1236
fault

[fɔːlt]

결핍 fault

잘못, 결함

The delay in delivery was due to a mechanical **fault** in the sorting machine.

배송 지연은 분류기의 기계 결함 때문이었다.

- 유 defect, error
- 반 perfection, strength

1237
de**fault**

[difɔ́ːlt]

의무로 부터 떨어져 away 속이게 되는 것 fault

채무 불이행, 기본 설정

The company went into **default** after failing to repay its postal service contract fees.

그 회사는 우편 서비스 계약 비용을 갚지 못해 채무 불이행 상태에 들어갔다.

- 유 nonpayment, lapse
- 반 payment, fulfillment

어근 탐구 default는 채무 계약 이행을 하지 못하거나 성과과 없어 약속을 지키지 못하는 상태를 말한다.

mal = bad, evil (부정의, 악의의)

1238

maladjusted
[mǽlədʒʌ́stid]

잘못 mal ~쪽으로 ad 연결된 justed

부적응의

The school provides counseling for maladjusted students.
학교는 부적응 학생들을 위해 상담을 제공한다.
- disturbed, unstable
- well-adjusted, balanced

1239

malady
[mǽlədi]

나쁜, 잘못된 mal 상태 ady

질병, 병폐

Corruption is a malady that affects many governments.
부패는 많은 정부를 병들게 하는 병폐다.
- illness, ailment
- health, wellness

1240

malevolent
[məlévələnt]

나쁘게 male 바라고 vol 있는 ent

악의 있는

He gave me a malevolent glare.
그는 나에게 악의 어린 눈빛을 보냈다.
- malicious, spiteful
- benevolent, kind

1241

malign
[məláin]

나쁘게 mal 말하는, 태어난 ign

비방하다, 해로운, 악의적인

He was unfairly maligned by the press.
그는 언론에 의해 부당하게 비방당했다.
- slander, defame
- praise, commend

1242

malignant
[məlígnənt]

나쁘게 mal 생겨나게 ign 한 ant

악성의, 해로운

The tumor was found to be malignant.
그 종양은 악성으로 판명되었다.
- deadly, harmful
- benign, harmless

1243
malnutrition

[mǽlnjutríʃən]

나쁜 **mal** 영양 **nutrit** 상태 **ion**

영양실조

Children in the region suffer from malnutrition.

그 지역의 아이들은 영양실조에 시달린다.

- 유 undernourishment, starvation
- 반 nourishment, health

---

vol / volu = will, wish (의지, 바램)

1244
volition

[voulíʃən]

의지가 있는 **volit** 상태 **ion**

의지, 자유 의지

She applied for the insurance plan of her own volition.

그녀는 자신의 의지로 보험 상품을 신청했다.

- 유 will, choice
- 반 coercion, compulsion

1245
voluntary

[vάləntèri, vɔ́ləntəri]

의지가 **volunt** 있는 **ary**

자발적인

Participation in the charity stamp drive is purely voluntary, and no employee is obligated to join.

자선 우표 모금 캠페인 참여는 전적으로 자발적이며, 어떤 직원도 참여 의무가 없다.

- 유 willing, optional
- 반 compulsory, mandatory

1246
volunteer

[vὰləntíər, vɔ̀ləntíər]

의지가 있는 **volunte** 사람 **er**

자원봉사자, 자원하다

Many volunteers helped distribute emergency supplies through the postal network during the disaster.

재난 당시 많은 자원봉사자들이 우편망을 통해 긴급 구호품을 배포하는 것을 도왔다.

- 유 helper, enlist
- 반 conscript, draft

fort = strong (강한 힘)

1247
comfort
[kʌmfərt]

함께해서 com 강해지다 fort

위로하다, 편안하게 하다

The friendly postal clerk comforted the customer after a delivery issue.
친절한 우편 직원이 배송 문제로 속상해하는 고객을 위로했다.

- 유 console, soothe
- 반 distress, upset

1248
fortitude
[fɔ́ːrtətjùːd]

강하게 하는 힘 fortitude

불굴의 용기

She showed great fortitude in handling customer complaints.
그녀는 고객 불만을 처리하는 데 큰 용기를 보였다.

- 유 bravery, resilience
- 반 cowardice, weakness

1249
fortress
[fɔ́ːrtris]

강한 fortr 장소나 상태 -itia

요새

The data center was protected like a fortress against cyber threats.
데이터 센터는 사이버 위협에 대비해 요새처럼 보호되었다.

- 유 stronghold, citadel
- 반 weakness, vulnerability

potent = power (힘, 영향력)

1250
omnipotent
[ɑmnípətənt, ɔmnípətənt]

모든 omni 힘 pot 의 ent

전능한, 무한한 힘을 가진

The CEO acted as if he were an omnipotent force in the financial sector.
그 CEO는 자신이 금융 업계의 전능한 존재인 것처럼 행동했다.

- 유 all-powerful, almighty
- 반 powerless, weak

1251
potent
[póutənt]

강한 힘 pot 의 ent

강력한, 효과적인
That letter served as a potent motivator for policy change.
그 편지는 정책 변화를 이끄는 강력한 동기가 되었다.
- powerful, effective, influential
- weak, ineffective

1252
potentate
[póutəntèit]

지배하는 potent 사람 ate

지배자, 권력자
Modern potentates must consider digital privacy in communication.
현대의 권력자들은 통신에서 디지털 프라이버시를 고려해야 한다.
- ruler, monarch, authority
- subject, commoner

1253
potential 중요
[pouténʃəl]

힘, 영향력이 potent 있는 al

잠재적인 / 잠재력, 가능성
1) There is potential for fraud if identity verification is skipped.
   신원 확인을 생략하면 사기의 가능성이 있다.
   - possible, likely, probable
   - impossible, unlikely

2) There is great potential for growth in the parcel delivery market.
   소포 배송 시장에는 큰 성장 가능성이 있다.
   - capability, possibility
   - impossibility, incapability

firm = strong, stable (견고한, 단단한)

1254
confirm
[kənfə́ːrm]

함께두고 con 견고히 하다, 강화하다 firm

확인하다
Please confirm your delivery address before we ship the parcel.
소포를 발송하기 전에 배송 주소를 확인해 주세요.
- verify, validate
- deny, contradict

1255
firmness
[fə́:rmnis]

단단하게 firm 한 것 ness

단호함, 견고함

Her firmness in negotiations led to favorable terms for the company.
협상에서의 그녀의 단호함은 회사에 유리한 조건을 이끌어냈다.

- determination, stability
- weakness, instability

1256
in**firm**
[infə́:rm]

강하지 firm 못한 in

허약한

Special delivery assistance is available for the infirm and elderly.
허약한 노인을 위한 특별 배송 지원이 가능하다.

- weak, feeble
- strong, robust

vir = man, hero (남자, 영웅)

1257
virile
[vírəl, víraíl]

남성 vir 다운 ile

힘찬, 남성적인

The company admired his virile leadership in overcoming financial difficulties.
회사는 재정적 어려움을 극복하는 그의 힘찬 리더십을 높이 평가했다.

- manly, vigorous
- weak, effeminate

soph = wise (지혜로운)

1258
sophisticated
[səfístəkèitid]

지혜롭게 sophistic 만든 ated

정교한, 세련된

The insurance company installed a sophisticated fraud detection system.
보험 회사는 정교한 사기 탐지 시스템을 설치했다.

- advanced, refined
- simple, crude

1259
sophistry
[sάfistri, sɔ́fistri]

소피스트의 추론 sophistry

궤변, 교묘한 허위 논법

The insurance agent was accused of sophistry when trying to justify the unreasonable premium hike.
그 보험 설계사는 부당한 보험료 인상을 정당화하려다 궤변을 쓴다는 비난을 받았어.

🔵 fallacy, deception, specious reasoning
🔴 truth, logic, sound argument

어근 탐구 처음에는 '지혜로운 자', '스승'을 뜻하던 소피스트sophist들이 돈을 받고 사익을 추구하는 교육을 하면서 '약삭빠른', '궤변을 늘어놓는 자' 등의 비판적 의미로 변질되었다.

1260
sophomore
[sάfəmɔ̀ːr, sɔ́fəmɔ̀ːr]

(신입보다는) 지혜롭지만 sopho (아직) 어리석은 more

2학년생

The sophomore student interned at the local credit union to gain experience.
2학년 학생은 경험을 쌓기 위해 지역 신용조합에서 인턴을 했다.

🔵 second-year student
🔴 freshman, senior

---

preci, pric = price (가격, 대가)

1261
appraise
[əpréiz]

~에 대한 ap 가치를pra 평가하다

평가하다, 감정하다

The insurer appraised the damage before approving the claim.
보험사는 청구를 승인하기 전에 피해를 평가했다.

🔵 assess, evaluate
🔴 undervalue, ignore

1262
appreciate
[əpríːʃièit]

~에 대한 ap 가격을 preci 매기다 ate

감사하다, 진가를 알아보다

We appreciate your patience during the system upgrade.
시스템 업그레이드 동안의 인내심에 감사드립니다.

🔵 value, acknowledge
🔴 disregard, overlook

1263
praise
[preiz]

가치를 주다, 매기다 **praise**

칭찬하다

The postal clerk was praised for handling the customer complaint politely.
우편 창구 직원은 고객 불만을 정중히 처리한 공로로 칭찬받았다.

- commend, applaud
- criticize, condemn

1264
preci**ous**
[préʃəs]

가치가 **preci** 가득한 **ous**

귀중한

The parcel contained precious family heirlooms.
그 소포에는 귀중한 가보가 들어 있었다.

- valuable, treasured
- worthless, cheap

val(e) = value, strength (가치, 유용성)

1265
value
[vǽljuː]

(본질적) 가치 **value**

가치, 평가하다

Customers value reliable delivery more than fast but inconsistent service.
고객들은 빠르지만 불안정한 서비스보다 신뢰할 수 있는 배송을 더 높이 평가한다.

- worth, appreciate
- devalue, disregard

1266
valueless
[vǽljuːləs]

가치가 **value** 없는 **less**

가치 없는

Without proper documentation, the rare stamp becomes valueless in the collectors' market.
적절한 문서가 없으면 희귀 우표는 수집가 시장에서 가치가 없어진다.

- worthless, useless
- valuable, precious

1267
evaluate 중요
[ivǽljuèit]

밖으로(드러나게) e 가치를 valu 내다 ate

평가하다

Insurance agents must carefully evaluate damage reports before approving claims.
보험 설계사는 청구 승인을 하기 전 손해 보고서를 신중히 평가해야 한다.

The board will evaluate the proposal before making a decision.
이사회는 결정을 내리기 전에 제안을 평가할 것이다.

- assess, appraise, judge
- ignore, neglect

1268
valid
[vǽlid]

강한, 효력이 있는 val 성질의 id

유효한, 타당한

A valid ID must be presented to collect registered mail.
등기 우편을 수령하려면 유효한 신분증을 제시해야 한다.

- legitimate, sound
- invalid, void

1269
valor
[vǽlər]

강함, (군인의) 가치 valor

용기, 용맹

The firefighter was awarded a medal for his valor during the postal center fire.
소방관은 우편물 센터 화재 당시의 용기로 훈장을 받았다.

- bravery, courage
- cowardice, fear

1270
prevalent
[prévələnt]

앞으로 pre 영향력을 val(e) 주는 ent

널리 퍼진

Concerns about delivery fraud have become prevalent in online forums.
배송 사기에 대한 우려가 온라인 포럼에서 널리 퍼지고 있다.

- widespread, common, prevailing
- rare, unusual

1271
invalid
[invəlid, invəli:d]

강하지 valid 않은 in

병약한 사람, 환자, 무가치한, 무효의

The claim was declared invalid due to missing documents.
서류가 누락되어 그 청구는 무효로 선언되었다.

- void, null
- valid, legitimate

1272

invalidate
[invǽlədèit]

강하지 valid 않게 in 만들다 ate (=약하게, 쓸모 없게 만들다)

무효로 하다 (파생어 invalidation: 실효)

The judge invalidated the contract.
판사는 계약을 무효로 했다.

🟰 nullify, void
🔁 validate, confirm

vail = worth (가치, 값어치)

1273

avail
[əvéil]

~에 a 가치가 있다 vail

소용, 쓸모 / 도움이 되다

Despite repeated complaints, the promises were of little avail.
여러 차례 불만을 제기했지만, 약속은 거의 도움이 되지 않았다.

🟰 benefit, usefulness
🔁 futility, uselessness

1274

availability
[əvèiləbíləti]

~에 a 이용 vail 할 수 있는 abl 것 ity

이용 가능성

The availability of postal staff during holidays is limited.
휴일 동안 우편 직원의 근무 가능성은 제한적이다.

🟰 accessibility, readiness
🔁 unavailability, inaccessibility

1275

available
[əvéiləbəl]

~에 a 이용 vail 할 수 있는 able

이용할 수 있는

The tracking service is available online for all postal customers.
모든 우편 고객은 온라인에서 추적 서비스를 이용할 수 있다.

🟰 obtainable, accessible
🔁 unavailable, inaccessible

1276

prevail
[privéil]

(상대의) 앞에서 pre 권력을 갖다 vail

승리하다, 만연하다

Despite initial issues, the new delivery policy prevailed and gained public trust.
초기 문제에도 불구하고 새로운 배송 정책이 성공하여 대중의 신뢰를 얻었다.

🟰 triumph, succeed
🔁 fail, lose

worth = value, price (가치)

1277
worthy
[wə́ːrði]

가치가 worth 있는 y

~할 가치가 있는, 훌륭한

The postal worker was honored with an award for worthy contributions to community service.

그 우편 직원은 지역 사회 봉사에 대한 훌륭한 공로로 상을 받았다.

- 유 deserving, commendable
- 반 unworthy, undeserving

estim = determine, estimate (평가하다)

1278
esteem
[istíːm]

가치를 두다 esteem

존경하다, 존중

She is held in high esteem by her colleagues for her integrity.

그녀는 정직함으로 동료들의 큰 존경을 받는다.

- 유 respect, admire
- 반 despise, disregard

1279
estimate
[éstəmèit]

가치를 매기다 estimate

추정하다, 견적을 내다

The repair costs were estimated at $5,000.

수리 비용은 5,000달러로 추정되었다.

- 유 calculate, assess
- 반 guess, ignore

1280
over**estim**ate
[òuvəréstəmeit]

지나치게 over 가치 판단을 estim 하다 ate

과대평가하다

The project manager overestimated the budget needed for the postal renovation.

프로젝트 매니저는 우체국 개보수에 필요한 예산을 과대평가했다.

- 유 overvalue, exaggerate
- 반 underestimate, underrate

1281

underestimate
[ʌndəréstəmeit]

아래로 under 평가하다 estimate

과소평가하다

The bank underestimated the demand for its new savings plan, leading to a shortage of available appointments.
은행은 새 저축 상품에 대한 수요를 과소평가하여 예약 가능 건수가 부족해졌다.

- underrate, misjudge
- overestimate, exaggerate

dignus = worthy (가치 있는)

1282

disdain
[disdéin]

가치가 dain 없음 dis

경멸, 무시

The manager showed disdain for workers who ignored postal safety regulations.
그 관리자는 우편 안전 규정을 무시하는 직원들을 경멸했다.

- contempt, scorn, derision
- respect, admiration

undare = wave (파도, 물결치다)

1283

abound
[əbáund]

멀리서부터 ab 파도처럼 ound 적시거나 밀려오는

풍부하다, 가득하다, 넘쳐나다, 많이 있다

The financial market abounds with opportunities for long-term investors.
금융 시장은 장기 투자자들에게 기회가 풍부하다.

Rumors abound in the office whenever there's talk of policy change.
사내에서 정책 변경 이야기가 돌면 소문이 넘쳐난다.

- teem, overflow, be plentiful
- lack, be scarce

1284
inundated
[inʌndèitid]

안으로 in 파도가 흘러들게 undat 된 ed

물에 잠긴, 압도된 (inundate의 과거형, 과거분사)
The office was inundated with phone calls.
사무실은 전화로 넘쳐났다.
- 유 flooded, overwhelmed
- 반 drained, cleared

1285
redundant
[ridʌndənt]

또 re 파도가 밀려 dund 오는 ant

불필요한, 중복의
The report contained redundant details that confused readers.
보고서에는 독자를 혼란스럽게 하는 불필요한 세부 사항이 포함되어 있었다.
- 유 unnecessary, superfluous
- 반 essential, necessary

vog, woge = wave, fluctuate (파도, 요동치다)

1286
vogue
[voug]

파도, 물결 vogue

유행, 인기
Minimalist design is once again in vogue in the fashion industry.
미니멀리스트 디자인이 다시 패션 업계에서 유행하고 있다.
- 유 trend, fashion
- 반 outdatedness, obscurity

flu, fluct = to flow ((물이) 넘쳐 흐르는)

1287
affluent 중요
[æfluənt]

~쪽으로 af 흐르게 flu 하는 ent

부유한
Affluent neighborhoods often have better access to high-quality schools.
부유한 지역은 종종 더 좋은 학교를 이용할 수 있다.
Only affluent customers could afford the premium-level postal insurance.
프리미엄 우편 보험은 부유한 고객들만 가입할 수 있었다.
- 유 wealthy, prosperous, rich
- 반 poor, impoverished

1288
fluctuate 중요
[flʌktʃuèit]

물결치게 fluctu 하다 ate

오르내리다, 변동하다

Currency exchange rates fluctuate daily depending on market conditions.
환율은 시장 상황에 따라 매일 변동한다.

Currency exchange rates fluctuate depending on market conditions.
환율은 시장 상황에 따라 변동한다.

유 vary, shift, oscillate
반 stabilize, remain

1289
fluency
[flúːənsi]

물처럼 흐르는 flu 것 ency

유창함

Her fluency in English impressed the international clients.
그녀의 영어 유창함은 해외 고객들을 감명시켰다.

유 eloquence, proficiency
반 inarticulateness, incompetence

1290
fluent
[flúːənt]

물처럼 흐르는 flu 상태인 ent

유창한

He is fluent in both Spanish and Portuguese.
그는 스페인어와 포르투갈어에 모두 유창하다.

유 articulate, proficient
반 awkward, hesitant

관련어 탐구 fluent: 말이 유창한 / glib: 말솜씨가 그럴듯한, 번지르르한 / voluble: 끝없이 떠드는, 말이 많은, 입심 좋은 (부정적 뉘앙스)

1291
fluid
[flúːid]

흐르는, 액체의 fluid

유체, 유동성 있는

The mechanic checked the fluid levels in the delivery truck.
정비사는 배송 트럭의 유체 상태를 점검했다.

유 liquid, flowing
반 solid, stable

1292
influence
[ínfluəns]

안으로 in 흘러들어가는 flu 것 ence

영향, 영향을 미치다

Public opinion can influence government postal policy.
여론은 정부의 우편 정책에 영향을 미칠 수 있다.

유 affect, sway
반 follow, yield

1293
in<u>flu</u>enza
[ìnfluénzə]

안으로 in 흘러들어가는 fle 것 enza
(*enza: 이탈리아 추상 명사 접미사)

인플루엔자, 독감
The office reduced working hours during the influenza outbreak.
인플루엔자 유행 기간 동안 사무실은 근무 시간을 줄였다.
- flu, virus
- health, wellness

1294
super<u>flu</u>ous
[suːpəːrfluəs]

과하게 super 넘침이 flu 가득한 ous

불필요한, 과잉의
Your explanation about the delivery schedule was superfluous, since the tracking number already provides updates.
배송 일정에 대한 설명은 과잉이었어. 운송장 번호로 이미 확인이 가능하거든.
- redundant, unnecessary, excessive
- essential, necessary

indu = not, without (없는)

1295
indi<u>g</u>ent
[índidʒənt]

필수인, 필요한 것이 (i)gent 없는 indi

궁핍한, 가난한
The bill aims to help indigent citizens.
그 법안은 가난한 시민들을 돕는 것을 목표로 한다.
- poor, destitute
- wealthy, affluent

penuria = need, scarcity (결핍)

1296
penu<u>r</u>y
[pénjəri]

필요한, 결핍된 penyr 상태 y

극빈, 극심한 가난
The retired worker lived in penury after losing his insurance coverage.
그 퇴직자는 보험 보장을 잃고 극심한 빈곤에 시달렸다.
- poverty, destitution, deprivation
- wealth, affluence

pauc = little (적은)

1297
paucity
[pɔ́:səti]

적은 pauc 상태 ity

부족, 결핍
The paucity of available staff delayed the financial service at the post office.
인력 부족으로 우체국의 금융 서비스가 지연되었다.

🔁 scarcity, shortage, lack
🔄 abundance, plenty

pecu = cattle (가축)

1298
pecuniary
[pikjú:nièri, pikjú:njəri]

재산과 pecuni 관련한 ary

금전적인
She refused the offer due to pecuniary concerns about the insurance policy.
그녀는 보험 약관의 금전적 우려 때문에 제안을 거절했다.

🔁 financial, monetary, economic
🔄 nonfinancial, intangible

privare = deprive (빼앗다)

1299
privation
[praivéiʃən]

박탈한 peivat 것 ion

궁핍, 결핍
The remote villagers endured privations due to irregular mail service.
외딴 마을 주민들은 불규칙한 우편 서비스로 인해 궁핍을 겪었다.

🔁 hardship, deprivation, poverty
🔄 abundance, luxury

deore = costly (값이 비싼)

1300
dearth
[də:rθ]

(식량이) 값비싼 dear 상태 th

부족, 결핍
There was a dearth of qualified applicants for the new postal positions.
신규 우편 직위에 적합한 지원자가 부족했다.
- shortage, scarcity
- abundance, surplus

pars, parc = spare, save (아끼다)

1301
parsimonious
[pà:rsəmóuniəs]

아끼는 parsi 행위가 moni 가득한 ous

인색한
The parsimonious budget left no room for upgrading the postal system.
인색한 예산은 우편 시스템 개선의 여지를 남기지 않았다.
- stingy, miserly, frugal
- generous, extravagant

evils (부도덕, 범죄, 처벌, 죄인에 관한 단어들)

1302
feint
[feint]

거짓 feint

속임수, 가장(거짓 꾸밈)
The lawyer's feint of confidence during negotiations caught the insurer off guard.
협상 중 변호사의 자신감 있는 척은 보험사를 방심하게 만들었다.
- bluff, deception, ruse
- –

1303
felon
[félən]

나쁜짓을 하는 자 felon

중죄인, 범죄자

The felon was caught trying to use forged stamps in a large-scale mailing scheme.
그 중범죄자는 대규모 우편 사기에 위조 우표를 사용하려다 적발됐다.

🔄 criminal, convict, offender
🔄 law-abider, innocent

1304
brigand
[brígənd]

싸우는 자들 brigand

도둑, 산적

The cargo truck was attacked by brigands in a remote area.
외진 지역에서 화물 트럭이 도둑들에게 습격당했다.

🔄 bandit, robber
🔄 –

1305
fetter
[fétər]

(발을 묶는) 족쇄, 끈 fetter

족쇄, 구속

The outdated regulations acted as fetters on innovation within the postal system.
낡은 규정은 우편 시스템 내 혁신을 가로막는 족쇄였다.

🔄 restraint, shackle, chain
🔄 freedom, liberation

1306
culpable
[kʌ́lpəbl]

범죄가 culp 될 만한, 가능성 있는 able

비난받을 만한, 과실 있는

The manager was found culpable for ignoring multiple customer complaints.
그 매니저는 반복된 고객 불만을 무시한 책임이 있는 것으로 밝혀졌다.

🔄 blameworthy, guilty
🔄 innocent, blameless

1307
culprit
[kʌ́lprit]

범죄로 기소된 자 culprit

범인, 문제의 원인

The real culprit behind the delay was a system error in the sorting facility.
지연의 진짜 원인은 분류 시설 내 시스템 오류였다.

🔄 offender, cause
🔄 victim, solution

어근 탐구 중세 법정에서 검사가 재판을 시작할 때 '유죄, 준비되었음'의 뜻으로 cul.prit(culpable ready의 줄임말)을 말한데서 유래했다.

PART X Negation & Contrast
(부정과 대조)

anti = opposite, against (대항하여, 반대로)

1308
antidote
[ǽntidòut]

대항하여 anti 주어진 것 dote

해독제, 해결책

Quick administration of the antidote saved the patient's life.
해독제를 신속히 투여하여 환자의 생명을 구했다.

- 유 remedy, cure
- 반 poison, toxin

1309
antiquated
[ǽntikwèitid]

예전의, 오래되게 antiqu 하다 ate의 과거분사형 ed

구식의, 시대에 뒤떨어진

The system for manual claim submissions is considered antiquated in the digital era.
수기 청구서 제출 시스템은 디지털 시대에 구식으로 여겨진다.

- 유 outdated, obsolete, old-fashioned
- 반 modern, up-to-date

1310
antithesis
[æntíθəsis]

반대로 anti 두는 것 tithesis

정반대, 대조

Deliberate miscommunication is the antithesis of public service values.
의도적인 소통 방해는 공공 서비스 가치의 정반대다.

- 유 opposite, contrast, contradiction
- 반 equivalent, similarity

contra / counter = against, opposite (대항하여, 반대로)

1311
counterattack
[káuntərætæk]

반대로(상대를) counter 공격하다 **attack**

반격, 반격하다
The army launched a counterattack after securing the base.
군대는 기지를 확보한 후 반격을 시작했다.

🔁 retaliation, reprisal
🔄 surrender, retreat

어근 탐구 attack의 본 어근은 '~에 at 말뚝박다 tack'로, 공격적 행동을 하는 사람을 '체포'하거나 압수한다는 의미인 attach(고정하다, 부착하다)의 발전 형태다.

1312
counterpart
[káuntərpɑːrt]

마주보는, 반대의 counter 사람이나 물건 **part**

대응물, 상대방
The Korean postal service met with its Japanese counterpart to discuss cooperation.
한국 우편 서비스가 일본 측과 협력 논의를 위해 만났다.

🔁 equivalent, peer
🔄 opposite, unrelated party

ob / oc = over, toward, against (위에, ~에, ~에 반하여)

1313
obligation
[ὰbləɡéiʃən, ɔ̀bləɡéiʃən]

~에 ob 묶는 ligat 것 ion

의무
Postal workers have an obligation to handle mail securely.
우편 직원들은 우편물을 안전하게 취급할 의무가 있다.

🔁 duty, responsibility
🔄 choice, option

1314
oblige
[əbláidʒ]

~에 ob 묶다 lige

의무를 지우다, 돕다
The company was obliged to refund customers after the service failure.
회사는 서비스 실패 후 고객에게 환불할 의무가 있었다.

🔁 compel, require
🔄 free, release

1315
obliging
[əbláidʒiŋ]

~에 ob 묶게 lig 하는 ing

친절한, 정중한

The obliging clerk helped the elderly customer fill out her postal forms.
그 친절한 직원은 나이 많은 고객이 우편 서류를 작성하는 것을 도와주었다.

🔁 helpful, accommodating
🔄 rude, uncooperative

1316
obscure 중요
[əbskjúər]

~위가 ob 덮여있는 scure

모호한, 알려지지 않은

The meaning of the regulation remained obscure even after the postal training.
교육 후에도 그 규정의 의미는 여전히 불분명했다.

The policy changes were written in obscure legal terms.
정책 변경 사항이 모호한 법률 용어로 작성되었다.

🔁 unclear, ambiguous, unknown, vague
🔄 clear, obvious, well-known

어근 탐구 '어두운', '그늘진'을 의미하다가 비유적 표현으로 확장되어 '우울한', '희미한', '알아보기 힘든', '불분명한', '이해하기 어려운' 등으로 발전했다.

1317
observe
[əbzə́ːrv]

위에서 ob 보다, 지키다 serve

관찰하다, 준수하다

Inspectors will observe postal operations to ensure compliance.
검사관들은 규정 준수를 위해 우편 업무를 관찰할 것이다.

🔁 watch, monitor
🔄 ignore, neglect

1318
obsess 중요
[əbsés]

(생각이) ~쪽에 ob 자리잡다 sess

집착하다

He was obsessed with tracking his parcel every hour.
그는 매시간 자신의 소포를 추적하는 데 집착했다.

Some customers obsess over tracking every detail of their parcel's delivery.
일부 고객은 자신의 소포 배송 정보를 하나하나 집착하며 확인한다.

🔁 preoccupy, fixate
🔄 neglect, disregard

1319
obsolescence
[ɑ̀bsəlésəns, ɔ̀bsəlésəns]

너무 익숙해서(오래써서) solesc 멀리 떨어진(닳은) ob 것 ence

노후화, 구식화

The post office phased out the obsolescence of old mail-sorting equipment.
우체국은 노후화된 우편 분류 장비를 단계적으로 없애기 시작했다.

🔁 aging, outdatedness
🔄 innovation, modernization

1320
obviate
[ɑ́bvièit, ɔ́bvièit]

길 vi 위에, ~쪽에 ob 있다 ate

제거하다, 미연에 방지하다

Installing fraud detection software can obviate risks in online insurance claims.
사기 탐지 소프트웨어를 설치하면 온라인 보험 청구의 위험을 방지할 수 있다.

🔁 eliminate, prevent
🔄 allow, permit

1321
obvious
[ɑ́bviəs, ɔ́bviəs]

길 vi 위에 ob 있는 ous (*=잘 보이는)

명백한

It was obvious that the parcel had been damaged in transit.
소포가 운송 중 손상된 것은 명백했다.

🔁 clear, evident
🔄 obscure, hidden

1322
occasion
[əkéiʒən]

~쪽으로 oc 떨어진 cas 것 ion

경우, 행사

On special occasions, the post office issues commemorative stamps.
특별한 경우에 우체국은 기념우표를 발행한다.

🔁 event, moment
🔄 ordinary day, routine

1323
occult
[əkʌ́lt, ɑ́kʌlt, ɔ́kʌlt]

위에 oc 숨기는 cult

초자연적인, 불가사의한

The investigator dismissed the theory that the mail theft involved occult activity.
수사관은 그 우편 절도 사건에 초자연적 활동이 관련되었다는 이론을 일축했다.

🔁 supernatural, mystical, esoteric
🔄 obvious, natural

어근 탐구 '위(하늘)'에 속하는 '숨겨진' 것, 즉 초자연적인 것을 의미하는 것으로 이해할 수 있다. 마법, 연금술, 점성술 등에 쓰인다.

in / im = in (안에)

1324
imminent 중요
[imənənt]

안으로, 앞으로 im 튀어나온 minent

임박한

The post office prepared for the imminent arrival of a large shipment.
우체국은 대규모 화물의 임박한 도착에 대비했다.

Disaster seemed ceaselessly imminent.
재난이 끊임없이 임박한 듯 보였다.

- impending, approaching
- distant, remote

1325
imperative
[impérətiv]

안으로 im 배치하게 perat 하는 ive

긴급한, 필수적인

Her son had leukemia and needs blood it was another imperative.
그녀의 아들은 백혈병이 있어 피가 필요했는데, 이는 또 다른 긴급 사안이었다.

- urgent, essential
- optional, trivial

어근 탐구 결정권자의 머릿속에 생각이 들도록 '간청, 조언, 권유'를 하는 상황을 나타낸다.

1326
impetuous
[impétʃuəs]

안으로, 앞으로 im 갑자기 달려들게 petu 하는 ous

성급한, 충동적인

He displayed the impetuous vivacity of youth.
그는 젊음의 성급한 활기를 드러냈다.

- hasty, rash
- cautious, thoughtful

1327
impious
[ímpiəs]

순종적이지 pious 않은 im

불경한

The Sunnis regard the Shias as impious heretics.
수니파는 시아파를 불경한 이단으로 본다.

- irreverent, sacrilegious
- pious, devout

어근 탐구 고대 로마 시대에는 부모나 종교에 마땅한 존경을 지니고 선한 실천을 하는 것을 중요시 했으며 이는 piousness(신실함), piously(신실하게)등의 단어에서 나타나며 piou-의 반대는 fraud(사기)로 정의했다.

1328
implore 중요
[implɔ́ːr]

안으로 im 울부짖다 plore

간청하다, 애원하다

The customer implored the clerk to locate the missing package.
고객은 분실된 소포를 찾아달라고 직원에게 간청했다.

No beggars implored Scrooge to bestow a trifle.
거지들은 스크루지에게 푼돈이라도 달라고 애원하지 않았다.

유 beg, plead
반 demand, refuse, reject

1329
imply
[implái]

안으로 im 엮다, 접다 ply

암시하다

The manager's tone seemed to imply that delays were unacceptable.
관리자의 어조는 지연이 용납되지 않음을 암시하는 듯했다.

유 suggest, indicate
반 state, declare

1330
impresario
[imprəsáːriòu]

안으로 im 가져오는 presa 사람 rio (= 사업이나 공연을 기획하는 자)

(공연 등의) 주최자

He was an egregious impresario of letters.
그는 문학계에서 악명 높은 주최자였다.

유 manager, organizer
반 spectator, audience

1331
imprison
[imprízən]

감옥 prision 안으로 im

투옥하다

He was imprisoned for committing mail fraud.
그는 우편 사기를 저질러 투옥되었다.

유 jail, incarcerate
반 release, free

1332
inchoate
[inkóuit, inkouèit]

(소에게) 멍에를 cho (안으로) 씌우게 in 하다 ate

미완성의, 초기의

The plan is inchoate and lacks connection between parts.
그 계획은 미완성 상태이며 부분 간 연결이 부족하다.

유 rudimentary, undeveloped
반 complete, finished

어근 탐구 밭일을 시작할 때 소에게 멍에 또는 끈을 매는 행위에서 유래되었다.

1333
incumbent
[inkʌ́mbənt]

(교리, 교회의) 위에, 안에 **in** 누워있는(= 놓인) **cumbent**

의무적인, 재직 중인
It is incumbent on leaders to protect the people.
지도자들이 국민을 보호하는 것은 의무다.

- obligatory, required
- optional, voluntary

1334
indent
[indént]

안으로 **in** 이로 파먹은 **dent**

들여쓰다, 움푹 들어가게 하다
Please indent the paragraph to improve readability.
가독성을 높이기 위해 단락을 들여써 주세요.

- notch, recess
- align, flush

1335
inebriated
[iníːbrièitid]

안에서부터 **in** 취하게 **ebriat** 된 **ed**

술에 취한
The inebriated man stumbled out of the bar.
술에 취한 남자가 술집에서 비틀거리며 나왔다.

- drunk, intoxicated
- sober, abstinent

un / in / im / il = not, without, reverse (아닌, 없는, 반대인)

1336
impractical
[imprǽktikəl]

실용적이지 **practical** 않은 **im**

비현실적인
It would be impractical to send such fragile items without insurance.
그런 깨지기 쉬운 물품을 보험 없이 보내는 것은 비현실적일 것이다.

- unrealistic, unworkable
- practical, feasible

1337
immune
[imjúːn]

부담하거나 이동하지 **mune** 않는 **im**

면역의, 영향을 받지 않는
After years in the job, she seemed immune to customer complaints.
그 일에 수년간 종사한 후, 그녀는 고객 불만에 영향을 받지 않는 듯했다.

- resistant, protected
- vulnerable, susceptible

1338
impasse
[ímpæs]

지나갈 수 passe 없음 im

교착 상태, 막다른 골목, 난국, 곤경

Contract negotiations between the postal union and management reached an impasse.
우편 노조와 경영진 간의 협상이 교착 상태에 빠졌다.

- deadlock, stalemate, standstill
- breakthrough, progress

1339
impatience
[impéiʃəns]

참을 수 patience 없음 im

성급함

Her impatience grew as the queue at the counter moved slowly.
카운터 줄이 느리게 움직이자 그녀의 성급함이 커졌다.

- restlessness, irritation
- patience, calmness

1340
impromptu
[imprʌ́mptjuː, imprɔ́mptjuː]

준비되지 promptu 않은 im

즉흥적인

At an impromptu news conference, he declined to respond to questions.
즉흥 기자회견에서 그는 질문에 대답하지 않았다.

- spontaneous, unplanned
- planned, rehearsed

1341
imprudent
[imprúːdənt]

앞을 pru 보지 dent 못하는 im

경솔한

We are not so imprudent as to destroy the bees that work for us.
우리는 우리를 위해 일하는 벌들을 파괴할 만큼 경솔하지 않다.

- unwise, careless
- prudent, cautious

1342
inability
[inəbíləti]

능력이 abil 없는 in 상태 ity

무능력, 불가능

His inability to follow postal procedures caused repeated mistakes.
그가 우편 절차를 따르지 못하는 무능력은 반복적인 실수를 초래했다.

- incapacity, incompetence
- ability, capability

1343
inclement
[inklémənt]

온화하지 clement 않은 in

(날씨가) 험악한, 혹독한, 한랭한, (성격이) 냉혹한

The inclement weather forced us indoors.
험악한 날씨가 우리를 실내로 몰아넣었다.

- 유 stormy, severe
- 반 mild, pleasant

1344
incongruous
[inkáŋgruəs, inkɔ́ŋgruəs]

함께 con 딱 맞지 gruous 않은 in

어울리지 않는, 부조화의

His clothes were an incongruous mix of fabrics.
그의 옷은 부조화스러운 직물의 혼합이었다.

- 유 mismatched, unsuitable
- 반 fitting, harmonious

non = not, reverse (부정, 제거)

1345
nonentity
[nɑːnéntəti]

아니 non 존재함 entity

보잘것없는 사람, 존재감 없는 인물

Despite working for years at the firm, he remained a nonentity with no real influence.
그는 수년간 회사에서 일했지만 실질적인 영향력 없는 존재감 없는 인물로 남았다.

- 유 nobody, unknown, mediocrity
- 반 celebrity, luminary, figurehead

1346
nonflammable
[nɑnflǽməbəl]

불꽃이 flamm 생길 수 able 없는 non

불연성의

Nonflammable packaging is required for certain mail items.
일부 우편물에는 불연성 포장이 필요하다.

- 유 fire-resistant, incombustible
- 반 flammable, combustible

1347
nonnegotiable
[nànnigóuʃiəbl]

협상 negoti 할 수 able 없는 non

협상의 여지가 없는

The deadline for submitting the postal bid is nonnegotiable.
우편 입찰서 제출 마감일은 협상의 여지가 없다.

- 유 fixed, absolute
- 반 flexible, adjustable

1348
nonrenewable
[nɑ̀nrinjúːəbl]

다시 re 새롭게 new 할 수 able 없는 non

재생 불가능한

The use of nonrenewable resources in production is discouraged.
생산에서 재생 불가능한 자원의 사용은 지양된다.

- 유 exhaustible, finite
- 반 renewable, sustainable

1349
nonsense
[nɑ́nsens, nɔ́nsəns]

의미가 sense 없음 non

허튼소리

The rumor about free international shipping was pure nonsense.
국제 배송이 무료라는 소문은 완전한 허튼소리였다.

- 유 absurdity, rubbish
- 반 truth, fact

1350
nonverbal
[nɑ̀nvə́ːrbəl]

말과 verb 관계되지 al 않은 non

비언어적인

Nonverbal communication is crucial in customer service at the counter.
창구 고객 서비스에서 비언어적 의사소통은 매우 중요하다.

- 유 wordless, unspoken
- 반 verbal, spoken

pre / pro = before (미리, 전에, 앞에)

1351
ap**pre**hend
[æprihénd]

~에 대해 ap 미리 pre 붙잡다 hend

체포하다, 이해하다

The police apprehended the suspect involved in the mail theft.
경찰은 우편물 절도 사건의 용의자를 체포했다.

- 유 arrest, grasp
- 반 release, misunderstand

1352
com**pre**hend
[kὰmprihénd, kɔ̀mprihénd]

가지고 com 앞에서 pre 잡다, 이해하다 hend

이해하다

It's difficult to comprehend all the regulations at once.
모든 규정을 한 번에 이해하기는 어렵다.

- 유 understand, grasp
- 반 misunderstand, misinterpret

1353
comprehensive
[kὰmprihénsiv, kɔ̀mprihénsiv]

완전히 com 앞에서 pre 잡고가도록 hens 하는 ive

포괄적인, 종합적인

The report included a comprehensive review of all postal operations.
보고서는 모든 우편 업무에 대한 포괄적인 검토를 담고 있었다.

- 유 complete, all-inclusive
- 반 limited, partial

어근 탐구 com이 '모든 것을 함께'라는 의미로 '완전히'의 의미를 가질 수 있다.

1354
precaution
[prikɔ́ːʃən]

미리 pre 조심하기 caution

예방 조치

As a precaution, fragile items were packed in double boxes before shipping.
예방 조치로, 깨지기 쉬운 물품은 발송 전에 이중 박스에 포장되었다.

- 유 safeguard, protection
- 반 negligence, carelessness

1355
precocious
[prikóuʃəs]

미리, 먼저 pre 농익게 coci 한 ous

조숙한

The precocious child easily understood the postal tracking system.
그 조숙한 아이는 우편 추적 시스템을 쉽게 이해했다.

- 유 advanced, gifted, forward
- 반 slow, delayed

1356
preface
[préfis]

앞서 pre 말하는 것 face

서문

The book's preface described the history of postal communication.
책의 서문에는 우편 통신의 역사가 설명되어 있었다.

- 유 introduction, prologue
- 반 epilogue, conclusion

어근 탐구 처음에는 '미사 정제의 서물', '담론, 작품에 대한 소개 진술, 노래로 된 기도의 시작 부분' 등을 뜻하는 단어였으며 introduction, prologue와 동일하게 쓰일 수 있다.

1357
prefer
[prifə́ːr]

먼저, 앞으로 pre 옮기다 fer

선호하다

Customers often prefer tracking numbers for important mail.
고객들은 중요한 우편물에 대해 추적 번호를 선호한다.

- 유 favor, choose
- 반 dislike, reject

1358
pregnant
[prégnənt]

태어나기 gnant 전 pre

임신한

The postal worker continued light duties during her pregnant months.
임신한 우편 직원은 가벼운 업무를 계속했다.

🔁 expecting, with child
🔄 –

1359
preliminary
[prilímənèri, prilímənəri]

미리 pre 문턱을 limin 넘는 ary

예비의, 사전의

The postal service conducted a preliminary review before launching the new delivery system.
우편 서비스는 새로운 배송 시스템을 도입하기 전에 예비 검토를 실시했다.

🔁 initial, pretory
🔄 final, conclusive

어근 탐구 여기서 어근 limen, limi는 limit(한계=경계, 문지방, 국경)을 의미한다.

1360
prelude
[prélju:d, préilju:d, prí:lju:d]

미리 pre 연주하기 lude

서곡, 서문

The announcement was a prelude to a larger postal reform.
그 발표는 더 큰 우편 개혁의 서막이었다.

🔁 introduction, preface, foreword
🔄 finale, conclusion

1361
premature
[prì:mətjúər]

익어가기 mature 전 pre

시기상조의

Announcing the policy changes before the official approval was premature.
공식 승인을 받기 전에 정책 변경을 발표하는 것은 시기상조였다.

🔁 untimely, early
🔄 timely, mature

1362
premise
[prémis]

미리 pre 보내기 mise

전제

The new delivery policy is based on the premise that speed matters most.
새 배송 정책은 속도가 가장 중요하다는 전제를 기반으로 한다.

🔁 assumption, proposition, foundation
🔄 consequence, result

1363
premonition
[priːmouniʃən]

미리 pre 경고하는 monit 것 ion

(불길한) 예감

He had a premonition that the international parcel would be delayed.
그는 국제 소포가 지연될 것 같은 예감을 느꼈다.

🟰 foreboding, intuition, omen
🔄 certainty, ignorance

1364
prerogative
[prirágətiv, prirógətiv]

(다른 사람보다) 먼저 pre 요청하는 rogat 것 ive

특권

It is the prerogative of postal inspectors to open suspicious packages.
수상한 소포를 여는 것은 우편 검사관의 특권이다.

🟰 privilege, entitlement, right
🔄 obligation, duty

1365
preserve
[prizə́ːrv]

앞에서 pre 지키다 serve

보존하다

The museum preserved old postal stamps in climate-controlled cases.
박물관은 오래된 우표를 온도 조절된 진열함에 보존했다.

🟰 maintain, protect
🔄 destroy, neglect

1366
prestige
[prestíːdʒ, préstidʒ]

앞을(=눈을) pre 묶다(가리다) stige

명성, 위신

Working for the national postal service carried great prestige in the community.
국가 우편 서비스에서 일하는 것은 지역 사회에서 큰 명성을 지녔다.

🟰 reputation, status
🔄 disgrace, dishonor

어근 탐구 처음에는 '눈을 가리다'가 속임수를 뜻하는 경멸적 단어였으나 점차 '눈이 부셔서 눈을 가려야 하는' 긍정적 의미로 변하게 되었다.

1367
prestigious
[prestídʒiəs]

앞을(=눈을) pre 가릴 일이 stigi 많은 ous

명망 있는

The post office won a prestigious award for its public service.
그 우체국은 공공 서비스로 명망 있는 상을 수상했다.

🟰 reputable, respected, honored
🔄 obscure, unknown

1368
presume
[prizúːm]

미리 **pre** (의견을) 갖다 **sume**

추정하다

The inspector presumed the delay was due to customs inspection.
조사관은 지연이 세관 검사 때문이라고 추정했다.

🔁 assume, suppose
🔄 doubt, question

1369
prevarication
[priværəkéiʃən]

(상대의) 앞에서 **pre** 양다리를 벌리고 서게 **varic** 하는 것 **ation**

얼버무림, 핑계, 기만

The official's prevarication delayed compensation to affected customers.
관계자의 얼버무림으로 피해 고객 보상이 지연되었다.

🔁 evasion, dishonesty, equivocation
🔄 honesty, directness

어근 탐구 어근 varicare는 라틴어 varus(O형 다리나 X자 다리)에서 파생되었다. 다리가 똑바로 붙지 않는 모양새에서 발전하여 '회피, 변명, 정직에서 벗어나는 행동'을 뜻하게 되었다.

1370
previous
[príːviəs]

길의 **vi** 앞에 **pre** 있는 **ous**

이전의

The parcel was sent to the customer's previous address by mistake.
소포가 실수로 고객의 이전 주소로 발송되었다.

🔁 former, earlier
🔄 current, later

1371
procrastinate
[proukræstəneit]

내일 **crastin** 앞으로 **pro** (가게)하다 **ate**

미루다, 지연시키다

He procrastinated filing the insurance claim until it was too late.
그는 보험 청구를 너무 늦게까지 미뤘다.

🔁 delay, postpone, stall
🔄 act, complete

1372
product
[prάdəkt, prΛdəkt, pródəkt]

앞으로 **pro** 가져온 것 **duct**

제품

The new insurance product covers damage during postal delivery.
새로운 보험 상품은 우편 배송 중 발생한 손해를 보상한다.

🔁 item, commodity
🔄 raw material, input

1373
profligate

[práfligit, práfligèit, prófligit]

앞으로(아래로) pro (바닥을)치게 flig 하다 ate

방탕한, 낭비하는

The profligate use of office supplies led to stricter inventory policies.
사무용품의 낭비적인 사용으로 더 엄격한 재고 정책이 생겼다.

- wasteful, extravagant, reckless
- frugal, prudent

1374
profound 중요

[prəfáund]

앞으로 (더 심하게, 더 깊은) pro 바닥 found

깊은, 심오한

His speech left a profound impression on the postal workers.
그의 연설은 우체국 직원들에게 깊은 인상을 남겼다.

The professor gave a profound lecture on the economic impact of postal reforms.
교수는 우편 개혁의 경제적 영향에 대한 심오한 강의를 했다.

- deep, thoughtful, intense, insightful
- superficial, shallow

어근 탐구 영어는 이미 '깊다'는 표현인 *deep*을 갖고 있었으므로 라틴어에서 유래한 *profound*는 비유적 의미로 사용하게 되었다. '지적 깊이가 깊고 박식한', '강렬한', '방대한', '깊고 모호한' 등으로 쓰인다.

1375
profuse

[prəfjúːs]

앞으로 (심하게) pro 쏟아붓는 fuse

풍부한, 아낌없는

The clerk offered profuse apologies for the delayed package.
그 직원은 지연된 소포에 대해 아낌없는 사과를 전했다.

- abundant, lavish, excessive
- scarce, meager

1376
prohibit

[prouhíbit]

앞에서 pro 잡아두다 hibit

금지하다

Postal regulations prohibit sending hazardous materials.
우편 규정은 위험 물질 발송을 금지한다.

- ban, forbid
- allow, permit

1377
prohibition

[pròuhəbíʃən]

앞에서 pro 잡아두는 hibit 행위 ion

금지

There's a strict prohibition against sending cash through regular mail.
일반 우편으로 현금을 보내는 것은 엄격히 금지되어 있다.

- ban, restriction, embargo
- allowance, permission

1378
prominent

[prάmənənt, prɔ́mənənt]

앞으로 pro 튀어나오게 min 한 ent

중요한, 두드러진

She is a prominent figure in the field of postal logistics.
그녀는 우편 물류 분야에서 중요한 인물이다.

- 유 notable, distinguished
- 반 obscure, unknown

1379
promulgated

[prΛ́məlgèitid, prɔ́məlgèitid]

앞으로 pro 알리게 mulgat 된 ed

공포된, 선포된 (promulgate의 과거형, 과거분사)

New postal regulations were promulgated to improve international shipping.
국제 배송 개선을 위해 새로운 우편 규정이 공포되었다.

- 유 announced, declared, published
- 반 concealed, withheld

어근 탐구 어근 mulg-는 milk(젖소의 젖을 짜다)에서 파생되었다. 농부들이 젖을 짜는 행위 또는 우유 생산날을 지정한데서 유래한 것으로 추측된다.

1380
pronounce

[prənáuns]

앞에서 pro 전하다, 알리다 nounce

발음하다 / 선언하다

The announcer will pronounce the winners of the postal design contest.
사회자가 우편 디자인 공모전 수상자를 발표할 것이다.

- 유 articulate, declare
- 반 mumble, withhold

1381
proof

[pru:f]

증명하는 것 proof

증거, 입증

You must provide proof of address to open a postal savings account.
우편저금 계좌를 개설하려면 주소 증명이 필요하다.

- 유 evidence, verification
- 반 disproof, refutation

1382
propagate

[prΛ́pəgèit, prɔ́pəgèit]

앞으로(더 심하게) pro 재생산하게 pag 하다 ate

퍼뜨리다, 전파하다

The agency tried to propagate public awareness about postal fraud.
그 기관은 우편 사기에 대한 대중 인식을 전파하려 했다.

- 유 spread, disseminate, transmit
- 반 suppress, contain

1383
proper

[prɑ́pər, prɔ́pər]

자기 자신의 proper (*어근 pro(앞으로)가 '분리됨'으로 진화한 형태)

적절한, 올바른

Proper packaging is essential for safe international shipping.

안전한 국제 배송을 위해 적절한 포장이 필수다.

- suitable, appropriate
- improper, inappropriate

1384
property

[prɑ́pərti, prɔ́pərti]

자기 자신의 proper 것 ty

재산, 부동산

The insurance policy covers loss or damage to personal **property**.

이 보험은 개인 재산의 손실이나 손상을 보장한다.

- possession, asset
- debt, liability

1385
propinquity

[prəpíŋkwəti]

앞에 pro 가까운 pinqui 것 ty

근접, 가까움

The **propinquity** of the regional center made delivery faster.

지역 센터와의 근접성 덕분에 배송이 더 빨라졌다.

- proximity, nearness, closeness
- distance, remoteness

1386
propitious

[prəpíʃəs]

호의적인 propiti 상태인 ous

좋은, 유리한

The sunny weather was **propitious** for outdoor parcel delivery.

맑은 날씨는 야외 소포 배달에 유리했다.

- favorable, promising, auspicious
- unfavorable, inauspicious

어근 탐구 어근 proper, prop-는 산스크리트어 pra-pra, 그리스어로 pro-pro에서 유래했다고 전해진다. pro는 '앞쪽'을 의미하는데 이것을 이중 표기한 pro-pro는 '(그 방향으로) 계속해서'의 의미를 지닌다. 때문에 물리적으론 '근처'를, 비유적으로는 '점점 더' 또는 '호의적인 마음'을 뜻하게 되었다. 변형표현인 proper은 근처에 머무르는 '소유'를 의미한다.

1387
proportion

[prəpɔ́ːrʃən]

앞으로(~의) pro 부분인 port 것 ion

비율, 부분

A large **proportion** of postal revenue comes from financial services.

우편 수익의 상당 비율은 금융 서비스에서 나온다.

- ratio, percentage
- whole, entirety

1388
proposal
[prəpóuzəl]

앞으로 **pro** 내놓은 **pos** 것 **al**

제안

The proposal to expand evening deliveries was approved unanimously.
야간 배송 확대 제안이 만장일치로 승인되었다.

- suggestion, recommendation
- withdrawal, refusal

1389
propriety
[prəpráiəti]

자신의 **propri** 것 **ety** (자신에게 맞는 것, 적절한 것)

예의범절, 적절성

The postal clerk handled the customer's complaint with full propriety.
우체국 직원은 고객의 불만을 매우 예의 바르게 처리했다.

- decorum, appropriateness, civility
- impropriety, rudeness

1390
prosper
[práspər, próspər]

앞으로 **pro** 희망적인 **sper**

번영하다

Small postal agencies prosper in areas with high online shopping demand.
온라인 쇼핑 수요가 높은 지역에서 작은 우편 대리점들이 번영한다.

- flourish, thrive
- decline, fail

1391
provide
[prəváid]

미리 **pro** 보다 **vide** (*'미리 보고준비하다', '필요한 것을 공급하다'라는 뜻이다.)

제공하다

Postal services provide insurance options for valuable shipments.
우편 서비스는 귀중품 배송을 위한 보험 옵션을 제공한다.

- supply, offer
- withhold, deny

1392
prodent
[prúːdənt]

앞을 **pru** 내다보는 **dent**

신중한, 현명한

Being prudent, she chose insured shipping for her valuable items.
그녀는 신중하게 귀중품에 대해 보험 배송을 선택했다.

- cautious, sensible, wise
- reckless, careless

post = after (후에, 다음에)

1393
posterity
[pɑstérəti, pɔstérəti]

다음인 poster 것, 상태 ity

후세, 자손
The time capsule was buried near the post office for posterity.
타임캡슐은 후세를 위해 우체국 근처에 묻혔다.
- 윤 descendants, offspring
- 반 ancestors, forebears

1394
postmodern
[pòustmɑ́dərn, pòustmɔ́dərn]

후기의 post 현대 modern

포스트모던의
The new post office building featured a postmodern architectural design.
새 우체국 건물은 포스트모던 건축 디자인을 특징으로 했다.
- 윤 contemporary, avant-garde
- 반 traditional, classical

어근탐구 1900년대에 이르러 건축과 예술 분야에서 사용되었으며 '객관적 지식을 거부하는 현대 사상운동', '진리와 진보, 통일성에 회의적인 사상'으로 자리 잡았다.

1395
postpone
[poustpóun]

뒤에, 나중에 post 두다 pone

연기하다
The meeting about postal rate changes was postponed until next week.
우편 요금 변경 회의는 다음 주로 연기되었다.
- 윤 delay, defer
- 반 advance, expedite

1396
postwar
[póustwɔ́ːr]

전쟁 war 후기의 post

전후의
The postwar postal service expanded rapidly to reconnect separated families.
전후 우편 서비스는 떨어진 가족들을 다시 연결하기 위해 빠르게 확장되었다.
- 윤 after-war, subsequent
- 반 prewar, wartime

re = before, after, again, back (앞, 뒤, 다시)

1397
rebate
[ríːbeit, ribéit]

다시 re 물리치다 bate

환급, 할인

Frequent shippers may receive a rebate on bulk postage purchases.
대량 우편 발송 고객은 우편 요금에서 환급을 받을 수 있다.

- refund, discount
- surcharge, fee

1398
rebuke
[ribjúːk]

뒤로 re 나무를 베다 buke

질책, 꾸짖음

The clerk received a sharp rebuke for mishandling the insured mail.
그 직원은 보험 소포를 잘못 다뤄 심한 질책을 받았다.

- reprimand, reproach, scolding
- praise, commendation

1399
recanted
[rikǽntid]

말하기 canted 전으로 re

철회된, 취소된 (recant의 과거형, 과거분사)

He recanted his claim about the stolen package after it arrived.
소포가 도착하자 그는 도난 신고를 철회했다.

- withdrew, retracted, denied
- affirmed, confirmed

1400
recoil
[rikɔ́il, ríːkɔil]

뒤로 re 물러가다 coil

움찔하다, 뒤로 물러나다

She recoiled at the sight of a damaged box labeled "fragile."
그녀는 '취급주의'라고 쓰인 손상된 상자를 보고 움찔했다.

- flinch, shrink, retreat
- advance, approach

1401
reconcile
[rékənsàil]

다시 re 함께 con 부르다, 소리치다 cile

화해시키다, 조정하다

The postal union tried to reconcile differences with the management.
우편 노동조합은 경영진과의 의견 차이를 조정하려 했다.

- resolve, harmonize
- alienate, estrange

1402
recondite
[rékəndàit, rikʌ́ndait, rikɔ́ndait]

뒤에 **re** 모아서 **con** 두다 **dite**

난해한, 어려운

The manual's recondite instructions confused the new postal worker.
그 설명서의 난해한 지침은 신입 우편 직원을 혼란스럽게 했다.

🔄 obscure, abstruse, complex
🔀 clear, simple

어근 탐구 겉보기로는 잘 알 수 없는 정신적이거나 '숨겨진', '일반적 이해를 벗어난', '심오한', '모호한', '잘 알려지지 않은' 것을 나타낸다.

1403
redolent
[rédələnt]

다시 **re** 냄새가 **dol** 나는 **ent**

~의 냄새가 나는, ~을 생각나게 하는

The mailroom was redolent of old papers and glue.
우편실은 오래된 종이와 접착제 냄새로 가득했다.

🔄 fragrant, evocative, aromatic
🔀 odorless, bland

1404
redress
[riːdres, ridrés]

다시 **re** 바르게하다 **dress**

바로잡다, 보상하다

The customer demanded redress for the damaged registered item.
고객은 손상된 등기물에 대한 보상을 요구했다.

🔄 remedy, compensation, correction
🔀 damage, harm

1405
refine
[rifáin]

다시 **re** 정교해지다 **fine**

정제하다, 개선하다

They refined the delivery tracking system to make it more accurate.
그들은 배송 추적 시스템을 더 정확하게 개선했다.

🔄 improve, polish
🔀 worsen, degrade

1406
refund
[riːfʌnd]

다시 **re** (돈, 유동성) 쏟아 붓다 **fund**

환불하다, 환불

Customers can request a refund for lost registered mail.
고객은 분실된 등기 우편에 대해 환불을 요청할 수 있다.

🔄 reimbursement, repayment
🔀 charge, payment

1407
refuse
[rifjúːz]

되돌려 re 붓다 fuse

거절하다
The post office had to refuse the package because it contained prohibited items.
우체국은 금지 품목이 포함되어 있어 소포 접수를 거절해야 했다.

- decline, reject
- accept, approve

1408
refute
[rifjúːt]

뒤로 re 치다 fute

반박하다, 논박하다
She refuted the rumor that the post office lost her package.
그녀는 우체국이 소포를 분실했다는 소문을 반박했다.

- disprove, contradict, challenge
- confirm, support

어근 탐구 '상대방을 반대근거로 논박한다'는 뜻에서 유래하여 '반박하다, 논박하다', '억제하다, 반대하다', '저항하다'를 거쳐 '부인하다'까지 확장되었다.

1409
register
[rédʒəstər]

되 re 옮기다, 지니다 gister

등록하다, 기록하다
You must register your parcel for insured delivery.
보험 배송을 위해 소포를 등록해야 한다.

- enroll, record
- remove, delete

어근 탐구 어떤 항목을 공식적으로 기록부에 옮겨 적는 행위에서 유래했다.

1410
relax
[rilǽks]

뒤로 re 느슨하게 하다 lax

긴장을 풀다, 완화하다
She took a short break to relax after processing dozens of parcels.
그녀는 수십 개의 소포를 처리한 후 잠시 휴식을 취했다.

- unwind, ease
- tense, strain

1411
release
[riliːs]

뒤로 re 느슨하게 하다, 놓아주다 lease

풀어주다, 발표하다
The postal service will release a new set of commemorative stamps next month.
우편 서비스는 다음 달에 새로운 기념 우표 세트를 발매할 예정이다.

- free, publish
- detain, withhold

1412
relegated
[réləgèitid]

뒤로 re 보내게 legat 한 ed

좌천된, 강등된 (relegate의 과거형, 과거분사)
Due to multiple delivery errors, the clerk was relegated to backroom duties.
여러 번의 배송 실수로 인해, 그 직원은 뒷일 처리로 강등되었다.

- demoted, downgraded, assigned
- promoted, elevated

1413
reluctance
[rilʌktəns]

반대로 re 싸우는 luct 상태 ance

꺼림, 주저함
His reluctance to adopt the new postal software delayed the project.
새로운 우편 소프트웨어 도입에 대한 그의 주저함이 프로젝트를 지연시켰다.

- unwillingness, hesitation
- willingness, eagerness

1414
remain
[riméin]

뒤에 re 머물러있다 main

남다, 계속 ~이다
Despite the policy changes, the basic postal rates will remain the same.
정책 변경에도 불구하고 기본 우편 요금은 동일하게 유지된다.

- stay, continue
- change, disappear

1415
remuneration
[rimjùːnəréiʃn]

되(보상으로, 돌려서) re 지불하는 muner 행위 ation

보수, 급여
Postal workers demanded better remuneration for weekend shifts.
우체국 직원들은 주말 근무에 대한 더 나은 보수를 요구했다.

- compensation, pay, wage
- deduction, penalty

1416
renewal
[rinjúːəl]

다시 re 새롭게 new 하는 것 al

갱신, 재개

Customers can apply for the renewal of their postal insurance online.
고객은 우편 보험 갱신을 온라인으로 신청할 수 있다.

🔄 extension, restoration
🔃 expiration, termination

1417
repeat
[ripíːt]

다시 re 요청하다 peat

반복하다

The clerk had to repeat the tracking number to ensure the customer wrote it correctly.
직원은 고객이 올바르게 적었는지 확인하기 위해 추적 번호를 반복해서 말했다.

🔄 reiterate, echo
🔃 halt, stop

1418
repent
[ripént]

다시(또다시=많이) re 후회하다 pent

뉘우치다

He began to repent his careless handling of confidential mail.
그는 기밀 우편을 부주의하게 다룬 것을 뉘우치기 시작했다.

🔄 regret, remorse
🔃 persist, repeat

1419
repented
[ripéntid]

또 다시 re 후회하게 pent 된 ed

뉘우친 (repent의 과거형, 과거분사)

He repented for delaying the customer's claim process.
그는 고객의 청구 절차를 지연시킨 것을 후회했다.

🔄 regretted, atoned, apologized
🔃 persisted, justified

1420
repertoire
[répərtwàːr]

다시 re 내놓은 perto 것 ire

(기술·능력의) 목록, 레퍼토리

She had an impressive repertoire of customer service phrases.
그녀는 인상적인 고객 응대 표현을 많이 알고 있었다.

🔄 collection, range, inventory
🔃 limitation, deficiency

> **어근 탐구** '발견하다'인 라틴어 reperire에서 파생된 단어로, '재고 목록', '리스트'를 뜻하는 말로 사용되다가 현대에 와서 극단의 '작품 목록'으로 확장되었다.

1421
replenish
[riplénɪʃ]

다시 re 채우게 plen 하다 ish

보충하다

The post office had to replenish its supply of customs forms.
우체국은 세관 신고서 양식을 보충해야 했다.

- refill, restock, resupply
- deplete, exhaust

1422
reproached
[ripróutʃt]

뒤돌아 re 가까이 부른 proached

비난받은 (reproach의 과거형, 과거분사)

The officer was reproached for mishandling the confidential mail.
그 직원은 기밀 우편을 잘못 처리한 것에 대해 비난받았다.

- blamed, criticized, rebuked
- praised, applauded

어근 탐구 14세기에 발생한 이 단어의 어근에 대해 옥스포드 영어사전은 디에즈(독일의 언어학자)를 인용하여 re(반대)+prope(가까이)의 조합으로 설명하고 있으나 라틴어를 근간으로 하는 프랑스 어원학자들은 라틴어 reprobus, reprobare(비난하다, 거부하다)에서 유래한 것이라고 주장하고 있어 정확한 어근에 대한 논란의 여지가 있다.

1423
repugnant
[ripʌ́gnənt]

맞서 re 싸우게 pugn 한 ant

불쾌한, 혐오스러운

It's repugnant to ignore customer complaints in the service industry.
서비스 업계에서 고객 불만을 무시하는 것은 매우 불쾌한 일이다.

- offensive, repulsive, abhorrent
- agreeable, pleasant

1424
resume
[rizúːm, rizjúːm]

다시 re 집다 sume

재개하다

Postal services will resume after the national holiday.
우편 서비스는 공휴일 이후 재개될 것이다.

- restart, continue
- suspend, cease

1425
reverberate
[rivə́ːrbərèit]

뒤로 re 돌아서 치게 verber 하다 ate

울려 퍼지다, 반향을 일으키다

The announcement reverberated through every post office in the region.
그 발표는 지역 내 모든 우체국에 반향을 일으켰다.

- echo, resound, ring
- silence, mute

1426
reviled
[riváild]

다시, 계속 re 못난 viled

몹시 비난받는, 욕설을 듣는 (revile의 과거형, 과거분사)
The new delivery surcharge was reviled by small business owners.
새로운 배송 할증료는 소상공인들의 비난을 샀다.

- condemned, criticized, hated
- praised, honored

ex = out, thoroughly (밖으로, 완전히)

1427
exit
[égzit, éksit]

밖으로 ex 나가다 it

출구, 나가다
The nearest exit is located next to the postal service counter.
가장 가까운 출구는 우편 서비스 창구 옆에 있다.

- way out, departure
- entrance, entry

1428
exist
[igzíst]

밖으로 ex 서 있다 (x)ist

존재하다
Many small post offices still exist in rural areas.
많은 소규모 우체국이 여전히 시골 지역에 존재한다.

- be, live
- vanish, disappear

1429
coexist
[kòuigzíst]

함께 co 존재하다 exist

공존하다
Different delivery methods can coexist within the same postal network.
같은 우편망 안에서 서로 다른 배송 방식이 공존할 수 있다.

- concur, coincide
- conflict, clash

1430
exacerbated
[igzǽsərbèitid, iksǽsərbèitid]

완전히 ex 날카롭게 acerb 만들어진 ated

악화된 (exacerbate의 과거형, 과거분사)
The delivery delay was exacerbated by the unexpected strike at the sorting center.
예상치 못한 물류센터 파업으로 인해 배송 지연이 악화되었다.

- worsened, aggravated, intensified
- alleviated, improved

1431
exaggerate
[igzǽdʒərèit]

완전히 ex 크게하다 aggerate

과장하다

The salesman exaggerated the benefits of the insurance policy.
그 판매원은 보험 상품의 장점을 과장했다.

- overstate, embellish
- understate, minimize

1432
excavate
[ékskəvèit]

밖으로 ex 파내다, 비우다 cavate

발굴하다, 파다

Archaeologists excavated ancient artifacts near the river.
고고학자들은 강 근처에서 고대 유물을 발굴했다.

- dig, unearth
- bury, cover

1433
excel
[iksél]

밖으로 ex 솟다, 높이 오르다 cel

뛰어나다, 탁월하다

She excels in handling complex financial transactions.
그녀는 복잡한 금융 거래 처리에 탁월하다.

- outshine, surpass
- fail, underperform

1434
exchange
[ikstʃéindʒ]

밖으로 꺼내 ex 물물교환하다 change

교환하다, 환전하다

Customers can exchange foreign currency at the main post office branch.
고객들은 본 우체국 지점에서 외화를 환전할 수 있다.

- trade, swap
- keep, retain

1435
excoriate
[ikskɔ́ːrièit]

가죽을 cori 벗기게 ex 만들다 ate

맹비난하다

The media excoriated the bank for mishandling customer data.
언론은 고객 정보 관리를 잘못한 은행을 맹비난했다.

- criticize, condemn, denounce
- praise, applaud

어근 탐구 가죽을 벗긴다는 살벌한 표현은 형벌이나 고문행위에서 유래된 것으로, '검열하다', '비난하다'라는 비유적 표현으로 쓰이게 되었다.

1436
excruciating
[ikskrúːʃièitiŋ]

철저히 ex 고통을 주는 cruciating

극심한, 몹시 고통스러운
The customer service call involved an excruciating wait of over an hour.
고객센터 통화는 1시간 넘는 극심한 대기로 이어졌다.
- agonizing, unbearable, intense
- mild, tolerable

어근 탐구 crux, crucis는 cross(십자가)를 뜻하며 cruciate는 '십자가에 못박다'를 의미한다.

1437
exert
[igzə́ːrt]

밖으로(내부에서 외부로) ex 배열하다 ert

발휘하다, 행사하다
The union exerted pressure on management to improve working conditions.
노조는 근무 환경 개선을 위해 경영진에 압력을 행사했다.
- apply, exercise
- withhold, neglect

1438
exhale
[ekshéil, igzéil]

밖으로 ex 내쉬다 hale

숨을 내쉬다
He slowly exhaled after holding his breath.
그는 숨을 참았다가 천천히 내쉬었다.
- breathe out, expel
- inhale, breathe in

1439
exhaust
[igzɔ́ːst]

떨어져 ex 물을 긷다 haust

지치게 하다, 소모하다
Sorting thousands of parcels in one day exhausted the workers.
하루에 수천 개의 소포를 분류하는 일은 직원들을 지치게 했다.
- tire, drain
- energize, refresh

1440
exhort
[igzɔ́ːrt]

완전히 ex 독려하다 hort

열심히 권하다, 촉구하다
The branch manager exhorted all employees to double-check financial documents.
지점장은 모든 직원에게 금융 문서를 두 번 확인하라고 촉구했다.
- urge, encourage, advise
- discourage, dissuade

1441
exonerate

[igzάnərèit, igzɔ́nərèit]

부담, 억압을 oner 떼어내 ex 주다 ate

혐의를 벗겨주다, 면제하다

The audit report exonerated the branch manager from all accusations of financial misconduct.

감사 보고서는 지점장이 재정 비리에 연루되지 않았음을 밝혀줬다.

- 윤 absolve, acquit, clear
- 반 convict, blame, accuse

1442
expand

[ikspǽnd]

바깥으로 ex 뻗치다 pand

확장하다, 확대하다

The bank plans to expand its branch network into rural areas.

은행은 지점 네트워크를 농촌 지역으로 확대할 계획이다.

- 윤 enlarge, broaden
- 반 shrink, contract

1443
expatriate

[ekspéitrièit, ekspǽtrièit]

고향 patri 밖으로 ex 나가다 ate

국외 거주자, 국외로 추방하다

After retiring, she chose to live as an expatriate in Portugal for its calm lifestyle.

그녀는 은퇴 후 조용한 삶을 위해 포르투갈에서 국외 거주자로 살기로 했다.

- 윤 emigrant, exile
- 반 resident, native

1444
experience

[ikspíəriəns]

밖에서 ex 경험한 것 perience

경험

She has years of experience in handling international mail.

그녀는 국제 우편 취급에 다년간의 경험이 있다.

- 윤 knowledge, background
- 반 inexperience, ignorance

1445
experiment

[ikspérəmənt]

밖에서 ex 테스트(실험)한 것 periment

실험

The postal service ran an experiment to test same-day delivery in urban areas.

우편 서비스는 도심 지역에서 당일 배송을 시험하기 위해 실험을 진행했다.

- 윤 test, trial
- 반 routine, certainty

1446
expert

[ékspəːrt]

밖에서 **ex** 경험한 자 **pert**

전문가

An IT expert was hired to upgrade the bank's security systems.

은행의 보안 시스템을 업그레이드하기 위해 IT 전문가가 고용되었다.

유 specialist, professional
반 amateur, novice

1447
explanatory

[iksplǽnətɔ̀ːri, iksplǽnətəri]

밖으로 **ex** 평평하게 **planat** 하는 **ory**

설명의

The manual includes explanatory notes for each step of the process.

매뉴얼에는 절차의 각 단계에 대한 설명 노트가 포함되어 있다.

유 descriptive, illustrative
반 confusing, obscure

어근 탐구 '어떤 사실과 그 원인이 맞아 떨어지도록 (=평평하도록) 설명한다'는 행위에서 유래한 말이다.

1448
explode

[iksplóud]

박수를 쳐서 **plode** 밖으로 쫓아내다 **ex**

폭발하다

The faulty battery exploded during transport.

불량 배터리가 운송 중 폭발했다.

유 burst, detonate
반 implode, collapse

어근 탐구 고대 연극 극장의 관객들이 배우가 마음에 들지 않을때 야유와 발구르기 등의 큰 소리를 내서 무대 밖으로 쫓아낸데서 유래한 말로, 중세 시대부터는 갑작스러운 큰 소리와 함께 밖으로 터져나오는 '폭발'에 비유적으로 쓰이기 시작했다.

1449
explore

[ikspló:r]

밖으로 **ex** 외치다 **plore** 또는 밖으로 **ex** 흐르다 **plore**

탐험하다, 조사하다

The company will explore new opportunities in the financial technology sector.

회사는 핀테크 분야에서 새로운 기회를 모색할 예정이다.

유 investigate, examine
반 ignore, overlook

어근 탐구 plore의 출처는 정확하지 않은데, '사냥터에서 외치며 정찰하다=탐험하다'가 되었다는 설과 '발견을 위해 (배를 타고) 외지로 나가다=탐험하다'가 되었다는 설이 공존한다.

1450
explosive
[iksplóusiv]

밖으로 **ex** (큰 소리를 내며) 터져나온 **plosive**

폭발성의, 폭발물

Explosive materials are prohibited from being sent by mail.
폭발성 물질은 우편 발송이 금지되어 있다.

- combustible, volatile
- stable, inert

1451
expunge
[ikspʌ́ndʒ]

밖에서 **ex** 뚫다, 찍어내다 **punge**

삭제하다, 지우다

The bank had to **expunge** outdated personal data from its servers.
은행은 서버에서 오래된 개인정보를 삭제해야 했다.

- erase, delete, obliterate
- retain, preserve

어근 탐구 초기 사전 편집자들이 글자 삭제를 위해 실제로 점이나 구멍을 찍어낸데서 유래했다.

1452
expurgate
[ékspərgèit]

정화해서 **purg** 내보내게 **ex** 하다 **ate**

불온한 부분을 삭제하다(검열), 정화하다

The publisher decided to **expurgate** offensive language from the textbook before release.
출판사는 출시 전에 교과서에서 불쾌한 표현을 삭제하기로 했다.

- censor, sanitize, bowdlerize
- include, permit

어근 탐구 '불순물을 제거하다'에서 발전한 의미로, '검열하다', '정화하다'로 사용한다.

1453
exquisite
[ikskwizit, ékskwizit]

찾아서 **quisite** 밖으로 **ex**

매우 아름다운, 정교한, 강렬한, 최상의, 완벽한, 예리한

The jeweler displayed an **exquisite** diamond necklace.
보석상은 매우 아름다운 다이아몬드 목걸이를 전시했다.

- elegant, delicate
- crude, coarse

어근 탐구 '밖으로 찾으러 나간'데서 발생하여 '신중하게 찾아낸', '완벽하거나 탁월한' 것을 의미한다.

1454
extenuating
[iksténjuèitiŋ]

얇게 tenu 밖으로 ex 만든 ating

정상 참작이 되는

The clerk's mistake had extenuating circumstances due to a system outage.
시스템 장애로 인해 직원의 실수는 정상 참작의 여지가 있었다.

🗣 mitigating, justifying, excusing
🔄 aggravating, worsening

어근 탐구 '얇게 밖으로 만들다'는 곧 '얇게 늘리다'이며, 두께나 밀도를 줄이거나 가늘게 한다는 의미의 라틴어에서 유래하여 비유적으로는 '정도 또는 외관을 줄여 비중을 작게 하다', '비난을 덜 받게 죄를 덜어주다'에 쓰이게 되었다.

1455
extinct 중요
[ikstíŋkt]

(불을) 밖으로 ex 꺼낸 (x)tinct (*'불'= '생명력')

멸종한, 사라진

Many species have become extinct due to habitat destruction.
서식지 파괴로 인해 많은 종이 멸종했다.

Several regional dialects used in early postal records are now extinct.
초기 우편 기록에서 사용된 몇몇 지방 방언은 이제 사라졌다.

🗣 vanished, lost, gone
🔄 living, surviving, extant

1456
extinguish
[ikstíŋgwiʃ]

밖으로 ex 꺼내다 stinguish

끄다, 진화하다

Firefighters worked quickly to extinguish the warehouse fire.
소방관들은 창고 화재를 신속하게 진화했다.

🗣 put out, douse
🔄 ignite, kindle

어근 탐구 '불타는 것을 꺼내다=(불을) 끄다'는 '제거하다', '말소하다'로도 사용하게 되었다.

1457
extol
[ikstóul]

밖으로 (위로) ex 올리다 tol

극찬하다

The insurance agent extolled the new policy for its comprehensive coverage.
보험 설계사는 새로운 보험 상품의 폭넓은 보장을 극찬했다.

🗣 praise, applaud, commend
🔄 criticize, belittle

1458
extortion

[ikstɔ́ːrʃn]

밖으로 **ex** 비틀기 **tortion**

강탈, 갈취

The local police arrested a man involved in extortion of postal business owners.

경찰은 우체국 운영자를 협박해 돈을 갈취한 남성을 체포했다.

- blackmail, coercion
- donation, offering

어근 탐구 '비틀어 빼앗다'에서 유래해 '강제로 얻다', '불법적 착취'를 의미한다.

1459
exult

[igzʌ́lt]

밖으로 **ex** 뛰어오르다 **(x)ult**

크게 기뻐하다, 환호하다

The staff exulted when the postal service won the customer satisfaction award.

우편 서비스가 고객 만족도 상을 받자 직원들은 크게 기뻐했다.

- rejoice, celebrate, cheer
- lament, mourn

어근 탐구 '뛸 듯이 기뻐하다', '환호하며 밖으로 뛰쳐나가다'를 표현한 말이다.

1460
exultation

[èqzʌltéiʃən, èksʌltéiʃən]

밖으로 **ex** 뛰어오름, 도약 **(x)ultation**

환희, 큰 기쁨

There was a sense of exultation when the insurance fraud case was resolved successfully.

보험 사기 사건이 성공적으로 해결되자 모두가 환희에 찼다.

- joy, delight, elation
- disappointment, despair

extra / extr / e = out (밖으로)

1461
extravagant
[ikstrǽvəgənt]

밖으로 **extra** 나도는 **vagant**

사치스러운, 과도한

The government criticized the extravagant spending on the project.
정부는 해당 프로젝트의 과도한 지출을 비판했다.

- excessive, lavish
- frugal, modest

어근 탐구 14세기 교회법에 편입되지 않은 (불경한) 행동을 일컫는 것에서 유래하여, '두서없는', '이례적인', '극단적인', 또는 '(지출에) 신중함을 초과하는=낭비하는, 사치의' 의미가 추가되었다.

1462
extrinsic
[ekstrínsik, ekstrínzik]

외부의 **extr** 장소에 **in** 나란히, 따라서 **sic**

외적인, 비본질적인

Her motivation for joining the team was mostly extrinsic—mainly bonuses and benefits.
그녀가 팀에 합류한 동기는 대부분 외적인 것으로, 주로 보너스와 복지 혜택이었다.

- external, outward
- intrinsic, inherent

어근 탐구 성질이나 성격을 표현하는 '외부의, 외부로부터'는 그 본질이 내면이 아닌 외부에 있는 것을 의미한다.

1463
evade
[ivéid]

밖으로 **e** 걷다 **vade**

피하다, 회피하다

He was accused of trying to evade paying taxes.
그는 세금 납부를 회피하려 한 혐의를 받았다.

- avoid, dodge
- confront, face

1464
evanescent
[èvənésənt]

밖으로 **e** 사라져간 **vanescent**

덧없는, 순간적인

The evanescent enthusiasm for the new savings plan faded after the interest rate dropped.
새로운 적금 상품에 대한 순간적인 열기는 금리가 떨어지자 사라졌다.

- fleeting, short-lived, temporary
- lasting, enduring

1465
evaporate
[ivǽpərèit]

밖으로 e 증기가 vapor 만들어지다, 퍼지다 ate

증발하다, 사라지다

The rainwater quickly evaporated under the hot sun.
빗물은 뜨거운 햇볕 아래서 금세 증발했다.

- vaporize, disappear
- condense, solidify

1466
evasive
[ivéisiv]

밖으로 e 나가는 vasive

회피적인

The spokesperson gave evasive answers to the press.
대변인은 언론에 회피적인 답변을 했다.

- elusive, indirect
- direct, straightforward

1467
evince
[ivins]

밖으로 e 이겨내다, 극복하다 vince

분명히 나타내다, 드러내다

The applicant evinced a strong interest in public service during the interview.
그 지원자는 면접 중 공공 서비스에 대한 강한 관심을 드러냈다.

- reveal, demonstrate, show
- conceal, withhold

어근 탐구 상대방을 굴복시키거나 상황을 극복하도록 '반박하다', '입증하다'로 쓰이다 18세기에 이르러 '명확히 보여주다'라는 의미가 확정되었다.

---

out = out (바깥으로)

1468
outcome
[áutkʌm]

밖으로 out 나오다 come

결과

The outcome of the postal reform was faster and more reliable service.
우편 개혁의 결과는 더 빠르고 신뢰할 수 있는 서비스였다.

- result, consequence
- cause, source

1469
outgoing
[áutgouiŋ]

밖으로 out 가는 going

외향적인, 발신의

The outgoing mail is collected twice a day.
발신 우편은 하루 두 번 수거된다.
- sociable, extroverted / sent, dispatched
- shy, incoming

1470
outlet
[áutlet, áutlit]

밖으로 out (물건, 전력 따위를) 풀어주다 let

판매점, 배출구

The postal service opened a new outlet inside the shopping mall.
우편 서비스는 쇼핑몰 안에 새로운 지점을 열었다.
- store, vent
- inlet, intake

1471
outline
[áutlàin]

바깥 out 선 line

개요, 윤곽

The manager gave an outline of the new postal policies.
관리자는 새로운 우편 정책의 개요를 설명했다.
- summary, sketch
- detail, specifics

1472
outlook
[áutlùk]

밖을 out 보다 look

전망, 태도

The economic outlook for the postal banking sector is positive.
우편 금융 부문의 경제 전망은 긍정적이다.
- perspective, forecast
- pessimism, disbelief

1473
outnumber
[autnʌ́mbər]

수가 number (기준) 밖으로 나가다 out

수적으로 많다

Postal workers outnumber administrative staff in rural branches.
농촌 지점에서는 우편 집배원이 행정 직원보다 수적으로 많다.
- exceed, surpass
- be fewer than, fall short

1474
outpatient
[áutpeiʃənt]

바깥의 out 환자 patient

외래 환자

The clinic treats both inpatients and **outpatients**.
그 병원은 입원 환자와 외래 환자를 모두 치료한다.

- 유 clinic patient, day patient
- 반 inpatient

---

para = alongside, next, beyond, contrary to (옆에 나란히, 너머, 대조하여)

1475
se**para**te
[sépərèit]

따로 se 준비해 par 두다 ate

분리하다, 갈라지다

The damaged packages were **separated** from the rest of the shipment.
손상된 소포는 나머지 배송물과 분리되었다.

- 유 divide, detach
- 반 unite, connect

1476
parable
[pǽrəbəl]

옆에(엇비슷하게) para 던지는 말 ble

우화, 교훈적인 이야기

The training manual began with a **parable** about honesty in handling insurance claims.
보험 청구를 다룰 때의 정직성에 대한 우화로 교육 매뉴얼이 시작되었다.

- 유 allegory, fable, tale
- 반 fact, nonfiction

1477
parade
[pəréid]

(군사) 나란한 배열, 정지

퍼레이드, 행진

The city's anniversary **parade** passed by the main post office.
도시 기념 퍼레이드가 중앙 우체국 앞을 지나갔다.

- 유 procession, march
- 반 disorder, retreat

어근 탐구 본래 '말위에 탄 채로 정지'하는 자세나 '막거나 방어하는 자세'를 뜻하다가 화려한 옷과 장식으로 꾸미고 행진을 하는 것으로 발전했다.

1478

para**dox**
[pǽrədɑ̀ks, pǽrədɔ̀ks]

반대 **para** 의견, 생각 **dox**

역설, 모순

It's a paradox that faster delivery often results in more complaints.
더 빠른 배송이 더 많은 불만을 초래하는 것은 역설이다.

유 contradiction, irony
반 consistency, harmony

어근 탐구 '터무니없고 환상적인', '겉보기엔 자기 모순이지만 완전히 비논리나 거짓은 아닌 것'을 의미하며 특히 논리학에서는 '수용 가능한 전제로부터 출발하여 건전한 추론을 따르지만 결론이 비논리적인 명제나 진술'을 뜻한다.

1479

para**gon**
[pǽrəgɑ̀n, pǽrəgən]

숫돌 **agon** 옆에 **par(a)**

모범, 귀감

She is a paragon of accuracy in processing financial applications.
그녀는 금융 신청서를 처리할 때 정확성의 귀감이다.

유 model, exemplar, ideal
반 flaw, imperfection

어근 탐구 숫돌 옆에 두고 '날카롭게 연마하다'에서 파생되어 탁월함이나 완벽함을 뜻한다.

para, pare, pere = prepare, ready (준비된)

1480

pre**pare**
[pripέər]

미리 **pre** 준비하다 **pare**

준비하다

The postal clerk prepared the shipment documents for customs clearance.
우편 직원은 세관 통관을 위한 배송 서류를 준비했다.

유 ready, arrange
반 neglect, ignore

1481

re**pair**
[ripέər]

다시 **re** 준비하다, 보완하다 **pair**

수리하다, 고치다

Technicians were called to repair the damaged sorting machine.
기술자들이 손상된 분류기를 수리하기 위해 호출됐다.

유 fix, mend
반 break, damage

1482
apparatus
[æpəréitəs, æpərǽtəs]

~에 **ap** 준비된 것 **paratus**

장치, 기구

The sorting **apparatus** at the mail center is fully automated.
우편물 분류 장치는 완전히 자동화되어 있다.

🔁 device, equipment
🔄 –

1483
inseparable
[insépərəbəl]

따로 **se** 준비하게, 만들게 **par(a)** 할 수 **able** 없는 **in**

분리할 수 없는

Trust is **inseparable** from a healthy working relationship.
신뢰는 건강한 업무 관계에서 분리할 수 없다.

🔁 indivisible, united
🔄 separable, divided

---

ambi = about, around, both (헤매는, 둘 다인)

1484
ambiguous
[æmbigjuəs]

헤매게 **ambigu** 하는 **ous**

애매한, 모호한, 분명치 않은, 여러 가지 뜻으로 해석되는

The wording of the policy was **ambiguous** and confused many applicants.
그 정책의 문구가 애매해서 많은 신청자들이 혼란을 겪었다.

🔁 vague, unclear, equivocal
🔄 clear, explicit

1485
ambition
[æmbíʃən]

(투표를 요청하기 위해) 여기저기로 **ambi** 가는 **(i)t(i)** 것 **ion**

야망, 야심, 패기, 포부

Her **ambition** is to become the head of the financial department.
그녀의 야망은 재무 부서장이 되는 것이다.

🔁 aspiration, goal
🔄 apathy, indifference

be = about, around, thoroughly (둘레, 완전히)

1486
begrudge
[bigrʌdʒ]

~에 관해 be 불평하다 grudge

시기하다, 아까워하다

She didn't begrudge the bonus given to her coworker after the long project.
그녀는 긴 프로젝트 후에 동료가 받은 보너스를 시기하지 않았다.

- envy, resent
- congratulate, celebrate, be happy for

관련어 탐구 begrudge의 뜻은 '시기/원망'과 '아까워하다'로 사용할 수 있으므로 문맥상 뉘앙스가 '시기/원망'인 경우 반의어는 '축하(congratulate, celebrate, be happy for)'를, '마지못해 주다'인 경우 반의어는 '수여, 허가(allow, grant, give)'를 쓰게 된다.

1487
belated
[biléitid]

늦게 late 하다 be, 지체시키다

뒤늦은

He sent a belated application for the insurance claim.
그는 보험 청구를 늦게 제출했다.

- delayed, overdue
- prompt, timely

1488
belong
[bilɔ́(ː)ŋ, bilάŋ]

~에 be 함께 가다 long

속하다 / ~의 소유이다

The historic mailbox belongs to the national heritage list.
그 역사적인 우체통은 국가 문화재 목록에 속한다.

- be part of, be owned by
- exclude, lack

1489
bereft
[biréft]

완전히 be 강탈된 reft (*reave의 과거분사형)

~이 없는, 상실한

After the accident, he was bereft of hope.
사고 이후 그는 희망을 잃었다.

- deprived, lacking
- full, endowed

1490

besiege
[bisíːdʒ]

공격군이 요새(성)를 siege 완전히 둘러싸다 be

포위하다, 쇄도하다

Reporters continued to besiege the CEO with questions.
기자들은 CEO에게 질문을 퍼부으며 몰려들었다.

- surround, overwhelm
- retreat, avoid

1491

besmirch
[bismə́ːrtʃ]

완전히 be 더럽히다 smirch

더럽히다, 훼손하다 (명예, 평판 등)

The scandal threatened to besmirch the company's reputation.
그 스캔들은 회사의 평판을 훼손할 위험이 되었다.

- tarnish, defame
- honor, praise

1492

betray
[bitréi]

완전히 be 기만하다, 넘어가다 tray

배신하다, 드러내다

He betrayed his colleague's trust by revealing confidential postal data.
그는 기밀 우편 정보를 유출해 동료의 신뢰를 배신했다.

- deceive, expose
- support, protect

en / em = in, make (안에 두다, 만들다)

1493

emphasize
[émfəsàiz]

안에서 em 보여주게 phas 하다 ize

강조하다

The manager emphasized the importance of accuracy in financial transactions.
관리자는 금융 거래에서 정확성의 중요성을 강조했다.

- stress, highlight
- downplay, ignore

어근 탐구 그리스/라틴어 수사학의 특징은 보이는 것 이상을 의미하는 암시적 기법이다. 여기서 '안에서 보여준다'는 것은 숨기는 것이 아니라 암시적 표현과 목소리의 힘을 주어 '강조함'을 의미한다.

1494
encomium
[enkóumiəm]

연회장 comium 안 en

찬사, 칭찬

The retiring postmaster received heartfelt encomiums from both staff and local residents.
퇴직하는 우체국장은 직원들과 지역 주민들로부터 진심 어린 찬사를 받았다.

- praise, tribute, acclaim
- criticism, condemnation

어근 탐구 '연회장 안에서' 일어났던 정복자를 위한 찬사와 축제 행사의 모습에서 유래했다.

1495
encounter
[enkáuntər]

반대 방향에 counter 들어가다 en

마주치다, 직면하다

The courier encountered heavy traffic while delivering the package.
택배원은 소포를 배달하는 동안 심한 교통 체증을 겪었다.

- meet, confront
- avoid, evade

1496
encumbrance
[inkʌ́mbrəns, enkʌ́mbrəns]

장애물을 cumbran 안에 두다 en

방해물, 부담

The outdated filing system was an encumbrance to the efficiency of the insurance claims process.
오래된 문서 시스템은 보험 청구 절차의 효율성을 떨어뜨리는 방해물이었다.

- burden, hindrance, obstacle
- aid, benefit

1497
endanger
[endéindʒər]

위험의 danger 안에 두다 en

위험에 빠뜨리다

Reckless driving can endanger pedestrians.
난폭 운전은 보행자를 위험에 빠뜨릴 수 있다.

- jeopardize, risk
- protect, safeguard

어근 탐구 danger의 어근 dem, domus는 본래 house를 의미하며, 이는 영토나 영역 내 끼치는 강력한 힘을 의미한다.

1498
endeavor

[endévər]

의무 **deavor** 안에 두다, 만들다 **en**

노력하다, 시도하다

They endeavored to improve delivery times despite the weather.

그들은 날씨에도 불구하고 배송 시간을 개선하려 노력했다.

🔄 strive, attempt
🔁 neglect, quit

1499
engage

[engéidʒ]

맹세를 **gage** 만들어 넣다 **en**

참여하다, 고용하다

The community engaged in discussions about improving postal facilities.

지역 사회는 우편 시설 개선에 대한 논의에 참여했다.

🔄 participate, employ
🔁 disengage, dismiss

1500
entangle

[entǽŋgl]

안으로 **en** 엮다 **tangle**

얽히게 하다, 혼란스럽게 하다

He became entangled in a complicated legal dispute.

그는 복잡한 법적 분쟁에 얽히게 되었다.

🔄 entrap, embroil
🔁 disentangle, free

1501
entourage

[à:nturɑ́:ʒ]

안에서 **en** 둘러싸는 **tour** 관계(자) **age**

수행원, 측근

The celebrity arrived at the press conference with a large entourage of managers and assistants.

그 유명 인사는 많은 매니저와 보좌진을 거느리고 기자회견장에 도착했다.

🔄 retinue, staff, escort
🔁 outsider, loner

어근 탐구 '주변 환경', '동반자', '추종자' 등 모든 종류의 '함께 움직이는 사람들'을 의미할 수 있다.

1502
entreaty

[entríti]

협상, 논의에 **treat** 들어간 **en** 것 **y**

간청, 탄원

After the storm, the local residents sent an entreaty to the government for urgent relief supplies.

폭풍이 지나간 후, 지역 주민들은 정부에 긴급 구호 물자를 간청했다.

🔄 plea, appeal, request
🔁 refusal, command

1503
entrust
[entrʌst]

신뢰를 trust 넣다 en

맡기다, 위임하다

She was entrusted with managing the company's financial records.
그녀는 회사의 재무 기록 관리를 맡았다.

🔁 assign, delegate
🔄 withhold, keep

1504
enhance 중요
[enhǽns, enhɑ́:ns]

자라게 hance 만들다 en

향상시키다, 높이다, 강화하다

The new system is expected to enhance the security of online banking services.
새로운 시스템은 온라인 뱅킹 서비스의 보안을 향상시킬 것으로 기대된다.

The new software will enhance the efficiency of the postal tracking system.
새 소프트웨어는 우편 추적 시스템의 효율성을 향상시킬 것이다.

🔁 improve, boost, upgrade
🔄 degrade, worsen, diminish, weaken

어근 탐구 어근 '자라다'는 라틴어 inaltiare인데, 여기에 'high'의 h가 첨가된 형태로 enhance(더 높게 쌓다)가 만들어졌다.

1505
enrich
[enritʃ]

부유하게 rish 만들다 en

풍요롭게 하다, 질을 높이다

Volunteering can enrich one's life through meaningful experiences.
봉사활동은 의미 있는 경험을 통해 삶을 풍요롭게 할 수 있다.

🔁 enhance, improve
🔄 impoverish, degrade

1506
enroll
[enróul]

문서로 roll 만들다 en

등록하다, 가입하다

Many citizens enrolled in the new online bill payment service.
많은 시민들이 새로운 온라인 요금 납부 서비스에 가입했다.

🔁 register, sign up
🔄 withdraw, cancel

1507
ensure
[enʃúər]

믿을만하게 sure 만들다 en

보장하다, 확실히 하다

The bank uses encryption to ensure the safety of customer data.
은행은 고객 데이터의 안전을 보장하기 위해 암호화를 사용한다.

🔁 guarantee, secure
🔄 endanger, jeopardize

1508
entitle
[entáitl]

직위를 title 주다 en

자격을 주다, 제목을 붙이다

Customers who spend over $100 are entitled to free delivery.
100달러 이상 구매한 고객은 무료 배송 자격이 주어진다.

- authorize, empower
- disqualify, forbid

어근 탐구 en(=in, into)가 확장하여 make, do의 뜻을 가질 수도 있다. 어근 해석상 '주다'는 한국어문에 맞는 번역일 뿐이며 영어식으로는 여전히 in, into, make, do로 쓰인다는 것을 염두하는 것이 좋다.

1509
encompass
[inkʌ́mpəs]

둥글게 compass 만들다 en

포함하다, 아우르다

The project will encompass research, development, and marketing phases.
이 프로젝트는 연구, 개발, 마케팅 단계를 모두 포함할 것이다.

- include, cover
- exclude, omit

어근 탐구 en-은 'in, into'를 의미하며 어떤 상태가 된다는 뜻으로 make처럼 사용되기도 한다.

1510
enlighten
[enláitn]

빛을 light- 쬐게 -en 만들다 en-

계몽하다, 이해시키다

The training program enlightened employees on updated insurance regulations.
교육 프로그램은 직원들에게 새롭게 개정된 보험 규정을 이해시켰다.

- inform, educate
- confuse, mislead

1511
strengthen
[stréŋkθən]

강하게 strength 만들다 en

강화하다

To strengthen security, the postal authority implemented an advanced tracking system that detects unusual delivery patterns before incidents occur.
보안을 강화하기 위해, 우편 당국은 사건이 발생하기 전에 비정상적인 배송 패턴을 감지하는 첨단 추적 시스템을 도입했다.

- reinforce, fortify
- weaken, undermine

1512
weaken
[wíːkən]

약하게 weak 만들다 en

약화시키다

Spreading inaccurate delivery information can weaken public trust in the postal system.

부정확한 배송 정보를 유포하는 것은 우편 시스템에 대한 대중의 신뢰를 약화시킬 수 있다.

- undermine, diminish
- strengthen, reinforce

1513
broaden
[brɔ́ːdn]

넓게 broad 만들다 en

넓히다, 확장하다

The post office plans to broaden its financial services to attract more customers.

우체국은 더 많은 고객을 유치하기 위해 금융 서비스를 확장할 계획이다.

- expand, widen
- narrow, restrict

1514
loosen
[lúːsən]

풀어주게, 느슨하게 loos 만들다 en

풀다, 느슨하게 하다

He loosened the string around the package before rewrapping it.

그는 소포를 다시 포장하기 전에 끈을 풀었다.

- untie, relax
- tighten, fasten

1515
heighten
[háitn]

높게 height 하다 en

높이다, 강화하다

Security was heightened at the sorting center after the incident.

사건 이후 분류 센터의 보안이 강화되었다.

- intensify, increase
- lessen, diminish

PART XI Myth, Symbol & Abstract Concepts
(신화와 상징)

astr = star (별)

1516
asteroid
[ǽstərɔ̀id]

별과 aster 같은 모양 oid

소행성

Scientists tracked an asteroid passing near Earth.
과학자들은 지구 근처를 지나가는 소행성을 추적했다.

🔁 minor planet, planetoid
🔄 –

1517
astrology
[əstrάlədʒi, əstrɔ́lədʒi]

별을 aster 연구하는 log 것 y

점성술

Some people consult astrology before making major decisions.
일부 사람들은 중요한 결정을 내리기 전에 점성술을 참고한다.

🔁 horoscopy, star divination
🔄 astronomy, science

1518
astronaut
[ǽstrənɔ̀ːt]

별을 aster 항해하는 자 naut

우주비행사

The astronaut brought a postal emblem to space for a commemorative project.
우주비행사는 기념 프로젝트를 위해 우편 엠블럼을 우주로 가져갔다.

🔁 spaceman, cosmonaut
🔄 earthbound person

1519
astronomy
[əstrάnəmi, əstrɔ́nəmi]

별들의 astro 법칙 nomy

천문학

Astronomy helps in understanding satellite communication for global mail.
천문학은 전 세계 우편 위성 통신 이해에 도움을 준다.

🔁 astrophysics, stargazing
🔄 astrology

mira = miracle (경이로움)

1520
miracle
[mírəkəl]

놀라운 mira 것 cle

기적

It was a miracle that the lost mail was found after ten years.
10년 만에 분실된 우편물이 발견된 것은 기적이었다.

- wonder, marvel
- disaster, misfortune

1521
mirage
[mirá:ʒ]

경이로운 mira 현상 (a)ge

신기루

The idea of a completely delay-free postal system seemed like a mirage.
완전히 지연이 없는 우편 시스템이라는 생각은 신기루 같았다.

- illusion, hallucination
- reality, fact

어근 탐구 miracle, mirage의 어근 mirare, mirari는 mirror의 어근이기도 하다.

chrono = time ((영원한) 시간)

1522
synchronize
[síŋkrənàiz]

같은 syn 시간으로 chron 만들다 ize

동시에 맞추다, 동기화하다

The postal tracking system, which is synchronized with customs databases, allows customers to see real-time updates on international shipments.
세관 데이터베이스와 동기화된 우편 추적 시스템은 고객이 국제 배송의 실시간 정보를 확인할 수 있게 한다.

- coordinate, harmonize
- mismatch, desynchronize

어근 탐구 시간을 다스리는 신 크로노스의 이름에서 온 어근이다. 심화 단어인 chronic(만성의), chronicle(연대기)도 chron-을 어근으로 한다.

geo / ge = earth, land (대지, 땅)

> **어근 탐구** 지질학에서는 초기 지구의 대륙이 모두 한 덩어리였다는 판게아 Pangaea 가설이 있다. 이 단어는 Pan(넓은, 모든)과 Gaea(가이아; 어머니 지구)를 결합한 말이다. 그리스 신화 속 '어머니 신', '대지의 여신'인 가이아(Gaia, Gaea)는 어근 geo-로 남았다. 가이아의 로마식 이름은 Tellus로, '땅'을 의미하는 어근 terra와 관계있다.

1523 geocentric
[dʒìːouséntrik]

지구 geo 중심 centr 의 ic

지구 중심의

In the past, many believed in the **geocentric** model of the universe.
과거에는 많은 사람들이 지구 중심의 우주관을 믿었다.

- 유 earth-centered
- 반 heliocentric

1524 geography
[dʒiːάɡrəfi, dʒiɔ́ɡrəfi]

땅을 geo 그리는 graph 것 y

지리학

Understanding **geography** helps in planning efficient delivery routes.
지리를 이해하면 효율적인 배송 경로를 계획하는 데 도움이 된다.

- 유 topography, cartography
- 반 –

1525 geology
[dʒiːάlədʒi, dʒiɔ́lədʒi]

땅을 geo 연구하는 log 것 y

지질학

The area's **geology** made tunnel construction challenging.
그 지역의 지질은 터널 건설을 어렵게 만들었다.

- 유 earth science, geomorphology
- 반 –

1526 geometry
[dʒiːάmətri, dʒiɔ́mətri]

땅을 geo 측정하는 metr 것 y

기하학

In postal facility design, **geometry** plays a role in optimizing space usage.
우편 시설 설계에서 기하학은 공간 활용을 최적화하는 데 중요한 역할을 한다.

- 유 shape study, spatial mathematics
- 반 –

psych = soul, spirit, mind (영혼, 정신)

어근 탐구 너무 아름다운 나머지 미의 여신 아프로디테의 저주를 받았으나 모든 역경을 이겨내고 끝까지 에로스와의 사랑을 지켜낸 여인 프시케의 이름에서 유래한 psych-는 진정한 것은 '눈에 보이지 않는다'는 것을 뜻하는 어근이다.

1527
psychiatrist
[saikáiətist]

정신을 psych 치료하는 iatr 사람, 직업인 ist

정신과 의사

The psychiatrist spoke about the mental health challenges faced by postal workers.
정신과 의사는 우편 직원들이 직면한 정신 건강 문제에 대해 이야기했다.

유 therapist, doctor
반 patient, layperson

1528
psychic
[sáikik]

영혼의 psychic

초능력이 있는, 정신의

The psychic claimed she could foresee changes in postal policies.
그 초능력자는 우편 정책 변화를 예견할 수 있다고 주장했다.

유 clairvoyant, intuitive
반 rationalist, skeptic

1529
psychologist
[saikúlədʒist]

정신을 psych 연구하는 log 사람, 직업인 ist

심리학자

A psychologist studied the effects of shift work on postal employees.
심리학자는 교대 근무가 우편 직원들에게 미치는 영향을 연구했다.

유 counselor, therapist
반 patient, subject

1530
psychology
[saikúlədʒi, saikólədʒi]

마음을 psycho 연구하는 log 것 y

심리학

Understanding consumer psychology helps improve postal marketing strategies.
소비자 심리를 이해하면 우편 마케팅 전략을 개선하는 데 도움이 된다.

유 mindset, mental science
반 physiology, materialism

1531
psycho**therapy**
[sàikouθérəpi]

마음을 psycho 치료하는 therap 것 y

심리 치료
Psychotherapy sessions were offered to employees under work stress.
업무 스트레스가 심한 직원들에게 심리 치료가 제공되었다.

- counseling, therapy
- neglect, harm

---

mort / mor = death (죽음)

어근 탐구 그리스 신화 속 죽음의 신 타나토스(Thanatos)를 로마인들은 mors (죽음)이라고 불렀다. 여기서 파생된 어근 mort는 '죽음' 자체를 의미하는데, 모든 인간은 신과 달리 유한한 생명이라는 뜻으로 인간을 mortal로 칭하기도 한다.

1532
mortal
[mɔ́ːrtl]

죽음에 mort 관한 al

죽을 운명의, 인간의
Even the most powerful investors are **mortal** in the face of financial crises.
가장 강력한 투자자들도 금융 위기 앞에서는 죽을 운명의 인간일 뿐이다.

- human, perishable, finite
- immortal, eternal

1533
im**mort**al
[imɔ́ːrtl]

죽지 mortal 않는 im

불멸의, 죽지 않는
The poet hoped his words would make his name **immortal**.
시인은 자신의 이름이 불멸하게 되기를 바랐다.

- eternal, everlasting
- mortal, perishable

1534
mortality
[mɔːrtǽləti]

죽음에 mort 관한 al 것 ity

사망, 죽을 운명
Life insurance policies are often based on national **mortality** statistics.
생명 보험 상품은 종종 국가 사망률 통계에 기반을 둔다.

- death, fatality, perishability
- immortality

1535

mortify
[mɔ́ːrtəfài]

죽게 morti 만들다 fy

굴욕감을 주다, 당황하게 하다

He was mortified when his card was declined at the checkout counter.
계산대에서 카드 결제가 거절되자 그는 굴욕을 느꼈다.

🔁 humiliate, embarrass, shame
🔄 honor, praise

1536

moribund
[mɔ́(ː)rəbʌ̀nd, mɑ́rəbʌ̀nd]

죽음에 mori 가까운 bund

소멸 직전의, 죽어가는

The moribund savings program was replaced by a more competitive investment product.
소멸 직전의 적금 상품은 더 경쟁력 있는 투자 상품으로 대체되었다.

🔁 dying, declining, stagnant
🔄 thriving, flourishing

figure & character (역사 또는 이야기 속 인물)

1537

chimerical
[kimérikəl, kaimérikəl]

키메라 chimer(a) 의 ical

비현실적인, 공상적인

Expecting 100% delivery accuracy overnight is a chimerical idea.
하룻밤 새 100% 정확한 배송을 기대하는 건 비현실적인 생각이다.

🔁 imaginary, unrealistic
🔄 practical, feasible

어근 탐구 키메라는 그리스 신화에 등장하는 사자의 머리, 염소의 몸, 용의 꼬리를 가진 불을 내뿜는 괴수로 '괴상한 혼합물'을 의미한다. 키메라가 리키아(소아시아 지역) 마을을 불태우고 파괴하자 날개 달린 말-페가수스를 타고 등장한 영웅 벨레로폰이 창 끝에 납덩이를 달아 키메라의 입에 찔러넣어, 녹은 납이 목구멍을 막아 질식해 죽었다는 전승이 유명하다.

1538
charisma
[kərízmə]

은혜 charisma

카리스마, 사람을 끄는 매력

The director's charisma helped unify the team during a crisis.

그 이사의 카리스마는 위기 속에서도 팀을 하나로 뭉치게 했다.

- charm, magnetism
- dullness, repulsiveness

어근 탐구 카리스마는 라틴어로 '신의 은총에 의해 주어진 선물'을 뜻하며 그리스 신화 속 아프로디테의 세 시녀 중 한명인 Charis의 이름에서 유래했다. Charis는 로마 신화에서 다시 Gratiae (Graces, 그라치아)로 불렸고 이는 '은혜, 은총, 우아함'을 의미하여 로망스 지역의 '감사합니다(=은총)', '친절(이탈리아 grazie / 스페인 gracias)'과, 우아함(영어 grace / 이탈리아 grazia / 프랑스어 grâce)으로 남아있다.

1539
copious
[kóupiəs]

풍부히 pio 가지고 co 있는 ous

엄청난 양의, 방대한

The office received copious customer complaints about the delivery delay.

사무실은 배송 지연에 대해 엄청난 양의 고객 불만을 접수했다.

- abundant, plentiful
- scarce, meager

어근 탐구 로마 신화 속 풍요와 다산, 번영의 여신 Copia(코피아)는 '무한히 속을 채울 수 있는 풍요의 뿔 Cornu Copia'로도 상징되는데, 제우스를 키워준 양의 뿔이라던가, 헤라클레스가 꺾은 강의 신의 뿔 이야기로도 전승된다. 전 문명에 걸쳐 인간은 '뿔'을 농사를 짓고, 새끼를 낳는 짐승에 비유하여 '풍요와 번영' 또는 '재산'을 나타내는 단어로 발전시켰다.

1540
fortuitous
[fɔːrtjúːətəs]

포르투나의, 기회가 fortuit 있는 ous

우연한, 뜻밖의

It was a fortuitous encounter that led to a key partnership in postal logistics.

우편 물류에서 중요한 협력 관계로 이어진 것은 우연한 만남 덕분이었다.

- accidental, chance, serendipitous
- intentional, planned

어근 탐구 행운의 여신 포르투나(Fortuna)의 이름에서 유래했다. 고대인들은 부와 계급, 권력, 출세의 기회 등은 개인의 노력으로 이룬 것이 아니라 변덕스러운 포르투나 여신에 의해 무작위로(우연히) 주어졌다가 여신의 마음대로 언제든지 빼앗길 수 있는 것이라고 생각했다.

1541
unfortunate
[ʌnfɔ́ːrtʃənit]

행운이 fortun 있지 ate 않은 un

불운한, 유감스러운

It was unfortunate that the delivery was delayed due to a system outage during the holiday rush.
휴일 배송 성수기 동안 시스템 장애로 배송이 지연된 것은 유감스러운 일이었다.

윤 unlucky, regrettable
반 fortunate, lucky

1542
halcyon
[hǽlsiən]

물총새 halcyon

평온한, 행복한

The halcyon days we recall with pleasure had many clouded moments.
우리가 기쁘게 기억하는 평온한 날들에도 많은 흐린 순간이 있었다.

윤 serene, tranquil
반 turbulent, stormy

어근 탐구 알키오네(할시온)신화: 바람의 신의 딸 알키오네는 트라킹의 왕 케익스와 결혼했다. 둘은 너무 사랑하여 서로를 제우스와 헤라로 부르는 바람에 신들의 노여움을 샀고, 케익스가 폭풍에 휘말려 죽자 알키오네는 절망에 바다에 몸을 던졌는데 그 사랑에 감동한 신들이 부부를 물총새 kingfisher로 변하게 해 주었다. 물총새가 알을 낳는 시기는 겨울철 바람과 파도가 가장 잔잔한 2주간인데, 고대인들은 이 시기를 Halcyon days (평온하고 행복했던 시절)이라고 불렀다.

1543
cupidity
[kjuːpídəti]

갈망하는 cupid 상태 ity

탐욕

The CEO's decisions were driven more by cupidity than by company vision.
그 CEO의 결정은 회사의 비전보다는 탐욕에 의해 좌우되었다.

윤 greed, avarice
반 generosity, selflessness

어근 탐구 사랑과 열망의 신 cupido의 이름과 같은 어원이다.

1544
lurid
[lúːrid]

연녹색 lurid

충격적인, 야한

The tabloid published lurid details of the scandal.
그 타블로이드는 스캔들의 충격적인 세부 내용을 보도했다.

윤 shocking, sensational
반 restrained, discreet

어근 탐구 lurid의 어근은 정확하게 기록되어 있지 않으나 chloe와 livid의 혼합으로 추정된다. chloe는 녹황색을 나타내는데, 그리스 신화속 새싹을 돋게하는 여신의 이름(종종 데메테르와도 동일시 됨)으로 등장하고, livid는 푸른빛의 자두(창백한 얼굴빛)를 뜻하는 말이었다. lurid는 푸르거나 녹빛이 나는 누런 얼굴을 뜻하여 '창백하고 병약한' 모습이나 '칙칙한' 느낌을 전달하거나 때로는 '불길하거나', '매우 선정적인' 것을 비유할 때도 쓰인다.

1545
victory
[víktəri]

정복, 승리 victory

승리

The union celebrated a major victory after securing improved benefits for postal workers.

노조는 우편 노동자를 위한 복지 향상을 확보한 뒤 큰 승리를 축하했다.

- triumph, win
- defeat, loss

어근 탐구 그리스 신화 속 승리의 여신 니케(Nike)와 동일시되는 로마의 여신 빅토리아(Victoria)의 이름에서 발생 되었다. 빅토리아는 날개 달린 모습으로 월계관이나 종려나무 가지를 들고 있거나 전차를 모는 모습으로 자주 묘사된다.

1546
convict
[kənvíkt]

가지고 con 정복하다 vict

유죄 판결을 내리다

The court convicted the employee of mail theft.

법원은 그 직원에게 우편물 절도 혐의로 유죄를 선고했다.

- sentence, condemn
- acquit, absolve

어근 탐구 논쟁을 통해 유죄로 판결할 수 있는(=무릎을 꿇릴 수 있는, 정복할 수 있는) 죄를 묻는 상황에서 유래했다.

1547
tantalize
[tǽntəlàiz]

탄탈로스처럼 tantal 되다 ize

감질나게 하다

She was tantalized by the promotion email offering a mysterious reward for long-time users.

그녀는 장기 이용자에게 비밀 보상을 제공한다는 판촉 이메일에 감질이 났다.

- tease, tempt
- satisfy, gratify

어근 탐구 탄탈로스는 신들이 과연 전능한지를 시험하기 위해 자신의 아들 펠롭스를 죽여 만든 요리를 신들에게 내놓았고 화가 난 신들에 의해 타르타로스에 갇혀 영원한 형벌을 받는다. 그는 물이 가득한 호수에 서 있고 머리 위에는 탐스러운 과일이 주렁주렁 열려있지만 그가 과일을 따려하면 나뭇가지가 과일을 더 높이 올리고, 물을 마시려 하면 물이 저만치 내려가, 손만 뻗으면 닿을 것 같은 것을 결코 얻을 수 없는 고통을 받는다.

labyrinth
[lǽbərinθ]

미궁 labyrinth

미로, 복잡한 구조

The old castle was a labyrinth of corridors.
그 오래된 성은 복도의 미로였다.

🔗 maze, network
🔄 simplicity, order

어근 탐구 그리스 신화 중 인간의 몸에 황소의 머리를 가진 미노타우르스를 가두기 위해 미노스 왕이 다이달로스를 시켜 만든 미궁 labyrinthos에서 유래한 단어로, 미노아 왕국의 왕권을 상징하는 labrys(양날 도끼)에서 파생되었다는 설과 '좁은 길'을 의미하는 laura에서 파생되었다는 주장이 공존한다. labyrinth는 미로 뿐 아니라 복잡한 구조물이나 기관, 혼란스러운 상황을 묘사하는 데도 쓰인다.

galvanize
[gǽlvənàiz]

자극을 galvan 주다 ize

자극하다, 활기를 불어넣다

While he could not galvanize an audience, he could make them think.
그는 청중을 흥분시키진 못했지만, 그들을 생각하게 만들 수 있었다.

🔗 stimulate, spur
🔄 demotivate, discourage

어근 탐구 1792년 해부학자 루이지 갈바니(Galvani)가 죽은 개구리 다리에 전류를 흐르게 하자 경련하는 현상을 발견한데서 유래했다. 이 현상은 현재도 생체 전기 또는 전기 자극 요법등에 활용되고 있다.

maudlin
[mɔ́:dlin]

눈물이 많은 여인 maudlin

감상적인

He became maudlin after a few drinks.
그는 술을 마신 후 감상적으로 변했다.

🔗 sentimental, tearful
🔄 unsentimental, cold

어근 탐구 중세 여성의 흔한 이름이자 예수에게 눈물로 용서를 받은 회개자 막달레나(막달라의 마리아)의 이름이기도 하다.

1551
martinet
[mɑ̀ːrtənét]

규율에 엄격한 사람 martinet

규율에 엄격한 사람

The new postal branch manager turned out to be a martinet, insisting on punctuality down to the minute.

새로 부임한 우체국 지점장은 분 단위까지 정확한 시간을 지킬 것을 요구하는 규율에 엄격한 사람이었다.

- 유 disciplinarian, taskmaster
- 반 lenient person, libertarian

어근 탐구 프랑스 근위대의 훈련과 규율을 보병에 적용하고자 했던 엄격하고 혹독한 훈련으로 유명했던 장교 장 마르티네의 이름을 따서 만든 단어로, 그의 성씨인 Martinet의 영어식 표기는 Martin이다.

1552
machiavellian
[mækiəvéliən]

마케아벨리같은 사람 machiavellian

권모술수에 능한

The politician's Machiavellian tactics ensured his victory.

그 정치인의 권모술수는 그의 승리를 보장했다.

- 유 cunning, scheming
- 반 honest, straightforward

어근 탐구 군주론의 저자이자 피렌체의 정치가 니콜로 마키아벨리가 군주는 도덕보다 이익을 우선시해야 하며 사랑받기보다 두려움의 대상이 되어야 한다고 주장한데 대한 평가로 '교활함', '권모술수'가 대표 뜻이 되었다.

1553
stentorian
[stentɔ́ːriən]

스텐도르 stentor 같은 ian

(목소리가) 우렁찬

The union leader's stentorian voice filled the postal center during the protest.

노동조합 대표의 우렁찬 목소리가 시위 중 우편물 센터에 울려 퍼졌다.

- 유 booming, thunderous
- 반 soft, quiet

어근 탐구 일리아드에 묘사된 바에 따르면 트로이 전쟁에서 50명의 목소리와 맞먹을 만큼 큰 목소리인 스텐토르를 그리스 전령으로 삼았다고 한다. 그 이름에서 알 수 있듯 sten은 '신음'을, tor는 '천둥'을 나타낸다.

1554
thespian
[θéspiən]

테스피스 thesp 같은 사람 ian

배우, 연극 배우

The retired thespian took up a part-time job at the post office to stay active.

은퇴한 연극배우는 활동적으로 지내기 위해 우체국 아르바이트를 시작했다.

- 유 actor, performer, artist
- 반 nonperformer

어근 탐구 기원전 6세기 디오니소스(포도주의 신)를 기리는 축제에서 인류 최초로 독백 연기를 한 테스피스의 이름에서 유래하여 연극배우를 뜻하는 문어 표현이 되었다.

1555
mentor
[méntər, méntɔːr]

현명한 조언자 mentor

조언자, 멘토

The new recruit was assigned a mentor to help him understand financial protocols.

신입 사원은 금융 규정을 이해할 수 있도록 멘토를 배정받았다.

유 advisor, guide, coach
반 pupil, mentee

어근 탐구 호메로스의 '오디세이아'에 등장하는 인물로, 오디세우스가 트로이 전쟁에 출전하면서 아들을 돌봐달라고 친구 멘토르(mentor)에게 맡기고 떠난 뒤, 아테나 여신이 종종 멘토르의 모습으로 그의 아들 텔레마코스 앞에 나타나 이끌어 준 데서 mentor가 '현명한 조언자' 또는 '스승'을 의미하게 되었다.

1556
hoax
[houks]

속임수, 날조 hoax

감쪽같이 속이다, 골탕 먹이다, 속임수, 장난

An anthropologist was found to be the mastermind behind the Piltdown Man hoax.

한 인류학자가 필트다운인 속임수의 주모자로 밝혀졌다.

유 deception, fraud
반 truth, reality

어근 탐구 '마법사, 요술쟁이'를 뜻하는 데서 유래했다는 설과 1600년대 미사에서 성체 성사의 축복(Hoc test corpus meum)을 왜곡해 마법을 소환하는 가짜 주문 또는 마법사의 이름 Hocas Pocas에서 유래되었다는 설이 공존한다.

1557
flout
[flaut]

플루트를 불다 flout

(규칙 등을) 어기다, 무시하다

The courier company was penalized for flouting international shipping regulations.

그 택배 회사는 국제 배송 규정을 무시한 혐의로 제재를 받았다.

유 defy, disregard, mock
반 comply, obey

어근 탐구 플루트를 불 때는 '휘파람을 분다'. 따라서 플루트를 부는 것처럼 휘파람을 불며 '놀리거나 조롱한다'는 의미가 되었다.

animal (동물의 이미지에서 유래한 단어)

1558
mastiff
[mǽstif]

마스티프 mastiff

맹견 (마스티프 개 품종)
The mastiffs guarded the property fiercely.
마스티프들이 그 재산을 사납게 지켰다.

- watchdog, guard dog
- –

1559
cynical
[sínikəl]

개와 같은 cynic 성향의 al

냉소적인, 비꼬는
A cynical attitude toward customer feedback can damage public trust.
고객 피드백을 향한 냉소적인 태도는 대중의 신뢰를 해칠 수 있다.

- skeptical, distrustful
- optimistic, trusting

어근 탐구 고대 아테네의 'Kynosarge(회색 또는 은빛 개)' 체육관에서 강의를 했던 디오게네스는 소크라테스의 제자인 안티스테네스가 창시한 키니코스학파(Cynic school)(*사회 규범과 물질에 대한 욕망을 거부하고 자족하며 사는 것을 이상으로 삼는 철학)의 계승자였는데, 그의 까칠하고 괴짜같은 성격을 빗대 사람들이 '개 같다(냉소적이고 남을 믿지 않으며 규칙에 얽매이지 않는)'고 표현한데서 유래했다. 실제로 그는 아테네 광장 한복판에 둔 항아리 속에서 먹고 자고, 대낮에 등불을 들고 다녔으며, 알렉산더 대왕이 '원하는 게 무엇이냐'고 묻자 '햇빛이나 가리지 말라'고 답한 것으로 유명했다.

1560
asinine
[ǽsənàin]

당나귀asin 같은 ine

어리석은, 터무니없는
He made an asinine remark during the staff meeting, suggesting they eliminate lunch breaks entirely.
그는 전 직원 회의에서 점심시간을 완전히 없애자는 터무니없는 발언을 했다.

- foolish, absurd, ridiculous
- sensible, wise, reasonable

1561
aegis
[íːdʒis]

염소 **aegi**의 가죽으로 만든 방패

후원, 보호

The postal reform plan was launched under the aegis of the Ministry of Strategy and Finance.
우편 개혁 계획은 기획재정부의 후원 아래 시작되었다.

🔵 protection, backing, sponsorship
🔴 neglect, opposition

어근 탐구 어린 제우스에게 젖을 내어 길러주었다는 염소의 가죽으로 만든 방패로, 신화 속에서 신의 권위와 지혜를 뜻하는 상징물로 종종 등장한다. 전승에 따르면 지혜와 전쟁의 여신 아테나가 메두사의 머리를 붙인 아에기스를 착용한다고 한다.

1562
salmon
[sǽmən]

뛰어오르는 **salm** 것(물고기) on

연어

Fresh salmon is shipped daily to restaurants from the coastal fish market.
신선한 연어는 해안 어시장에서 매일 식당으로 배송된다.

🔵 –
🔴 –

1563
buff
[bʌf]

물소의 가죽 **buff**

열광자, 애호가

He's a buff of postal history and collects rare stamps.
그는 우편 역사 애호가로 희귀 우표를 수집한다.

🔵 enthusiast, fan
🔴 –

어근 탐구 물소의 가죽, 연한 갈색이 1820년 뉴욕시 자원소방관들의 제복 색으로 채택되면서 '열성가' 의미로 이어졌다.

1564
canard
[kənάːrd]

오리가 꽥꽥거리는 소리 **canard**

헛소문, 유언비어

The canard about the bank's bankruptcy caused a panic.
그 은행의 파산에 대한 유언비어가 공황을 일으켰다.

🔵 rumor, hoax
🔴 truth, fact

1565
callow
[kǽlou]

털이 없는 어린 새 **callow** (*깃털이 없는 어린 새를 '미성숙함'에 빗댄 것)

미숙한, 풋내기의

The callow intern mishandled the insurance documents.
미숙한 인턴이 보험 서류를 잘못 다뤘다.

- inexperienced, naive
- experienced, mature

1566
capricious
[kəpríʃəs]

염소같은 **caprici** 성격의 **ous**

변덕스러운

The market showed capricious behavior after the new policy announcement.
새 정책 발표 이후 시장은 변덕스러운 움직임을 보였다.

- unpredictable, whimsical
- consistent, stable

1567
gaunt
[gɔːnt]

거위처럼 목을 길게 뺀 모습의 **gaunt**

수척한, 여윈

Her gaunt expression was mistaken for weakness of spirit.
그녀의 수척한 표정은 정신적 나약함으로 오해받았다.

- thin, haggard
- plump, robust

onym = name (이름)

1568
synonym
[sínənìm]

같은 **syn** 이름 **onym**

동의어

In the insurance policy, "terminate" is used as a synonym for "cancel" in the coverage clause.
보험 약관에서 "terminate"는 보장 조항에서 "cancel"의 동의어로 사용된다.

- equivalent, alternative
- antonym, opposite

1569
antonym
[ǽntənìm]

반대로 **ant** 이름부르는 것 **onym**

반의어

The antonym of 'abundant' is 'scarce'.
'abundant'의 반의어는 'scarce'이다.

- opposite, reverse
- synonym, equivalent

1570

ignominious
[ignəmíniəs]

이름, 명성이 onimi 나쁜 ig 상태인 ous

수치스러운, 불명예스러운

He had ambition to become president, but he faced an ignominious series of setbacks.
그는 대통령이 되고자 했지만 수치스러운 연이은 좌절을 겪었다.

- disgraceful, humiliating
- honorable, dignified

1571

nominal
[nάmənl, nɔ́mənl]

이름 nomin 의 al

명목상의, 이름뿐인

He holds a nominal position as supervisor but has no actual authority.
그는 감독관이라는 명목상의 직함만 있을 뿐 실제 권한은 없다.

- titular, symbolic, token
- real, actual

fame = reputation, rumor (소문, 평판)

1572

fame
[feim]

평판, 유명세, 여론 fame

명성

The scientist gained fame for developing a new renewable energy source.
그 과학자는 새로운 재생 에너지원 개발로 명성을 얻었다.

- renown, reputation
- obscurity, anonymity

1573

infamous
[ínfəməs]

반대로 in 이름(명성)이 fam 난 ous

악명 높은

The area is infamous for its high crime rate.
그 지역은 높은 범죄율로 악명 높다.

- notorious, disreputable
- reputable, honorable

1574

defamatory
[difǽmətɔ̀:ri, difǽmətəri]

명성을 fama 낮추게 de 하는 ory

명예를 훼손하는

The company filed a lawsuit over a defamatory blog post.
회사는 명예를 훼손하는 블로그 글에 대해 소송을 제기했다.

- slanderous, libelous
- complimentary, respectful

temple & oracle (신전과 신탁에서 파생된 단어들)

1575
saga
[sá:gə]

서사, 긴 이야기 **saga**

대하소설, (길고 극적인) 이야기

The documentary followed the emotional saga of a family running a small-town post office for three generations.

그 다큐멘터리는 3대에 걸쳐 작은 우체국을 운영한 가족의 감동적인 이야기를 담았다.

유 epic, chronicle, tale
반 anecdote, flash

어근 탐구 고대와 중세 스칸디나비아(특히 아이슬란드나 노르웨이)의 영웅적 모험담이나 전설 등의 서사를 설명하기 위해 고고학자들이 만든 단어다.

1576
sage
[seidʒ]

현명함 **sage**

현자, 현명한 사람

The old insurance clerk was considered a sage in matters of fraud detection.

그 나이 든 보험 직원은 사기 감지에 있어 현자로 여겨졌다.

유 wise man, philosopher, thinker
반 fool, novice

1577
saint
[seint]

신성한, 축성된 자 **saint**

성인, 성자

Saint Francis is known for his love of animals and nature.

성 프란체스코는 동물과 자연을 사랑한 것으로 유명하다.

유 holy person, martyr
반 sinner, criminal

어근 탐구 12세기 초에는 형용사로 사용되었으나 한 세기가 지나며 그러한 '사람'을 뜻하는 명사로 전환되었다.

1578
iconoclast
[aikánəklæst, aikɔ́nəklæst]

형상을 **icono** 파괴하는 자 **clast**

인습 타파자

He was an iconoclast about everything except his love of money.

그는 돈 사랑을 제외하고 모든 면에서 인습 타파자였다.

유 rebel, nonconformist
반 conformist, traditionalist

PART XI Myth, Symbol & Abstract Concepts (신화와 상징)

1579
abstemious
[æbstíːmiəs]

독한 술 teme(i)로부터 떨어져 ab 있는 ous

절제하는, 금욕적인

He was abstemious even during retirement, refusing to overspend his pension.

그는 은퇴 후에도 연금을 과소비하지 않고 절제된 생활을 했다.

- 유 moderate, restrained, austere
- 반 indulgent, gluttonous

1580
ascetic
[əsétik]

수도승 ascet 의 ic

금욕적인

Despite his high income, the branch manager lived an ascetic life focused solely on his duties.

높은 수입에도 불구하고, 그 지점장은 오직 업무에만 집중하는 금욕적인 삶을 살았다.

- 유 austere, disciplined, abstinent
- 반 indulgent, luxurious, hedonistic

1581
ominous
[ámənəs, ɔ́mənəs]

전조가 omni 가득한 ous

불길한, 나쁜 징조의

The ominous silence after the financial crash worried the investors.

금융 붕괴 이후의 불길한 침묵은 투자자들을 불안하게 만들었다.

- 유 threatening, foreboding
- 반 promising, hopeful

1582
prodigious
[prədídʒəs]

미리 pro 말하는 것이 digi 가득한 ous

엄청난, 거대한

The prodigious number of holiday parcels overwhelmed the post office.

엄청난 양의 연휴 소포가 우체국을 압도했다.

- 유 enormous, immense, colossal
- 반 small, tiny

어근 탐구 '불길한 미래를 예언하는 전조'에서 유래하여 '놀라움', '경이로운 것'을 뜻하게 되었다.

1583
prodigy
[prάdədʒi, pródədʒi]

먼저 pro 말하는 것 digy

경이로움, 비범한 자, 조짐

The young prodigy designed a more efficient sorting algorithm for mail.

그 어린 천재는 더 효율적인 우편 분류 알고리즘을 설계했다.

- 유 genius, wunderkind, marvel
- 반 dunce, slow learner

어근 탐구 징후, 전조, 경이로움만을 뜻하다 놀라울 정도로 비범한 사람 또는 천재로 확장되었다.

1584
prophesy
[práfəsài, prɔ́fəsài]

미리 pro 말하다 phesy

예언하다
Some analysts prophesy that digital mail will replace physical letters in the future.
일부 분석가들은 디지털 우편이 물리적 편지를 대체할 것이라고 예언한다.

- 유 predict, forecast
- 반 doubt, question

1585
fatal
[féitl]

신탁 fat 의 al

치명적인, 결정적인
His fatal error was sending confidential postal records to the wrong recipient.
그의 치명적인 실수는 기밀 우편 자료를 잘못된 수신자에게 보낸 것이었다.

- 유 deadly, disastrous, crucial
- 반 harmless, minor

1586
fate
[feit]

신탁, 계시 fate

운명
It was his fate to lead the company through difficult times.
그가 어려운 시기에 회사를 이끄는 것은 운명이었다.

- 유 destiny, fortune
- 반 chance, coincidence

1587
sacred
[séikrid]

신성하게 sacr 된 ed

신성한, 종교적인
The temple is considered a sacred place by the local community.
그 사원은 지역 사회에서 신성한 장소로 여겨진다.

- 유 holy, divine
- 반 profane, secular

1588
heresy
[hérəsi]

(의도적) 선택 heresy

이단, 이설
Calvin had written that heresy was not an evil, deserving death.
칼빈은 이단이 죽음에 처해야 할 악이 아니라고 썼다.

- 유 dissent, heterodoxy
- 반 orthodoxy, belief

어근 탐구 정통 교회와 다른 선택, 철학적 분파, 사상 학교를 의미하는 말로 '이단, 부도덕'을 뜻하게 되었다.

pha- =light, bright (밝은 빛)

1589
fancy
[fǽnsi]

경향, 취향, 욕망 fancy

공상, 화려한, 고급의

They stayed in a fancy hotel during their vacation.
그들은 휴가 동안 고급 호텔에 머물렀다.

- elaborate, luxurious
- plain, simple

어근 탐구 fansy는 fantsy의 축약형이고, fantsy는 fantasy의 축약형이다. 본래 '취향'이나 '욕망'을 나타내는 의미였고 후에 '창의적 상상' 또는 '허황된 이미지', '멋지고 장식적인'으로 확장되었다.

1590
fantasy
[fǽntəsi, fǽntəzi]

상상, 환상 fantasy

환상, 공상

Her fantasy of living on a tropical island kept her motivated during hard times.
열대 섬에서 사는 그녀의 환상은 어려운 시기에 동기를 부여했다.

- imagination, dream
- reality, fact

1591
fascination
[fæsənéiʃn]

마법에 걸리게 fascinat 함 ion

매혹, 매력

His fascination with stamp collecting began in childhood.
그의 우표 수집에 대한 매혹은 어린 시절에 시작되었다.

- attraction, allure
- aversion, indifference

1592
phantom
[fǽntəm]

나타나는 phan 것 tom

유령, 환영

The old postal building was rumored to have a phantom haunting its halls.
오래된 우체국 건물에 유령이 나타난다는 소문이 있었다.

- ghost, specter
- reality, being

1593
phase
[feiz]

빛나는 달 phase

단계, 국면

The modernization of the postal system will be carried out in several phases.
우편 시스템 현대화는 여러 단계에 걸쳐 진행될 것이다.

- stage, period
- whole, entirety

어근 탐구 특정 시간에 반복적으로 차오르고 이지러지는 달의 모습을 본따 phase로 불렀으며 이 모습이 '단계'를 나타내게 되었다.

1594
phenomenon 중요
[finάmənùn, finɔ́mənən]

나타나는 pheno 것 menon

현상, 경이로운 일

The increase in online shopping is a phenomenon affecting global postal services.
온라인 쇼핑 증가 현상은 전 세계 우편 서비스에 영향을 미치고 있다.

The sudden drop in postal volume was a phenomenon no one could explain.
갑작스러운 우편량 감소는 누구도 설명할 수 없는 현상이었다.

- occurrence, event, marvel
- normality, routine

plaus / pleas = please (기쁘게 하다)

어근 탐구 역경을 딛고 사랑을 이룬 프시케와 에로스가 올림푸스에서 처음 얻은 자식의 이름이 바로 '기쁨'이다. 기쁨은 어떤 고통을 먼저 견딘다는 것을 전제로 누리는 감정이다.

1595
plausible
[plɔ́:zəbəl]

기쁘게 plaus 할 수 있는 ible

그럴듯한

The manager found her explanation for the delayed delivery quite plausible.
관리자는 배송 지연에 대한 그녀의 설명이 꽤 그럴듯하다고 생각했다.

- reasonable, believable
- implausible, unlikely

pleasure
[pléʒər]

즐겁게 하는 pleas 것 ure

기쁨, 즐거움

It was a pleasure to see the postal service winning customer satisfaction awards.
우편 서비스가 고객 만족도 상을 받는 모습을 보는 것은 기쁜 일이었다.

- delight, joy
- displeasure, sadness

complacent
[kəmpléisənt]

~를 가지면 com 기쁘게 plac 하는 ent

자기만족의, 안일한

Don't be complacent just because customer complaints decreased.
고객 불만이 줄었다고 해서 안일해지면 안 된다.

- self-satisfied, smug
- concerned, vigilant

prob / prov = demonstrate, show (증명하다, 보여주다)

probable
[prɑ́bəbəl, prɔ́bəbəl]

증명 prob 할 수 있는 able

개연성 있는, 유망한

It is probable that the package will arrive earlier than expected.
소포가 예상보다 일찍 도착할 가능성이 있다.

- likely, plausible
- improbable, unlikely

probe
[proub]

증명하다 probe

조사하다, 탐사하다

Investigators will probe the cause of the lost parcels.
조사관들은 분실된 소포의 원인을 조사할 것이다.

- examine, investigate
- ignore, overlook

prove
[pruːv]

입증하다 prove

증명하다

The receipt will prove that you mailed the package on time.
영수증이 네가 제때 소포를 발송했음을 증명할 것이다.

- verify, demonstrate
- disprove, refute

puni = penalty (처벌, 징벌)

1601
penal
[píːnəl]

처벌 pen(a) 의 al

형벌의, 형사상의

The theft of registered mail is subject to severe penal consequences.
등기 우편 절도는 엄중한 형사 처벌을 받는다.

🔁 punitive, disciplinary
🔄 –

1602
penalty
[pénəlti]

처벌의 penal 상태 ty

처벌, 벌금

The company faced a heavy penalty for violating postal safety regulations.
그 회사는 우편 안전 규정을 위반한 대가로 무거운 처벌을 받았다.

🔁 punishment, fine
🔄 reward, compensation

1603
penance
[pénəns]

참회하는(벌 받는) pen 상태 ance

참회, 속죄

As penance for the clerical error, the officer personally apologized to each client.
서류 실수에 대한 속죄로, 그 직원은 각 고객에게 직접 사과했다.

🔁 atonement, repentance, remorse
🔄 defiance, indifference

1604
im**pun**ity
[impjúːnəti]

처벌을 받지 pun 아니 im 함 y

처벌 받지 않음

Not a single Hindu or Mussulman shall crush others with impunity.
어떤 힌두교도나 무슬림도 처벌 없이 다른 이를 짓밟아서는 안 된다.

🔁 exemption, immunity
🔄 liability, accountability

1605
penitent
[pénətənt]

후회하고 penit 있는 ent

참회하는, 회개하는

The penitent customer returned to apologize for the false damage claim.
거짓 손해 배상 청구를 한 고객이 참회하며 사과하러 돌아왔다.

🔁 remorseful, repentant, apologetic
🔄 unrepentant, shameless

puls = push, drive (박동하다, 몰다)

> **어근 탐구** 특별히 더 규칙적인 진동 또는 박동을 뜻하는 puls는 '강제한다'는 뜻의 어근 pellere에서 파생된 것이다. 고대인들은 신이 인간을 부추길 때 맥박소리를 키우고 심장을 뛰게 만든다고 생각했다.

1606

pulse
[pʌls]

(심장)박동, 고동 pulse (*규칙적인 진동)

맥박, 진동

The pulse of the sorting machine can be adjusted for fragile packages.
깨지기 쉬운 소포를 위해 분류기의 진동을 조절할 수 있다.

- 윤 heartbeat, rhythm
- 반 stillness, stagnation

1607

impulse
[ímpʌls]

안으로 im 몰아가다, 밀다 pulse

충동

On impulse, she decided to send a gift to her old friend overseas.
충동적으로 그녀는 해외에 있는 옛 친구에게 선물을 보내기로 했다.

- 윤 urge, instinct
- 반 deliberation, thought

1608

impulsive
[impʌ́lsiv]

안으로 im 몰아가게 puls 하는 ive

충동적인

His impulsive decision to change the delivery address caused delays.
배달 주소를 바꾸려는 그의 충동적인 결정은 지연을 초래했다.

- 윤 spontaneous, hasty
- 반 cautious, careful

1609

repulse
[ripʌ́ls]

뒤로 re 몰아내다 pulse

물리치다, 혐오감을 주다

The customer was repulsed by the careless attitude of the teller.
고객은 창구 직원의 무성의한 태도에 불쾌함을 느꼈다.

- 윤 repel, reject, disgust
- 반 attract, welcome

clin = bend, lean (구부리다, 기대다)

1610
incline
[inkláin]

안으로 in 굽히다 cline

기울다, 경향이 있다

He was inclined to accept the offer despite the risks.
그는 위험에도 불구하고 그 제안을 받아들이는 경향이 있었다.

- tend, lean
- dissuade, resist

1611
recline
[rikláin]

뒤로, 등으로 re 기대다, 구부리다 cline

기대다, 눕다

He reclined in the chair while waiting for his package to be processed.
그는 소포 접수 처리를 기다리며 의자에 기대어 앉았다.

- lean, rest
- stand, rise

1612
decline
[dikláin]

아래로 de 기울다 cline

감소하다, 거절하다

Mail volume has continued to decline due to digital communication.
디지털 소통으로 우편 물량이 계속 감소하고 있다.

- decrease, refuse
- increase, accept

1613
compulsive
[kəmpʌ́lsiv]

함께 com 몰아내게 puls 하는 ive

강박적인

He had a compulsive need to check the tracking status every hour.
그는 매시간 추적 상태를 확인해야 하는 강박이 있었다.

- obsessive, uncontrollable
- voluntary, optional

1614
compulsory
[kəmpʌ́lsəri]

함께 com 몰아 puls 가는 ory

의무적인

Wearing a helmet is compulsory for all postal delivery riders.
모든 우편 배달원은 헬멧 착용이 의무적이다.

- mandatory, obligatory
- optional, voluntary

PART XII Change, Form & Process
(변화와 과정)

cre = be born, arise, grow (태어나다, 생겨나다)

1615
create
[kriːéit]

태어나게 cre 만들다 ate

창조하다, 만들다
The design team will create a new logo for the postal agency.
디자인 팀이 우편 기관의 새 로고를 만들 예정이다.
- 유 produce, generate
- 반 destroy, abolish

1616
creature
[kríːtʃər]

만들어진 creat 것 ure

생물, 피조물
Some deep-sea creatures have never been seen by humans before.
일부 심해 생물은 인간에게 전혀 발견된 적이 없다.
- 유 being, organism
- 반 inanimate object, lifeless thing

1617
decrease
[díːkriːs, dikríːs]

아래로 de 가게 ceas 된 ed

감소하다, 줄이다
The post office aims to decrease delivery delays during peak seasons.
우체국은 성수기 동안 배송 지연을 줄이는 것을 목표로 한다.
- 유 reduce, lessen
- 반 increase, expand

어근 탐구 decrease에서 de-는 죽음의 영역인 지하세계를 의미한다.

1618
increase
[inkríːs]

안에서부터 in 자라다 crease

증가하다, 증가
There was a sharp increase in international parcel deliveries last month.
지난달 국제 소포 배송이 급격히 증가했다.
- 유 rise, growth
- 반 decrease, decline

1619
recreate
[rékrièit]

다시 re 생겨나게 cre 만들다 ate

재현하다, 새롭게 만들다

The museum recreated a 19th-century post office for the exhibition.
박물관은 전시를 위해 19세기 우체국을 재현했다.

🟰 reproduce, imitate
🔄 destroy, ruin

1620
recreation
[rèkriéiʃən]

다시 re (에너지가) 생기게 cre 만드는 at 행위 ion

오락, 휴양

Postal workers have access to recreation facilities during breaks.
우편 직원들은 휴식 시간에 오락 시설을 이용할 수 있다.

🟰 leisure, amusement
🔄 work, labor

---

ori- =to rise, raise, begin (일어나다, 시작하다)

어근 탐구 라틴어 origo는 '발생, 기원, 계보, 혈통, 출생'을 뜻하는 단어로, 현대 영어에서 어근 ori-가 되었다. 비유적으로는 '존재의 시작'을 의미한다. 동양을 나타내는 단어 orient도 '해가 떠오르는(시작하는) 곳'이라는 의미로 어근 ori-가 사용되었다.

1621
originate
[ərídʒənèit]

시작되다, 비롯되다 (*origin: 기원, 발달, 원천)

The shipment originated from a small town in the north.
그 배송은 북부의 작은 마을에서 시작되었다.

🟰 start, begin
🔄 end, terminate

1622
originated
[ərídʒənèitid]

유래된, 비롯된 (originate의 과거형, 과거분사)

The idea of prepaid postage originated in 19th-century England.
선불 우편제도는 19세기 영국에서 유래되었다.

🟰 begin, start, emerge
🔄 end, terminate

rise = get up, originate (일어나다, 발생하다)

1623
arise
[əráiz]

~가 a 일어나다 rise

발생하다, 생기다

Problems may arise if the address is incomplete.
주소가 불완전하면 문제가 발생할 수 있다.

- 유 occur, emerge
- 반 cease, disappear

caus = reason (원인)

1624
causality
[kɔːzǽləti]

원인이 causal 되는 것 ity

인과관계

Investigators studied the causality between the sorting machine error and delayed deliveries.
조사관들은 분류기 오류와 배송 지연 간의 인과관계를 조사했다.

- 유 cause-and-effect, connection
- 반 randomness, coincidence

1625
cause
[kɔːz]

동기나 근거, 원인, 이유 cause

원인, 야기하다

A storm was the main cause of the canceled mail flights.
폭풍이 우편 항공편 취소의 주된 원인이었다.

- 유 reason, source
- 반 effect, result

1626
caustic
[kɔ́ːstik]

태워버리는 caustic

신랄한, 독설의

His caustic remark about the service offended several customers.
서비스에 대한 그의 신랄한 발언은 여러 고객을 불쾌하게 했다.

- 유 biting, sarcastic
- 반 gentle, mild

effect = result (결과)

1627
ineffect**ual**
[iniféktʃuəl]

밖으로 ef 만들어, 성취하지 fectu 못하게 in 한 al

효과 없는
The proposed measures proved ineffectual.
제안된 조치들은 효과가 없었다.

- 유 ineffective, useless
- 반 effective, successful

result = rebound ((결과로) 되튀다, 반응하다)

1628
result
[rizʌ́lt]

다시 (반작용으로) re 튀어오르다 sult

결과, (~의) 결과로 발생하다
The delay in customs clearance may result in late delivery.
통관 지연은 늦은 배송으로 이어질 수 있다.

- 유 outcome, consequence
- 반 cause, origin

sequ = following (뒤따르는)

1629
sequence
[síːkwəns]

뒤따르는 sequ 것 ence

순서, 연속
The sequence of steps for processing an insurance claim must be followed carefully.
보험 청구를 처리하는 절차의 순서를 주의 깊게 따라야 한다.

- 유 order, progression
- 반 disorder, randomness

1630
consequ**ent**
[kάnsikwènt, kɔ́nsikwənt]

함께 con 뒤따르는 sequent

결과로서 일어나는

The delay in customs clearance was consequent upon incomplete documentation.
세관 통관 지연은 불완전한 서류로 인한 결과였다.

- resulting, ensuing
- preceding, cause

1631
obsequ**ious**
[əbsí:kwiəs]

~에게 ob 따르게 sequi 하는 ous

아부하는

The obsequious intern praised every decision made by the bank manager.
그 아부하는 인턴은 은행장의 모든 결정을 칭찬했다.

- servile, sycophantic
- assertive, defiant

secut = follow, pursue (따르다, 추격/추종하다)

1632
prosecut**or**
[prάsəkjù:tər, prɔ́səkjù:tər]

앞으로(쪽, 계속) pro 따라가는 secut 자 or

검사, 기소자

The prosecutor presented key evidence in the postal fraud case.
검사는 우편 사기 사건에서 핵심 증거를 제출했다.

- attorney, district attorney
- defendant, accused

pel = push, drive (내몰다)

1633
expel
[ikspél]

밖으로 ex 몰아내다 pel

추방하다, 몰아내다

The organization decided to expel members who violated the code of conduct.
단체는 행동 강령을 위반한 회원들을 추방하기로 결정했다.

- eject, remove
- admit, accept

1634
appellation
[ӕpəléiʃən]

~를 향해 ap 밀어내는 pella 것 tion

명칭, 칭호
The wine was marketed under a new appellation to reflect its regional identity.
그 와인은 지역 특색을 반영한 새로운 명칭으로 판매되었다.

- 윤 designation, title, name
- 반 anonymity, namelessness

어근 탐구 법원에서 특정 인물을 불러 소환(법원으로 밀어냄)하는 데서 유래했다.

1635
compel
[kəmpél]

함께 com 몰아가다 pel

강요하다
The urgent situation compelled the post office to prioritize express deliveries.
긴급한 상황은 우체국이 특급 배송을 우선하도록 강요했다.

- 윤 force, oblige
- 반 dissuade, prevent

1636
dispel
[dispél]

멀리 dis 쫓아내다, 밀어내다 pel

떨쳐버리다, 없애다
The clear explanation helped dispel customer concerns about postal fee changes.
명확한 설명이 고객들의 우편 요금 변경에 대한 우려를 없애는 데 도움이 되었다.

- 윤 eliminate, disperse
- 반 gather, accumulate

1637
propel
[prəpél]

앞으로 pro 몰다 pel

추진하다
New policies will propel the growth of eco-friendly delivery systems.
새로운 정책이 친환경 배송 시스템의 성장을 추진할 것이다.

- 윤 drive, push
- 반 hinder, restrain

1638
repel
[ripél]

뒤로 re 치다, 몰다 pel

물리치다, 쫓아내다
The strong security system can repel most cyberattacks on postal databases.
강력한 보안 시스템은 우편 데이터베이스에 대한 대부분의 사이버 공격을 물리칠 수 있다.

- 윤 drive away, resist
- 반 attract, welcome

form = figure, shape (형상, 형태)

1639
formal
[fɔ́ːrməl]

정해진 형태의 **form**al

공식적인

The post office issued a formal statement about the policy change.
우체국은 정책 변경에 대한 공식 성명을 발표했다.

유 official, ceremonial
반 informal, casual

1640
formation
[fɔːrméiʃən]

정해진 형태인 **form**at 것 ion

형성, 구성

The formation of the new postal union was announced last week.
새로운 우편 노동조합의 형성이 지난주에 발표되었다.

유 creation, establishment
반 destruction, dissolution

1641
formula
[fɔ́ːrmjələ]

형태 **form**ula

공식, 방식

The bank uses a specific formula to calculate loan interest rates.
은행은 대출 이자율을 계산하는 특정 공식을 사용한다.

유 method, recipe
반 guess, improvisation

어근탐구 formula는 본래 '형태, 초안, 계약, 규정'을 의미했던 것이 법률상 '규칙, 방법'으로 발전되고, '처방전, 레시피' 또는 '클래스나 규격'으로 의미가 확장되었다.

1642
con**form**
[kənfɔ́ːrm]

함께 con 만들다, 형성하다 form

따르다, 순응하다

All packages must conform to international shipping regulations.
모든 소포는 국제 배송 규정을 따라야 한다.

유 comply, follow
반 defy, resist

1643
deform
[difɔ́ːrm]

본래의 형태에서 form 떨어지다 de

변형시키다

Improper storage can deform parcels and damage their contents.
부적절한 보관은 소포를 변형시키고 내용물을 손상시킬 수 있다.

- 유 distort, warp
- 반 straighten, preserve

1644
inform
[infɔ́ːrm]

안으로 in 형태를 부여하다 form

알리다

The clerk informed the customer of the updated delivery schedule.
직원은 고객에게 변경된 배송 일정을 알렸다.

- 유 notify, advise
- 반 conceal, withhold

어근 탐구 14세기 초, 특정 주제를 훈련 또는 가르친다는 의미로 발생했으며 '훈련, 교육' 관련 단어로 발전하였고 이후 '정보를 전달하다'가 추가 되었다.

1645
reform
[rifɔ́ːrm]

다시 re 형성하다 form

개혁하다, 개선하다

The government decided to reform the postal insurance system.
정부는 우편 보험 제도를 개혁하기로 했다.

- 유 improve, amend
- 반 worsen, corrupt

morph = shape (형태)

1646
metamorphosis
[mètəmɔ́ːrfəsis]

형태가 morph 변하는 meta 증상 osis

변형, 탈바꿈

The outdated post office went through a complete metamorphosis into a smart branch.
낡은 우체국은 스마트 지점으로 완전히 탈바꿈했다.

- 유 transformation, change, evolution
- 반 stagnation, sameness

type = symbol (상징, 형태)

1647
type
[taip]

형태 type

유형, 종류

Each **type** of postal service, whether standard or express, has its own pricing structure.
일반이든 특급이든 각 우편 서비스 유형에는 자체 요금 체계가 있다.

- category, class
- variety (in context of sameness)

1648
prototype
[próutoutàip]

최초의 proto 모형 type

시제품, 원형

The **prototype** of the new mail-sorting machine was tested last week.
새로운 우편 분류기 시제품이 지난주에 시험되었다.

- model, archetype
- copy, replica

1649
stereotype 중요
[stériətàip, stíəriətàip]

단단히 고정된 stereo 활자, 상징 type

고정관념, 연판인쇄

Challenging the **stereotype** that postal work is slow, the new sorting system significantly improved processing speed and accuracy.
우편 업무가 느리다는 고정관념에 도전하며, 새로운 분류 시스템은 처리 속도와 정확성을 크게 향상시켰다.

It's important to break gender **stereotypes** in the workplace, especially in finance.
직장 내, 특히 금융 분야에서 성 고정관념을 깨는 것이 중요하다.

- clich, generalization
- originality, individualism, diversity

어근 탐구 1798년 고체(stereo)활자(type)를 통해 (연판)인쇄하는 방식을 묘사하던 단어에서 '변화 없이 영구화된 이미지'로 발전하여 개인이나 집단의 '전형적 특성', '미리 고정된 단순한 개념'까지 확장되었다.

able / ible = possible (가능성 있는)

1650
unable
[ʌnéibəl]

할 수 able 없는 un

~할 수 없는

The courier was unable to deliver the package because the recipient's address was incomplete.
배달원은 수취인 주소가 불완전하여 소포를 배송할 수 없었다.

- 유 incapable, powerless
- 반 able, capable

1651
amicable
[ǽmikəbəl]

친구가 amic(a) 될 수 있는 able

우호적인

The postal union reached an amicable agreement with management.
우편 노조는 경영진과 우호적인 합의에 도달했다.

- 유 friendly, peaceful, cordial
- 반 hostile, antagonistic

1652
unforgivable
[ʌnfərgívəbl]

용서를 forgiv 할 수 able 없는 un

용서할 수 없는

Deliberately tampering with mail is considered an unforgivable offense under postal law.
우편물을 고의로 변조하는 것은 우편법상 용서할 수 없는 범죄로 간주된다.

- 유 inexcusable, intolerable
- 반 forgivable, excusable

1653
unreliable
[ʌnriláiəbəl]

기댈 li 수 able 없는 un

신뢰할 수 없는

An unreliable courier service can damage the reputation of the entire postal network.
신뢰할 수 없는 택배 서비스는 전체 우편망의 평판을 해칠 수 있다.

- 유 undependable, erratic
- 반 reliable, trustworthy

1654
unsuit**able**
[ʌnsúːtəbəl]

딱 맞게 suit 할 수 able 없는 un

부적합한
Packages wrapped in unsuitable materials are likely to be damaged during international shipping.
부적합한 재질로 포장된 소포는 국제 배송 중 손상될 가능성이 높다.

🔄 inappropriate, unfit
🔁 suitable, appropriate

1655
vener**able**
[vénərəbəl]

숭배 vener 할 수 있는 able

존경할 만한, 유서 깊은
The venerable building once served as the first national post office.
그 유서 깊은 건물은 한때 최초의 국립 우체국이었다.

🔄 respected, esteemed
🔁 disreputable, dishonorable

1656
vulner**able**
[vʌ́lnərəbəl]

상처를 입을 vulner 수 있는 able

취약한, 연약한
Small businesses were vulnerable during the financial crisis.
소규모 기업들은 금융 위기 동안 취약했다.

🔄 weak, exposed
🔁 strong, resilient

1657
deplor**able**
[diplɔ́ːrəbl]

완전히 de 울거나 외칠 plo 수 있는 able

개탄스러운, 비참한
The deplorable condition of the old postal facility led to a complete renovation.
그 오래된 우체국 시설의 개탄스러운 상태로 인해 전면적인 보수가 이뤄졌다.

🔄 disgraceful, appalling, shameful
🔁 admirable, praiseworthy

1658
dur**able**
[djúərəbəl]

단단하게 굳힐 dura 수 있는 (a)ble

내구성이 있는
This parcel wrapping is made of highly durable material.
이 소포 포장은 내구성이 매우 뛰어난 소재로 만들어졌다.

🔄 sturdy, long-lasting
🔁 fragile, weak

1659
impeccable
[impékəbəl]

죄를 지을 pecc 가능성이 able 없는 im

나무랄 데 없는

Psychologically impeccable conduct may not affect the child's consciousness much.

심리적으로 나무랄 데 없는 행동이 아이의 의식에 큰 영향을 주지 않을 수 있다.

- flawless, perfect
- defective, flawed

1660
implacable
[implǽkəbəl, impléikəbəl]

달래게 plac 할 수 cable 없는 im

달랠 수 없는, 완강한

He hoped to create a self-supporting farm in such an implacable environment.

그는 그런 완강한 환경에서 자립 농장을 만들고자 했다.

- relentless, unforgiving
- merciful, yielding

1661
imperturbable
[impərtə́:rbəbəl]

완전히 per 혼란스러울 turb 가능성이 able 없는 im

쉽게 동요하지 않는

She had the name of imperturbable, or immoveable.

그녀는 쉽게 동요하지 않는다는 평판을 가지고 있었다.

- composed, calm
- excitable, agitated

1662
impregnable
[imprégnəbəl]

취약해 질 pregn 가능성이 able 없는 im

난공불락의, 무너지지 않는

The bank's cybersecurity system was considered virtually impregnable.

그 은행의 사이버 보안 시스템은 사실상 난공불락으로 여겨졌다.

- invincible, secure, unassailable
- vulnerable, weak

어근 탐구 '힘으로 정복될 수 있는'의 고대영어 preignable 변형어로, '임신한 pregnant'와는 어근이 다르므로 혼동하지 않도록 한다.

1663
inevitable 중요
[inévitəbəl]

밖으로 e 피할 vit 수 able 없는 in

불가피한
Traffic delays were inevitable during rush hour.
출퇴근 시간의 교통 지연은 불가피했다.

Delays were inevitable due to the severe snowstorm.
심한 폭설로 인해 지연은 불가피했다.

유 unavoidable, certain
반 avoidable, preventable, uncertain

1664
liable
[láiəbəl]

구속할 li 수 있는 able

책임이 있는, ~하기 쉬운
The courier is liable for any damage caused during transport.
운송 중 발생한 손해에 대해 택배 회사가 책임을 진다.

유 responsible, accountable
반 exempt, immune

1665
laudable
[lɔ́ːdəbəl]

칭찬할 laud 수 있는 able

칭찬할 만한
Her efforts to help the poor are laudable.
가난한 사람들을 돕는 그녀의 노력은 칭찬할 만하다.

유 praiseworthy, commendable
반 blameworthy, discreditable

1666
malleable
[mǽliəbəl]

망치질 malle 할 수 있는 able

융통성 있는, 변형 가능한
Gold is highly malleable and easy to shape.
금은 변형이 잘 되고 다루기 쉽다.

유 flexible, adaptable
반 rigid, inflexible

mut = change (변화)

1667
commute
[kəmjúːt]

가지고 com 바꾸다 mute

통근하다

He commutes by train to work at the city's main post office.
그는 시내 중앙우체국으로 기차를 타고 통근한다.

🟰 travel, journey
🔄 stay, remain

어근 탐구 18세기 출퇴근을 위해 기차, 트롤리 노선 등 정기권을 사용하며 지불방식을 바꾸는 데서 유래했다.

1668
telecommute
[tèlikəmjúːt]

멀리서(원격으로) tele 출퇴근하다 commute

재택근무하다

Some postal administrative staff telecommute to reduce office congestion and improve efficiency.
일부 우편 행정 직원은 사무실 혼잡을 줄이고 효율성을 높이기 위해 재택근무를 한다.

🟰 work remotely
🔄 commute, travel

어근 탐구 commute(통근하다)는 com(함께)+mutare(변화시키다)의 합성어로, 여러가지 수단을 바꿔가며 출퇴근하는 모습을 말한다.

st / stan / stat = stand (서다, 세우다)

1669
standard
[stǽndərd]

단단히 ard 세워둔 것 stand

기준, 표준

All international parcels must meet the packaging standard set by the postal authority.
모든 국제 소포는 우편 당국이 정한 포장 기준을 충족해야 한다.

🟰 benchmark, norm
🔄 deviation, exception

어근 탐구 전투중 군대의 집결 장소나 특정 위치를 눈에 띄는 깃발 등으로 표시한 데서 유래했으며 어원학자들은 이 단어가 stand와 hard의 합성어일 것으로 추정하고 있다.

1670
withstand
[wiðstǽnd, wiθstǽnd]

맞닿아 with 서다 stand

견디다, 저항하다

The new packaging materials can withstand extreme temperatures during overseas shipping.

새 포장재는 해외 배송 중 극한 온도를 견딜 수 있다.

- endure, resist
- surrender, succumb

1671
outstanding
[àutstǽndiŋ]

밖으로 out 솟아난, 서있는 standing

뛰어난, 미결의

She received an award for her outstanding service at the post office.

그녀는 우체국에서의 뛰어난 서비스로 상을 받았다.

- excellent, remarkable / unpaid, unresolved
- ordinary, settled

1672
constant
[kɑ́nstənt, kɔ́nstənt]

함께 con 서 있는 stant

지속적인, 변함없는

The constant noise from the sorting machines made it hard to concentrate.

분류 기계에서 나는 지속적인 소음이 집중을 방해했다.

- continuous, persistent
- intermittent, variable

1673
extant
[ekstǽnt, ékstənt]

바깥, 표면위에 ex 서있는 (x)tant

현존하는

Only a few extant letters from the war-era postmaster remain in the archives.

전쟁 시기 우체국장의 편지는 보관소에 몇 통만 남아 있다.

- surviving, existing, remaining
- extinct, lost

1674
staunch
[stɔ́ːntʃ, stɑ́ːntʃ]

서 있는 staun 자리, 입장 ch

확고한, 충실한

She remained a staunch advocate of postal reform even after retirement.

그녀는 은퇴 후에도 우편 제도 개혁의 확고한 지지자였다.

- loyal, committed
- disloyal, unreliable

1675
stationary
[stéiʃənèri, stéiʃənəri]

정지된 위치 **station** 에 관한 **ary**

움직이지 않는, 정지한

The truck remained stationary while the postal workers loaded the cargo.
우편 직원들이 화물을 싣는 동안 트럭은 정지해 있었다.

- immobile, still
- mobile, moving

1676
statue
[stǽtʃuː]

세워둔 **stat** 상 **ue**

조각상

A statue of the first postmaster was unveiled in front of the main post office.
초대 우체국장의 조각상이 중앙 우체국 앞에 공개되었다.

- sculpture, monument
- –

1677
status
[stéitəs, stǽtəs]

서 있는 **stat** 상태 **us**

지위, 상태

Customers can check the delivery status of their parcels through the postal service's tracking system.
고객들은 우편 서비스의 추적 시스템을 통해 소포의 배송 상태를 확인할 수 있다.

- position, condition
- insignificance, neglect

1678
e**stat**e
[istéit]

상태, 조건 **estate**

부동산, 재산

He inherited a large estate from his uncle.
그는 삼촌으로부터 큰 부동산을 상속받았다.

- property, assets
- debt, liability

1679
contra**st**
[kɑ́ntræst, kɔntrɑ́ːst]

반대로 **contra** 세우다 **st**

대조, 대조하다

The contrast between express and standard shipping times is significant.
특급과 일반 배송 시간의 차이는 상당하다.

- difference, distinction
- similarity, resemblance

1680
unstable
[ʌnstéibl]

견고한, 안정적이지 **stable** 않은 **un**

불안정한

The **unstable** internet connection, which had been disrupting the bank's online services all week, was finally repaired yesterday.
은행의 온라인 서비스를 일주일 내내 방해하던 불안정한 인터넷 연결이 어제 마침내 복구되었다.

유 unsteady, insecure
반 stable, steady

어근 탐구 stable(안정적인, 견고한, 마구간)은 어근 st-(서다)와 able(가능하다)의 합성어다.

1681
install
[instɔ́ːl]

안에 **in** 세워두다 **stall**

설치하다

Technicians will **install** new sorting machines in the main postal center.
기술자들이 중앙 우편 센터에 새로운 분류기를 설치할 예정이다.

유 set up, position
반 remove, uninstall

1682
instance
[ínstəns]

안에 **in** 서 있는 **sta** 조건, 상황 **ance**

사례, 경우

This is a rare **instance** of a package being delivered ahead of time.
이것은 소포가 예정일보다 일찍 배달된 드문 사례다.

유 example, case
반 –

1683
institute
[ínstətjùːt]

(관공서, 조직) 안에 **in** 세워두다 **stitute**

기관, 협회, 설립하다, 설치하다, 제정하다

The **institute** offers training programs for new postal employees.
그 기관은 신입 우편 직원들을 위한 교육 프로그램을 제공한다.

유 organization, establish
반 abolish, dismantle

어근 탐구 관리자를 지정하는 '직위에 임명하다'라는 의미로 만들어졌으며 점차 여러 상황에 맞게 '설립하다, 임명하다, 지정하다, 관리하다, 교육하다'등으로 확장되었다.

1684
establish
[istǽbliʃ]

밖에 **e** 세우다, 건설하다 **stablish**

설립하다, 확립하다

The government **established** a committee to improve financial regulations.
정부는 금융 규제 개선을 위해 위원회를 설립했다.

유 found, set up
반 abolish, disband

1685
constitute
[kάnstətjù:t, kɔ́nstətjù:t]

함께 con 세우다 stitute

구성하다, 설립하다
Five regional offices constitute the national postal network.
다섯 개의 지역 사무소가 국가 우편망을 구성한다.
- 유 comprise, establish
- 반 destroy, dismantle

1686
instruct
[instrʌ́kt]

(머릿속)안에 in 쌓다, 세우다 struct

지시하다, 가르치다
Supervisors instructed the staff on how to handle fragile parcels.
감독관들은 직원들에게 깨지기 쉬운 소포를 다루는 방법을 지시했다.
- 유 direct, teach
- 반 mislead, confuse

1687
obstacle
[ɑ́bstəkəl, ɔ́bstəkəl]

~에 대항하여 ob 서 있는 sta 것 cle

장애물
Bad weather became the biggest obstacle to timely delivery.
악천후가 제때 배송하는 데 가장 큰 장애물이 되었다.
- 유 barrier, hindrance
- 반 aid, assistance

1688
obstinate
[ɑ́bstənit, ɔ́bstənit]

~에 맞서서, 옆에 ob 서 있게 stin 하는 ate

완고한
The obstinate customer refused to change the incorrect address.
그 완고한 고객은 잘못된 주소를 바꾸길 거부했다.
- 유 stubborn, inflexible
- 반 flexible, compliant

1689
obstruct
[əbstrʌ́kt]

~에 반대로 ob 세우다 struct

방해하다, 막다
A fallen tree obstructed the postal truck's route.
쓰러진 나무가 우편차의 경로를 막았다.
- 유 block, hinder
- 반 clear, facilitate

1690
oust
[aust]

반대로 ou 세우다 st

몰아내다, 축출하다

The government decided to oust the corrupt official from the postal inspection unit.

정부는 우편 감찰 부서에서 부패한 공무원을 축출하기로 결정했다.

- expel, remove, overthrow
- appoint, install

1691
steady
[stédi]

장소에 세워 stead 둔 y

안정된, 꾸준한

Despite seasonal fluctuations in parcel volume, the postal service maintained a steady delivery performance, which reassured customers who had experienced delays in the past.

계절별 소포 물량 변동에도 불구하고, 우편 서비스는 안정적인 배송 성과를 유지하여 과거에 지연을 겪었던 고객들에게 안심을 주었다.

- stable, consistent
- unsteady, fluctuating

1692
consist
[kənsíst]

함께 con 두다 sist

구성되다

The committee consists of representatives from all postal branches.

위원회는 모든 우편 지점의 대표들로 구성되어 있다.

- comprise, be made up of
- exclude, lack

1693
consistency
[kənsístənsi]

함께 con 서 있는 sist 상태 ency

일관성

Consistency in service quality is essential for customer trust.

서비스 품질의 일관성은 고객 신뢰에 필수적이다.

- uniformity, coherence
- inconsistency, irregularity

1694
desist
[dizíst]

떨어져 de 멈춰서다 sist

그만두다, 중단하다

The sender was ordered to desist from using misleading advertising in postal fliers.

발송자는 우편 전단지에서 오해를 유발하는 광고를 사용하는 것을 중단하라는 명령을 받았다.

- cease, stop, refrain
- continue, persist

1695
insist
[insist]

~에 대해 in 서다, 세우다 sist

주장하다, 고집하다

The manager insisted that all packages be double-checked before shipment.
관리자는 모든 소포를 발송 전에 재검사할 것을 주장했다.

- demand, maintain
- yield, concede

---

tain / ten / tin = hold (고정하다, 잡아두다)

1696
certain
[sə́ːrtən]

결정된, 고정된 certain

확실한, 특정한

Certain types of goods are prohibited from being mailed overseas.
일부 상품은 해외로 발송이 금지되어 있다.

- sure, specific
- uncertain, doubtful

1697
certainty
[sə́ːrtənti]

결정된 certain 상태 ty

확실성

There is no certainty that the parcel will arrive before the holiday.
그 소포가 휴일 전에 도착할 것이라는 확실성은 없다.

- assurance, conviction
- doubt, uncertainty

1698
uncertain
[ʌnsə́ːrtn]

확실치 certain 않은

불확실한

The success of the international delivery project remains uncertain until customs approvals are finalized.
국제 배송 프로젝트의 성공 여부는 세관 승인 절차가 완료되기 전까지 불확실하다.

- unsure, doubtful
- certain, definite

1699
contain
[kəntéin]

모아서 con 잡다 tain

포함하다, 억제하다

The parcel contains fragile items that require careful handling.
소포에는 신중한 취급이 필요한 깨지기 쉬운 물품이 들어 있다.

- 유 include, hold
- 반 exclude, release

1700
entertainer
[èntərtéinər]

사이에서 enter (마음을) 잡다, 유지하다 tain

연예인, 공연자

The entertainer performed at a charity event for disaster relief.
그 연예인은 재해 구호를 위한 자선 행사에서 공연했다.

- 유 performer, artist
- 반 spectator, audience

어근 탐구 고대 프랑스어로 '함께 유지하다, 지원하다'인 entretenir가 영어로 전해지며 '손님을 맞이하다', '만족시키다', '마음에 담다'를 의미하게 되었다.

1701
sustain
[səstéin]

아래서 sus 잡다, 뻗다 tain

유지하다, 지속하다

In order to sustain growth, the postal service invested in automation and route optimization technology.
성장을 유지하기 위해 우편 서비스는 자동화와 경로 최적화 기술에 투자했다.

- 유 maintain, preserve
- 반 abandon, neglect

1702
continent
[kántənənt, kɔ́ntinənt]

함께 con 붙잡고 있는 tin 물건 ent

대륙

Postal services have expanded to cover every continent.
우편 서비스는 모든 대륙을 포괄하도록 확장되었다.

- 유 landmass, mainland
- 반 island, islet

1703
continue
[kəntínju:]

계속해서 con 잡다 tinue

계속하다

They will continue processing parcels throughout the holiday season.
그들은 연휴 기간 내내 소포 처리를 계속할 것이다.

- 유 persist, proceed
- 반 stop, cease

1704
pertinent
[pə́ːrtənənt]

통하여 per 갖고 있는 tinent

적절한, 관련 있는

Her comment was pertinent to the discussion on delivery delays.
그녀의 발언은 배송 지연에 관한 논의에 적절했다.

- relevant, appropriate, applicable
- irrelevant, unrelated

1705
tenable
[ténəbəl]

잡을, 유지할 ten 수 있는 able

유지할 수 있는, 방어 가능한

The postal worker's position was no longer tenable after repeated misconduct.
반복된 비위로 인해 해당 우편 직원의 자리는 더 이상 유지될 수 없었다.

- defensible, justifiable
- indefensible, unsound

1706
tenacious
[tənéiʃəs]

계속 잡게 tenaci 하는 ous

집요한, 끈질긴

Her tenacious effort to track the lost registered mail impressed her supervisor.
분실된 등기우편을 추적하려는 그녀의 끈질긴 노력이 상사를 감동시켰다.

- persistent, determined
- weak, yielding

1707
countenance
[káuntənəns]

함께 coun 가지는 ten 상태 ance

표정, 얼굴; 지지, 용인

(일반) Despite his calm countenance, he was deeply worried.
차분한 표정 뒤로 그는 속으로 깊이 걱정하고 있었다.

- expression, demeanor
- agitation, disapproval

어근 탐구 서로에게 뻗치는(전달되는) 표정이나 태도 등의 용모를 의미한다.

tend / tens / tent = stretch (뻗다)

1708
tend
[tend]

쭉 뻗다 tend

~하는 경향이 있다, 돌보다

Rural customers tend to rely more on postal savings accounts than on private banks.
농촌 고객들은 민간 은행보다 우편 저축 계좌에 더 의존하는 경향이 있다.

유 incline, care for
반 avoid, neglect

1709
extend
[iksténd]

밖으로 ex 뻗치다 tend

연장하다, 확장하다

The government decided to extend the deadline for tax payments.
정부는 세금 납부 기한을 연장하기로 결정했다.

유 prolong, lengthen
반 shorten, reduce

1710
intend
[inténd]

안으로 in (뜻을) 뻗다 tend

의도하다, 계획하다

They intend to open three new postal branches this year.
그들은 올해 새 우체국 지점을 세 곳 열 계획이다.

유 plan, aim
반 neglect, ignore

1711
pretend
[priténd]

앞으로 pre 뻗다, 펼치다 tend

~인 척하다

The scammer pretended to be a postal worker to collect money.
사기꾼은 돈을 받기 위해 우편 직원인 척했다.

유 feign, fake
반 be honest, reveal

1712
attendant
[əténdənt]

~쪽으로 at 뻗은 tend 사람 ant

종업원, 수행원

The flight attendant ensured that the airmail was stored securely.
승무원은 항공 우편이 안전하게 보관되었는지 확인했다.

유 aide, assistant
반 guest, visitor

1713
contend
[kənténd]

함께 con 뻗치다 tend

주장하다, 경쟁하다

Several companies contend for the contract to manage postal logistics.
여러 회사가 우편 물류를 관리하는 계약을 두고 경쟁한다.

- compete, assert
- yield, surrender

1714
content
[kəntént]

가지고 con 유지하는 것 tent

내용물, 만족하는

The box's content was damaged during transport.
상자의 내용물이 운송 중 손상되었다.

- substance, satisfied
- emptiness, dissatisfied

1715
tense
[tens]

쭉 뻗은 상태 tense

긴장한, 시제

The negotiation between the postal authority and the union grew tense as neither side was willing to compromise.
우편 당국과 노조 간의 협상이 어느 쪽도 양보하지 않으면서 긴장되었다.

- strained, nervous
- relaxed, calm

1716
intens**e**
[inténs]

앞으로 in 뻗는, 늘리는 tense

강렬한, 격렬한

The competition for the postal service contract was intense.
우편 서비스 계약을 두고 치열한 경쟁이 벌어졌다.

- extreme, fierce
- mild, gentle

어근 탐구 '늘리다'는 팽팽하게 당기는 '긴장감'과 '극단'을 나타냈고 이후 '예민함'으로 확장되었다.

1717
ex**tens**ion
[iksténʃən]

밖으로 ex 뻗은 것 tension

연장, 확장

He applied for an extension on his loan repayment period.
그는 대출 상환 기간 연장을 신청했다.

- prolongation, expansion
- reduction, contraction

1718
intensify
[inténsəfài]

앞으로 in 당겨 tensi 만들다 fy

강화하다, 심화하다

The company decided to intensify security checks at the sorting facility.
회사는 분류 시설의 보안 점검을 강화하기로 했다.

- 유 strengthen, escalate
- 반 weaken, diminish

1719
intent
[intént]

앞으로 in 뻗는 것 tent

의도, 목적

Her intent was to improve customer satisfaction through faster delivery.
그녀의 의도는 더 빠른 배송을 통해 고객 만족도를 높이는 것이었다.

- 유 purpose, aim
- 반 negligence, inattention

termi = end, limit (경계, 끝)

1720
terminal
[tə́ːrmənəl]

끝, 경계까지 termin 간 al

터미널, 말기의

The logistics company opened a new freight terminal to handle increasing parcel volumes.
물류 회사는 증가하는 소포 물량을 처리하기 위해 새로운 화물 터미널을 열었다.

- 유 station, final
- 반 initial, beginning

1721
terminate 동유
[tə́ːrmənèit]

끝까지 termin (가게)하다 ate

종료하다, 끝내다

The bank decided to terminate the contract after repeated breaches of the service agreement.
은행은 서비스 계약이 반복적으로 위반된 후 계약을 종료하기로 했다.

The insurance company decided to terminate the contract due to policy violations.
보험사는 정책 위반으로 인해 계약을 종료하기로 결정했다.

- 유 end, conclude, discontinue
- 반 initiate, commence, begin

1722
terminology
[tə:rmənάlədʒi, tə:rmənɔ́lədʒi]

경계(범주)를 termino 연구하는 logy 것

용어(집합)

The document includes specialized postal terminology that must be understood before implementing the new system.

이 문서에는 새 시스템 도입 전에 반드시 이해해야 하는 전문 우편 용어가 포함되어 있다.

🔵 vocabulary, jargon
🔴 plain language

1723
ex**term**inate
[ikstə́:rmənèit]

경계의 termi 밖으로 ex (나가게)하다 ate

박멸하다, 근절하다

The city launched a campaign to exterminate harmful pests.

시는 해로운 해충을 박멸하기 위한 캠페인을 시작했다.

🔵 eradicate, eliminate
🔴 preserve, protect

어근 탐구 본래 '추방'의 의미로 발생했으며 후기 라틴어에서 '완전히 파괴하다'라는 의미가 더해졌다.

1724
in**term**inably
[intə́:rmənəbəli]

끝이 termi 가능하지 abl 않게 in 하도록 (l)y

끝없이, 지루하게

The meeting dragged on interminably.

회의가 끝없이 지루하게 이어졌다.

🔵 endlessly, perpetually
🔴 briefly, finitely

1725
de**term**ine
[ditə́:rmin]

마지막에 tremine 떨어지다 de

결정하다, 알아내다

The inspector will determine whether the damaged parcel is eligible for compensation.

검사관은 손상된 소포가 보상 대상인지 여부를 결정할 것이다.

🔵 decide, ascertain
🔴 hesitate, waver

ceas / cess = stop (멈추다, 중단하다)

1726
cease
[siːs]

움직임을 멈추다 cease

중지하다, 그만두다

The post office had to cease operations temporarily due to a power outage.
우체국은 정전으로 인해 일시적으로 운영을 중단해야 했다.

유 stop, halt
반 continue, persist

1727
cessation
[seséiʃən]

멈추는 cessat 행동 ion

중지, 중단

There was a temporary cessation of postal services due to the strike.
파업으로 인해 우편 서비스가 일시적으로 중단되었다.

유 stop, halt
반 continuation, resumption

fine = finish (끝마치다)

1728
in**fin**ite
[ínfənit]

끝이 finite 없는 in

무한한

The possibilities for improving postal technology seem infinite.
우편 기술을 개선할 가능성은 무한해 보인다.

유 boundless, limitless
반 finite, limited

1729
inde**fin**ite
[indéfənit]

완전히 de 끝나지 finite 않는 in

무기한의, 불확정의

The meeting was postponed for an indefinite period.
회의는 무기한 연기되었다.

유 unlimited, uncertain
반 definite, fixed

1730
finance
[fínæns, fáinæns]

(부채를) 끝내는 fin 것 ance

재정, 자금

The postal service secured finance for upgrading its delivery fleet.
우편 서비스는 배송 차량을 업그레이드하기 위한 자금을 확보했다.

- funding, capital
- debt, loss

1731
confine
[kənfáin]

동반하는 con 끝 fine

한정하다, 가두다

The discussion was confined to issues related to postal insurance.
논의는 우편 보험 관련 문제로 한정되었다.

- restrict, imprison
- free, release

claud / clos = close (닫다)

1732
closure
[klóuʒər]

닫힌 clos 상태나 행동 ure

폐쇄, 종결

The closure of the rural post office upset many residents.
시골 우체국의 폐쇄는 많은 주민들을 안타깝게 했다.

- shutdown, termination
- opening, start

1733
enclose
[enklóuz]

안에 en (울타리를 쳐서) 막다 close

동봉하다, 둘러싸다

Please enclose a copy of your ID with the application form.
신청서와 함께 신분증 사본을 동봉해 주십시오.

- include, insert
- exclude, remove

어근 탐구 14세기 초 토지나 도시에 울타리 또는 장벽을 둘러싸는 행위에서 파생되어 점차 '개인 소유'를 구분하게 되었고, 우편제도 발달에 따라 '전달하는 문서에 동봉하다'도 의미하게 되었다.

exclusive
[iksklúːsiv, iksklúːziv]

닫힌 경계 clus 밖에 ex 있는 ive

독점적인, 배타적인
The bank offers an exclusive savings plan for premium customers.
은행은 프리미엄 고객을 위한 독점적인 적금 상품을 제공한다.
- limited, restricted
- inclusive, general

conclude
[kənklúːd]

함께 두고 con 닫다 clude

결론짓다, 끝내다
The audit concluded that the postal branch met all compliance standards.
감사 결과, 해당 우체국 지점은 모든 규정 준수 기준을 충족했다.
- finish, deduce
- begin, commence

exclude
[iksklúːd]

닫힌 경계 clude 밖에 있다 ex

제외하다
The list excludes hazardous materials from being shipped.
목록은 위험 물질을 배송에서 제외한다.
- omit, leave out
- include, admit

include
[inklúːd]

안에 넣고 in 닫다 clude

포함하다
The postal service fee includes insurance for valuable items.
우편 서비스 요금에는 귀중품 보험이 포함된다.
- contain, involve
- exclude, omit

preclude
[priklúːd]

앞을 pre 닫다 clude

막다, 불가능하게 하다
Lack of identification precluded the delivery of the registered mail.
신분증 미소지가 등기 우편의 배달을 불가능하게 했다.
- prevent, prohibit, bar
- allow, permit

nove, nova = new (새로운)

1739
innovate
[ínouvèit]

안으로 in 새로운 것을 nov 만들다 ate

혁신하다

The logistics company continues to innovate its delivery tracking system.
그 물류 회사는 배송 추적 시스템을 지속적으로 혁신하고 있다.

- modernize, revolutionize
- stagnate, preserve

1740
nova
[nóuvə]

새로운 별 nova

신성(천문학)

The astronomer observed a bright nova in the night sky.
천문학자는 밤하늘에서 밝은 신성을 관측했다.

- supernova, star
- –

어근 탐구 16세기 천문학 용어로 등장한 nova stella (새로운 별)를 축약한 것이다.

1741
novel
[nʌ́vəl, nɔ́vəl]

새로운, 전에 알려지지 않은 novel

소설, 새로운

The author's latest novel is set in a historic postal town.
그 작가의 최신 소설은 역사적인 우편 마을을 배경으로 한다.

- book, fiction / new, innovative
- traditional, old

1742
novice
[nʌ́vis, nɔ́vis]

새로운 nov 사람 ice

초보자

As a novice in the postal service, she had much to learn.
우편 업무 초보자인 그녀는 배울 것이 많았다.

- beginner, rookie
- expert, veteran

1743
renovate
[rénəvèit]

다시 re 새롭게 nov 만들다 ate

개조하다, 수리하다

The old post office building was renovated to include modern facilities.
오래된 우체국 건물이 현대식 시설을 갖추도록 개조되었다.

- refurbish, restore
- demolish, destroy

vaca / van = empty (텅 빈)

1744
vacancy
[véikənsi]

텅 빈 vacan 상태 cy

공석, 빈방

The vacancy in the postal branch, which has been unfilled for months, is affecting customer service quality.
몇 달째 채워지지 않은 우체국 지점의 공석이 고객 서비스 품질에 영향을 미치고 있다.

- opening, empty space
- occupancy, fullness

1745
vacate
[véikeit, vəkéit]

텅 비게 vaca 만들다 ate

비우다, 떠나다

Employees were asked to vacate the building immediately after the fire alarm was triggered.
화재 경보가 울린 후 직원들은 즉시 건물을 비우라는 요청을 받았다.

- leave, evacuate
- occupy, fill

1746
vacation
[veikéiʃən, vəkéiʃən]

(일이) 비어있는 vacat 상태 ion

휴가

The manager, who had been working nonstop for over a year, finally took a two-week vacation.
1년 넘게 쉬지 않고 일하던 관리자가 마침내 2주간의 휴가를 냈다.

- holiday, break
- work, duty

1747
vacuum
[vǽkjuəm, vǽkjəm]

텅 빈 vacu 공간 um

진공, 공백

A leadership vacuum in the postal authority led to delays in decision-making.
우편 당국의 리더십 공백이 의사 결정 지연으로 이어졌다.

- void, emptiness
- fullness, presence

1748
vanity
[vǽnəti]

텅 빈 van 상태 ity

허영, 자만

The CEO's vanity, which was reflected in unnecessary luxury renovations, drew criticism from employees.

불필요한 고급 리모델링에 드러난 CEO의 허영심이 직원들의 비판을 받았다.

- arrogance, conceit
- humility, modesty

1749
evacuate
[ivǽkjuèit]

밖으로 내보내서 e 텅 비게 vacu 만들다 ate

대피시키다

Residents were evacuated from the area due to flooding.

홍수로 인해 주민들이 해당 지역에서 대피했다.

- remove, clear
- occupy, remain

pele=to fill (채우다)

1750
com**ple**ment
[kámpləmənt, kámpləmənt]

함께 com 채우게 ple 하다 ment

보완하다

The new online booking system complements the traditional over-the-counter service.

새로운 온라인 예약 시스템은 기존 창구 서비스를 보완한다.

- supplement, enhance
- detract, oppose

1751
com**ple**te
[kəmplíːt]

가지고 com 채우다 plete

완료하다, 완전한

She completed the customs form before mailing the package abroad.

그녀는 해외로 소포를 보내기 전에 세관 서류를 작성 완료했다.

- finish, accomplish
- begin, incomplete

PART XII Change, Form & Process (변화와 과정) 419

1752
complimentary

[kɑ̀mpləméntəri, kɔ̀mpləméntəri]

가지고 com 채워주게 pliment 하는 ary (*complement와 같은 어근)

무료의, 칭찬하는

The hotel offered complimentary breakfast to all guests.

호텔은 모든 투숙객에게 무료 아침 식사를 제공했다.

🔁 free, flattering
🔀 paid, critical

1753
deplete

[diplíːt]

채운 것이 plete 내려가다, 줄다 de

고갈시키다

Constant printing of labels can deplete the office's ink supply.

라벨을 계속 출력하면 사무실의 잉크가 고갈될 수 있다.

🔁 exhaust, drain
🔀 replenish, restore

1754
implement

[ímpləmənt]

안으로 im 채워넣는 ple 행위 ment

시행하다, 도구

The government will implement new regulations for international mail.

정부는 국제 우편에 대한 새로운 규정을 시행할 예정이다.

🔁 execute, enforce
🔀 neglect, abandon

1755
replete

[riplíːt]

다시 re 채우는 plete

가득한, 충만한

The letter was replete with spelling mistakes.

그 편지에는 철자 실수가 가득했다.

🔁 full, filled, packed
🔀 empty, lacking

1756
supplement

[sʌ́pləmənt]

아래로부터 sup 채우게 ple 하다 ment

보충하다, 보완물

The postal service introduced weekend deliveries to supplement its weekday operations.

우편 서비스는 평일 업무를 보완하기 위해 주말 배송을 도입했다.

🔁 augment, enhance
🔀 reduce, diminish

flex / flec = bend (구부리다)

1757
flexible
[fléksəbəl]

구부릴 flex 수 있는 ible

유연한

The new policy offers flexible working hours for postal employees.
새로운 정책은 우편 직원들에게 유연한 근무 시간을 제공한다.

- adaptable, adjustable
- rigid, inflexible

1758
reflex
[ríːfleks]

뒤로 re 굽힘 flex

반사 작용, 반사적인 반응

He caught the falling parcel by reflex.
그는 반사적으로 떨어지는 소포를 잡았다.

- reaction, response
- deliberation, hesitation

1759
reflect
[riflékt]

뒤로 re 구부리다 flect

반영하다, 숙고하다

The new postal policy reflects customer feedback.
새로운 우편 정책은 고객 의견을 반영한다.

- show, mirror
- ignore, disregard

어근 탐구 빛이 거울 따위의 표면에서 굴절되는 모양에서 발생한 단어로, 나중에는 열이나 소음의 반사나 굴절을 의미하였으며 점차 '생각을 되돌리다', '문제를 해결하다'등의 비유적 표현까지 발전했다.

1760
inflect
[inflékt]

안으로 in 구부러지는 flect

굴절시키다, 어형 변화시키다

In linguistics, verbs inflect to show tense.
언어학에서 동사는 시제를 나타내기 위해 굴절된다.

- modify, alter
- keep unchanged, preserve

frag = break (깨지다, 부서지다)

1761
fracture
[fræktʃər]

부서진 fract 결과 ure

골절, 균열

He suffered a wrist fracture after slipping in the warehouse.
그는 창고에서 미끄러져 손목 골절을 입었다.

- 유 break, crack
- 반 healing, repair

1762
fragile
[frǽdʒəl, frǽdʒail]

부서지는 frag 성질의 ile

부서지기 쉬운

The box was marked "fragile" to ensure careful handling.
상자는 조심스럽게 다루도록 '취급 주의' 표시가 붙어 있었다.

- 유 delicate, breakable
- 반 sturdy, durable

1763
fragment
[frǽgmənt]

부서진 frag 것 ment

조각, 파편

The archaeologists found a fragment of ancient pottery.
고고학자들은 고대 도자기의 조각을 발견했다.

- 유 piece, shard
- 반 whole, entirety

1764
frail
[freil]

쉽게 부서지는 frail

허약한, 약한

The elderly man looked too frail to carry his registered mail package.
그 노인은 등기 소포를 들기에는 너무 허약해 보였다.

- 유 weak, feeble, delicate
- 반 strong, sturdy

1765
fraction
[frǽkʃən]

부서진 조각 fraction

일부, 소량

Only a fraction of the parcels were delayed due to the storm.
폭풍 때문에 소포의 일부만 지연되었다.

- 유 portion, segment
- 반 whole, entirety

fractious

[frǽkʃəs]

(성격이) 부서지기 fracti 쉬운 ous

성을 잘 내는, 다루기 힘든

The manager had difficulty handling the fractious customer complaining about delayed parcels.
그 관리자는 지연된 소포에 대해 불만을 터뜨리는 까다로운 고객을 상대하기 힘들어했다.

유 irritable, unruly, cranky
반 agreeable, cooperative

에듀콕스(educox)는 책에 관한 소재와 원고를 설레는 마음으로 기다리고 있습니다.
책으로 만들고 싶은 좋은 소재와 기획이 있으신 분은 이메일(educox@hanmail.net)로 간단한 개요와 취지, 연락처 등을 보내주시면 됩니다.

공감영어 최빈출 영단어

2쇄 발행 2025년 11월 14일
초판 발행 2025년 11월 7일
편 저 자 Jane Sim
발 행 인 이상옥
발 행 처 에듀콕스(educox)
출판등록번호 제25100-2018-000073호
주   소 서울시 관악구 신림로23길 16 일성트루엘 907호
팩   스 02)6499-2839
홈페이지 www.educox.co.kr
이 메 일 educox@hanmail.net

저자와의
협의하에
인지생략

이 책에 실린 내용에 대한 저작권은 에듀콕스(educox)에 있으므로 함부로 복사·복제할 수 없습니다.

정가 19,000원

ISBN 979-11-93666-38-8